Los 5 Lenguajes del amor de los *Jóvenes*

GARY CHAPMAN

Unilit

Sepa

Publicado por
Editorial Unilit
Miami, Fl. 33172
Derechos reservados

Traducción: Federico Henze y Nancy Pineda
Edición de la versión actualizada: Nancy Pineda
Diseño de la portada: Smartt Guys design
Fotografía de la portada: Aldo Murillo/iStockphoto
Fotografía del autor: Boyce Shore & Associates

A menos que se indique lo contrario, las citas bíblicas se tomaron de la
Santa Biblia, *Nueva Versión Internacional*. © 1999 por la Sociedad Bíblica
Internacional. Usadas con permiso.

Producto 495754
ISBN 0-7899-1834-X
ISBN 978-0-7899-1834-5

Impreso en Colombia
Printed in Colombia

Categoría: Vida cristiana /Relaciones /Crianza de los hijos
Category: Christian Living /Relationships /Parenting

A Shelley y Derek,
sin los cuales nunca habría
escrito este libro

Contenido

Reconocimientos

A través de los años, la gente me ha preguntado: «¿Cuándo va a escribir un libro sobre la crianza de los jóvenes?». Mi respuesta clásica ha sido: «Cuando termine con los míos». Ahora que nuestros hijos son adultos y están casados, creo que estoy lo bastante alejado del proceso como para poder escribir de manera objetiva de mis éxitos y fracasos. Karolyn y yo no fuimos padres perfectos. Nuestros años con los adolescentes no fueron sin trauma, pero a través de todo eso buscamos el amor, y el amor fue determinante. Hoy disfrutamos nuestra relación con nuestros antiguos adolescentes como maduros y preocupados jóvenes adultos. Nos proporcionan mucho gozo y ánimo. Escribo este libro con la seguridad de que, si los padres tienen éxito en amar a sus jóvenes, tendrán éxito como padres.

Mucho de lo que leerás en este libro lo aprendí de Shelley y Derek. Sin mi experiencia de caminar a su lado por los años de su adolescencia, no sería capaz de sentir empatía por otros padres, ni escribir con pasión. Por lo tanto, les dedico este libro a ellos. Aprovecho esta ocasión para reconocer públicamente mi deuda con cada uno de mis hijos por permitirme «practicar» con ellos. Debido a lo que me enseñaron, espero hacerlo incluso mejor con mis nietos.

Además, estoy muy agradecido al doctor Davis McGuirt, quien prestó una ayuda invaluable como mi asistente de investigación en este proyecto. Su experiencia tanto en estudios de la actualidad como históricos acerca de la crianza de los jóvenes, y sus habilidades excepcionales de organizar y resumir este material, hizo mucho más fácil mi tarea. «Gracias, Davis. Espero que todas tus investigaciones sean de gran ayuda para ti y para Mary Kay en la crianza de tus propios hijos adolescentes».

Como siempre, estoy muy agradecido de los padres que me comentaron sus éxitos y luchas en la crianza de adolescentes. Tanto en la oficina de consejería como «en el camino», cientos de padres han sido mis maestros. Su dolor me hizo más sensible. Sus éxitos me estimularon.

Le debo un tributo especial a Tricia Kube, mi asistente administrativa durante los últimos veintiséis años, que computarizó este material y dio consejos técnicos. Ella y su esposo, R.A., han educado a su propio adolescente, Joe, quien ahora es un joven adulto triunfador y junto con su esposa, Ángela, los han convertido en abuelos. «Ya puedo verlo, Tricia. En unos años más, estarás leyendo de nuevo este manuscrito, mientras tu nieta se convierte en adolescente».

Unas últimas palabras de agradecimiento para Randall Payleitner, cuyas habilidades de redacción mejoraron un buen libro. Su actualización de las estadísticas y la modificación del contenido ayudó a que esta última edición sea relevante para los padres de hijos adolescentes contemporáneos.

Introducción

Creo que es prudente decir que la tarea de la crianza de los hijos adolescentes y de jóvenes de hoy es más desconcertante de lo que fuera en cualquier generación anterior. La violencia del adolescente ya no se limita al mundo ficticio de las películas, sino que ahora es una parte habitual de nuestro consumo de noticias diarias. Los reportajes de jóvenes que asesinan a jóvenes, a padres y, algunas veces, se suicidan, se han convertido en algo de todos los días. Tal comportamiento no se limita solo a las zonas pobres de nuestras grandes ciudades, sino que ahora se ha filtrado en los barrios residenciales de la clase media, creando una gran preocupación en los padres de todas las clases sociales.

Debido a que llevo a cabo seminarios para matrimonios en toda la nación, muchos de los padres que me encuentro están aterrados. Esto es cierto sobre todo en los padres que descubren que sus adolescentes tienen enfermedades de transmisión sexual, están embarazadas o han tenido un aborto. Algunos padres han descubierto que sus jóvenes no solo usan drogas, sino que la venden en la escuela secundaria. Otros se quedan consternados cuando reciben una llamada del departamento de la policía local informándoles que a su adolescente lo arrestaron y acusaron por posesión de armas de fuego. La pregunta que se hacen esos padres no viene por un interés filosófico, ajeno de sí, ni intelectual de los problemas sociales actuales, sino más bien fluye de fuentes profundas de angustia personal: «¿*Qué hicimos mal?*».

«Hemos tratado de ser buenos padres; les dimos todo lo que querían. ¿Cómo fueron capaces de hacerse esto a ellos y a nosotros? Simplemente no lo entendemos», dicen. Después de haber sido consejero matrimonial y familiar por los últimos cuarenta años, compadezco mucho a esos padres. También siento una gran empatía por los miles de padres cuyos jóvenes no participan en esos comportamientos destructivos antes citados, pero que viven con la realidad de que si les pasó a esos jóvenes, podría también pasarles a los suyos. No existe una respuesta simple para la inquietud en el alma del joven contemporáneo. La realidad es que el adolescente de hoy vive en un mundo desconocido para sus predecesores (que son ustedes, los padres). Es un mundo global con Internet móvil, televisión por satélite y mucho más. La tecnología moderna expone a nuestros adolescentes a lo mejor y lo peor de todas las culturas humanas. Ya no resulta el ambiente homogéneo del sureste ni del expansivo noroeste. Los límites étnicos de los jóvenes del medio oeste son casi irrelevantes. El pluralismo, la aceptación de muchas ideas y filosofías en igualdad de condiciones sin que esté ninguna por encima de las otras, ha sustituido a las creencias y los patrones tradicionales como la oleada del futuro. Este pluralismo de creencias, costumbres y estilos de vida se mantendrá, y sus aguas son mucho más difíciles de navegar que las comunes que sustituye. No hay que extrañarse que muchos jóvenes hayan perdido su rumbo.

En mi opinión, los padres de jóvenes nunca se han sentido tan indefensos como hoy, pero también opino que nunca antes los padres de los adolescentes han sido tan importantes. Más que nunca, los jóvenes necesitan a sus padres. Todas las investigaciones indican que la influencia más importante en su vida proviene de sus padres. Solo cuando los padres no participan es que su función principal de orientación se sustituye por otra persona o cosa (la pandilla, los compañeros o amigos en la escuela). Estoy muy comprometido a la premisa de que se atiende el mejor interés del adolescente cuando los padres asumen su papel como líderes amorosos en el hogar.

Este libro se centra en lo que creo que es el fundamento más elemental para forjar una relación entre padres y jóvenes: el amor. Creo que la palabra amor es, al mismo tiempo, la más importante en el castellano y la más incomprendida. Es mi esperanza que este libro elimine algo de la confusión y ayude a los padres a centrarse con eficiencia en la manera de suplir la necesidad emocional por el amor de su hijo adolescente. Creo que si se satisface esa necesidad, influirá de manera profunda en la conducta del joven. En la raíz de los malos comportamientos de muchos jóvenes está un tanque vacío de amor. No sugiero que los padres no aman a sus hijos adolescentes; me refiero a que miles de jóvenes no sienten ese amor. Para la mayoría de los padres, no se trata de un asunto de sinceridad, sino más bien de falta de información sobre cómo comunicar amor con eficacia en el plano emocional.

A menudo, una parte del problema es que muchos de los padres no se sintieron amados. Su relación matrimonial la han saboteado y el amor emocional no fluye con libertad entre mamá y papá. Fue esta necesidad de comunicar con eficiencia el amor emocional en un matrimonio que me motivó a escribir mi libro original: *Los cinco lenguajes del amor: El secreto del amor que perdura*. Este libro, del cual se han vendido hasta el momento más de seis millones de ejemplares, les ha cambiado el clima emocional a millones de matrimonios. Esas parejas han aprendido la manera de hablarse el uno al otro su «lenguaje del amor primario» y descubrieron que, al hacerlo, se convirtieron en eficientes comunicadores del amor emocional. Como escritor, esto ha sido muy gratificante para mí, sobre todo al escuchar las historias de parejas que estaban enemistadas entre sí, pero que encontraron la renovación del amor emocional cuando leyeron y aplicaron los principios de *Los cinco lenguajes del amor*.

También me sentí muy complacido por la respuesta a mi último libro: *Los cinco lenguajes del amor de los niños*, el cual escribí junto con Ross Campbell, un psiquiatra con treinta años de experiencia con los niños y sus padres. Tanto al doctor Campbell como a mí, no solo nos estimuló mucho la cantidad de padres que usaron este libro para descubrir el lenguaje del amor primario de sus hijos, sino también el número de educadores que lo usaron como base para los talleres de maestros mientras aprenden a dar ánimos con eficiencia y llegan a sus estudiantes mediante el uso del concepto de los lenguajes del amor. Son muchos de esos padres y maestros los que me alentaron a escribir este volumen sobre los cinco lenguajes del amor de los jóvenes. Como me dijera una madre: «Doctor Chapman, su libro sobre los cinco lenguajes del amor de los niños nos ayudó en verdad cuando nuestros hijos eran pequeños. Sin embargo, ahora tenemos dos adolescentes y no es lo mismo. Hemos tratado de hacer lo que siempre hemos hecho, pero los adolescentes son diferentes. Por favor, escriba un libro que nos ayude a aprender a amar a nuestros adolescentes con más eficiencia».

Esta mamá tenía toda la razón. Los jóvenes son diferentes y amarlos con eficiencia requiere un nuevo tipo de perspectiva. Los jóvenes atraviesan una tremenda transición y los padres que serán eficientes en amarlos deben también hacer las transiciones en la manera que expresan su amor. Espero que este libro haga por los padres de los jóvenes lo que el primer libro hizo por los millones de matrimonios y lo que hizo el segundo libro por los padres de los niños. Si esto sucede, recuperaré con creces la energía que invertí en este volumen.

Ante todo, escribí para los padres, pero creo que los abuelos y los maestros de escuela, incluyendo a todo adulto que se preocupe por los jóvenes, van a amar con mayor eficiencia mediante la lectura y la práctica de los principios que se encuentran en este libro. Los jóvenes no solo necesitan sentir el amor de los padres, sino también el amor de otros adultos importantes en sus vidas. Si eres abuelo, recuerda que los adolescentes necesitan muchísimo la sabiduría de los adultos de más edad y madurez. Muéstrales amor y escucharán tus palabras de sabiduría.

En este libro entrarás por las puertas cerradas de mi oficina de consejería y conocerás los resultados de padres y adolescentes que me permitieron comentar su viaje hacia la comprensión y el amor. Por supuesto, todos los nombres se cambiaron a fin de proteger la privacidad de esos indivi-duos. Cuando leas el cándido diálogo de esos padres y jó-venes, creo que descubrirás cómo los principios de los cinco lenguajes del amor pueden obrar de verdad en la vida de tus hijos adolescentes y de la familia.

Y ahora un vistazo preliminar de hacia dónde nos dirigimos...

En el capítulo uno, los padres explorarán el mundo en el que viven sus jóvenes. No solo daremos un vistazo a los cambios evolutivos que ocurren cuando su niño se convierte en ado-lescente, sino también al mundo actual donde el joven debe experimentar esos cambios evolutivos.

En el capítulo 2, aprenderemos la importancia del amor en el desarrollo emocional, social y espiritual del joven.

En los capítulos del 3 al 7, analizaremos los cinco len-guajes que comunican amor y las maneras adecuadas para expresarles esos lenguajes de amor a los adolescentes.

El capítulo 8 ofrecerá sugerencias sobre cómo descubrir el lenguaje del amor primario de tu hijo adolescente, la ma-nera más eficaz de llenar su tanque de amor emocional.

Los capítulos del 9 al 12 explorarán los asuntos clave en la vida de tu adolescente, incluyendo el deseo por indepen-dencia y la necesidad por responsabilidad. Consideraremos cómo el amor interactúa con la comprensión y el procesa-miento de la ira del adolescente; cómo el amor propicia la independencia; la relación entre la libertad y la responsabi-lidad; y cómo el amor establece límites que se imponen con disciplina y consecuencias.

En el capítulo 13, exploraremos la tarea más difícil y fre-cuente del amor: amar en medio de los fallos.

Y los dos capítulos finales lidiarán con la singular apli-cación de estos lenguajes del amor para los padres solteros y los padres con una familia mixta.

Considero que si a través de los años de la adolescencia se satisface la necesidad emocional por amor de los jóvenes, navegarán las aguas del cambio y saldrán al otro lado de los rápidos como jóvenes adultos saludables. Esa es la visión en común de la mayoría de los padres. Creo que esta es tu visión. Ahora, lancémonos de inmediato en las aguas, entremos en el mundo de los adolescentes y aprendamos los retos y las oportunidades para comunicarles amor a nuestros jóvenes.

Capítulo 1

Comprende a los jóvenes de hoy

L os adolescentes ni siquiera existían hace setenta años... bueno, en cierto modo. Al menos, no se les dio su propia distinción generacional hasta un pasado muy reciente. La palabra *adolescente* se hizo popular por primera vez alrededor de los años de la Segunda Guerra Mundial. (Lee el *Apéndice #1* para una fascinante historia del término y una descripción de los primeros adolescentes). Aunque han ocurrido muchos cambios desde que los primeros adolescentes llegaron de manera formal al escenario social, hay muchas similitudes entre los adolescentes de los años de 1940 y los del siglo veintiuno.

Desde los primeros días que emergió la cultura del adolescente hasta su homólogo contemporáneo, los problemas subyacentes han sido los mismos: *independencia* e *identidad propia*. A través de los años, los adolescentes en nuestra sociedad estadounidense han estado activos en la búsqueda de su identidad mientras tratan de establecer su independencia de los padres. Ninguno de estos problemas se escuchaba con fuerza en la época de la preadolescencia.

Antes de la era industrial, los jóvenes trabajaban en las fincas de sus padres hasta que se casaban, recibían o heredaban su propia extensión de tierra. La identidad no era algo que buscaban los adolescentes; era un campesino desde el momento en que tenía la suficiente edad para trabajar en los campos. El adolescente era un niño hasta que se casaba; entonces el niño se convertía en adulto.

La búsqueda de independencia e identidad

Hasta principios de los años de 1940, la independencia era inconcebible antes que se casara el joven, y en esa coyuntura, la verdadera independencia solo era posible si los padres eran lo suficiente benévolos para ayudar económicamente.

Sin embargo, mucho de eso cambió con la llegada de la industrialización, la identidad se volvió más en una cuestión de elección. Uno podía aprender un oficio y trabajar en la fábrica, de modo que se transformaba en maquinista, tejedor, zapatero, etc. La independencia era también más una realidad, pues la seguridad de un trabajo significaba mudarse a un pueblo vecino donde, con el dinero ganado, uno se podía establecer en una residencia aparte de los padres. Por lo tanto, los grandes cambios culturales fueron el telón de fondo para el surgimiento de una cultura del adolescente.

Desde los años de 1940, los adolescentes siguieron este paradigma de la independencia y la identidad en ciernes, pero lo hicieron así en un mundo que cambiaba con rapidez. Uno tras otro, la electricidad, el teléfono, los automóviles, las radios, los aviones, la televisión, las computadoras y la Internet han expandido las posibilidades de desarrollar nuevos estilos de búsqueda de independencia e identidad. El joven de hoy vive en una sociedad global de verdad. Es interesante, sin embargo, que su atención continúe en él mismo:

su identidad y su independencia. Habrá mucho más sobre esto más adelante.

Los lugares donde el adolescente expresa independencia e identidad han cambiado a través de los años, pero los medios siguen siendo, en esencia, los mismos: música, baile, moda, novedades, lenguaje y relaciones. Por ejemplo, el género musical se ha expandido a través de los años desde las grandes bandas hasta la música de *rhythm and blues*, *rock and roll*, folclórica, campesina, *bluegrass*, metal pesado, *rap*, etc. El joven sigue teniendo mucha más variedad de la cual escoger. No obstante, puedes tener la seguridad, sea lo que sea, que el gusto musical del joven será diferente al de sus padres: esto es un asunto de independencia e identidad. El mismo principio es cierto en todas las demás esferas de la cultura de los jóvenes.

Entonces, ¿qué caracteriza la cultura contemporánea de los jóvenes? ¿En qué tu hijo adolescente es similar y se diferencia de los jóvenes de otras generaciones?

Antes y ahora: Cinco semejanzas

1. Frente a los cambios físicos y mentales

Los desafíos básicos que enfrentan los jóvenes de hoy son muy similares a los que tú enfrentaste cuando eras un adolescente. En primer lugar, está el reto de aceptación y la adaptación a los cambios que ocurren en el cuerpo de un adolescente. Algunas veces, los brazos y las piernas, las manos y los pies crecen a un ritmo desproporcionado, provocando la realidad de «la torpeza de la adolescencia» (la cual puede ser una fuente de extrema vergüenza para el adolescente). Se desarrollan también las características sexuales, las cuales quizá produzcan excitación y ansiedad. ¿Y qué padre no sentía dolor cuando veía a su adolescente luchar con ese devastador enemigo, el acné?

Estos cambios fisiológicos originan numerosos interrogantes en la mente del adolescente. «Me estoy volviendo adulto, ¿pero qué aspecto tendré? ¿Seré demasiado alto o demasiado bajo? ¿Tendré orejas muy grandes? ¿Serán mis pechos chicos o muy grandes? ¿Y mi nariz? ¿Son demasiado grandes mis pies? ¿Soy demasiado gordo o demasiado flaco?» El continuo desfile de preguntas marcha a través de la mente del adolescente en desarrollo. La manera en que un adolescente responde esas preguntas tendrá un efecto positivo o negativo sobre su identidad propia.

A este crecimiento físico, lo acompaña también un «acelerado crecimiento» intelectual. El joven está desarrollando una nueva manera de pensar. Como una niña, pensaba en función de acciones y hechos concretos. Como adolescente, comienza a pensar en función de conceptos abstractos como la sinceridad, la lealtad y la justicia. Con el pensamiento abstracto viene el mundo expandido de las posibilidades ilimitadas. Ahora el joven tiene la capacidad de pensar en cómo las cosas podrían ser diferentes, a qué se parecería un mundo sin guerra, cómo los padres comprensivos tratarían a sus hijos. El mundo de las posibilidades expandidas abre todo tipo de puertas para la identidad propia. El joven se da cuenta: «Yo podría ser un neurocirujano, un piloto o un recogedor de basura». Las posibilidades son ilimitadas y se visualizan en numerosos escenarios vocacionales.

2. El inicio de la edad del razonamiento

La adolescencia es también la edad del razonamiento. El joven es capaz de pensar con lógica y ver las consecuencias naturales de las diferentes actitudes. Esta lógica no solo se aplica a su propio razonamiento, sino también al de sus padres. ¿Ves el porqué un adolescente se podría percibir a menudo como «contencioso»? En realidad, está desarrollando sus habilidades mentales. Si los padres comprenden esto, pueden tener significativas e interesantes conversaciones con sus jóvenes. Si no lo comprenden, es posible que desarrollen una relación antagónica y el adolescente tenga que irse a otra parte a flexionar sus nuevos músculos intelectuales. Con este rápido crecimiento de su desarrollo intelectual y la cosecha de nueva información, a menudo el joven se cree más inteligente que sus padres y en algunos aspectos puede que tenga razón.

Este avanzado nivel de pensamiento conduce al joven a toda una nueva arena de desafíos en el campo de las relaciones sociales. Por un lado, la discusión de «ideas» con sus compañeros y el escuchar sus puntos de vista dan lugar a un nuevo nivel de intimidad y, por otro lado, da paso a la posibilidad de una relación antagónica. De este modo, el desarrollo de grupos exclusivos (pequeños y estrechos grupos sociales) entre jóvenes tiene mucho más que hacer que estar de acuerdo en ideas intelectuales que con cosas como los colores del cabello y de la ropa. Los jóvenes, al igual que los adultos, tienden a sentirse más a gusto con los que están de acuerdo con ellos.

3. El enfrentamiento de la moralidad y los valores personales

La capacidad intelectual para analizar ideas y acciones de una manera lógica y la proyección de los resultados de ciertas creencias da lugar al surgimiento de otro desafío común en el joven: el examen del sistema de creencias con los que se criaron y la determinación de si vale la pena comprometerse con estas creencias. «¿Tenían razón mis padres en sus puntos de vista de Dios, la moralidad y los valores?» Estos son asuntos profundos con los que debe luchar cada joven. Si los padres no comprenden esta lucha, a menudo se convertirán en una influencia negativa y apartará en realidad al adolescente.

Cuando el joven cuestiona a los padres acerca de las creencias básicas, los padres sabios aceptan las preguntas, procuran dar respuestas sinceras sin autoritarismo y animan al joven para que continúe explorando esas ideas. En otras palabras, aceptan la oportunidad para el diálogo con el joven acerca de las creencias que han adoptado a través de los años. Si por otra parte los padres censuran al joven por hacerles preguntas, quizá acumulando culpa sobre él por pensar siquiera que las creencias de los padres son indebidas, el joven se ve obligado a ir a otra parte a fin de plantear sus preguntas.

4. Lo que piensan sobre la sexualidad y el matrimonio

Otro desafío importante para el joven es cuando comienzan a comprender su propia sexualidad mientras aprenden los papeles sociales masculinos o femeninos. ¿Qué es lo apropiado y lo inapropiado con relación a los miembros del sexo opuesto? ¿Qué es lo bueno y lo malo al enfrentar sus propios pensamientos y sentimientos sexuales? Estas preguntas, que a menudo no toman en cuenta los padres, no puede pasarlas por alto el joven.

La sexualidad emergente del joven es parte de su ser, y la relación con el sexo opuesto es una realidad siempre presente. Casi todos los adolescentes sueñan con casarse algún día y tener una familia. Hace unos años, cuando en una encuesta se les pidió a los jóvenes que clasificaran una serie de asuntos importantes en su futuro, «ochenta y seis por ciento manifestó que tener una familia estable sería el elemento más importante en la planificación de su vida futura»[1]. Trazar el recorrido desde los primeros años de la adolescencia hasta el matrimonio y la familia estable que desean los jóvenes ocupará muchas horas de sus pensamientos.

Los padres que desean ayudar usarán el flujo normal de la conversación en familia para tratar asuntos relacionados con la sexualidad, el noviazgo y el matrimonio. También guiará a su hijo adolescente a los adecuados materiales impresos y páginas Web que hablen al nivel del joven mientras proporciona información práctica y sólida. Para los jóvenes que participan en la iglesia o en el grupo de jóvenes, los adultos a su cargo y los ministros de jóvenes a menudo ofrecen sesiones relacionadas con la sexualidad, el noviazgo y el matrimonio. Estas clases brindan un contexto social donde los jóvenes pueden aprender y discutir este importante aspecto de su desarrollo de una manera franca y amable.

5. El cuestionamiento del futuro

Existe otro desafío común que enfrentaron los jóvenes del pasado y que afrontan los del presente. Luchan con la pregunta: «¿Qué haré con mi vida?». Esta pregunta involucra la elección vocacional, pero es mucho más profunda que eso. Al fin y al cabo, es un interrogante espiritual: «¿En qué vale la pena que invierta mi vida? ¿Dónde encontraré la mayor felicidad? ¿Y dónde puedo hacer la mayor contribución?». A pesar de lo filosóficas que quizá parezcan estas preguntas, son muy reales para nuestros jóvenes. Con más urgencia, los adolescentes deben contestar estas preguntas: «¿Iré a la universidad? Y si es así, ¿dónde? ¿Debo hacer la carrera militar? Y si es así, ¿en qué rama? ¿O debo buscar un trabajo? Y si fuese así, ¿cuál?». Por supuesto, los jóvenes comprenden que todas esas opciones conducen a alguna parte. Hay algo más allá del próximo paso y, de alguna manera, este influirá en dónde terminarán. Es un imponente desafío para esas mentes jóvenes.

Los padres que quieran ser útiles les hablarán algo de sus luchas, sus gozos y sus propias desilusiones. Como padre, no puedes ni debes ofrecer respuestas fáciles, pero puedes estimular la búsqueda y quizá presentarles a tu hijo o hija a personas de distintas profesiones que puedan comentar sus travesías. Puedes alentar a tu hijo a que aproveche los consejeros vocacionales, tanto los del instituto como los de la universidad más tarde. Por último, debes animar a tus hijos a seguir el ejemplo de Samuel. El anciano profeta hebreo escuchó la voz de Dios cuando era un adolescente y respondió: «Habla, que tu siervo escucha»[2]. Los hombres y las mujeres que han hecho el mayor impacto en la historia humana fueron los que sintieron el llamado divino y lo vivieron en su vocación.

Cinco diferencias fundamentales

Con todas estas semejanzas, no olvidemos que existe un enorme abismo entre los jóvenes contemporáneos y los jóvenes del pasado (incluso del pasado reciente); ese abismo es el escenario cultural moderno donde los adolescentes enfrentan los retos antes mencionados. ¿Cuáles son algunas de esas diferencias culturales?

1. La tecnología

Una de las más notables diferencias es que los jóvenes contemporáneos han crecido en un mundo con una tecnología sumamente avanzada. Sus padres crecieron con el teléfono, la radio y la red de televisión, pero para el joven de hoy, la televisión por cable y satélite, y la Internet han creado un mundo mucho más globalizado. Una gran cantidad de emisoras de radio y canales de televisión ofrecen acceso a cada tipo concebible de entretenimiento dentro de nuestra propia cultura. Sin embargo, el joven no está limitado a esas salidas programadas. Incluso, cada película producida está disponible para el alquiler en la tienda local de vídeos y cada canción cantada alguna vez se puede comprar, bajar de la Internet y escucharse en los siempre presentes *IPod* (reproductores de música digital) o teléfonos celulares inteligentes de los adolescentes.

Los jóvenes de hoy también han crecido sin recuerdos previos a la Internet; tanto el adolescente como la Internet han llegado juntos a la mayoría de edad. Lo que solíamos llamar la «superautopista de la información» se ha convertido en una gran red mundial con influencias positivas y negativas para el joven contemporáneo. Además de darles a nuestros jóvenes acceso inmediato a lo último en películas, moda, música y deportes, les permite hasta una segunda actualización sobre dónde están sus amigos y quién rompió con quién. Es más, con la proliferación de las redes sociales y la puesta al día móvil, la Internet no solo ha superado al teléfono tradicional como el método de comunicación de los jóvenes con amigos y la discusión de ideas, sino que literalmente ha tomado el control. Es mucho más probable que veas a tu adolescente enviando mensajes de texto, navegando por la Internet y jugando video juegos (a menudo al mismo tiempo) con su teléfono, que hablando. Estas realidades tecnológicas ponen a tu hijo adolescente en contacto con el mundo y al mundo en contacto con tu hijo adolescente. El joven contemporáneo está mucho más expuesto a los estímulos culturales de lo que jamás soñaron sus padres a su edad.

2. El conocimiento de la violencia y su exposición a la misma

Una segunda diferencia cultural es que tu hijo adolescente está creciendo con mucho mayor conocimiento acerca del violento comportamiento humano. En parte, esto se debe a los avances tecnológicos, es decir, se informa más violencia a través de los medios de comunicación, pero por otra parte solo refleja nuestra sed cultural, casi obsesiva, por la violencia. A menudo nuestras películas, canciones y novelas se precipitan hacia las escenas violentas. Una reciente encuesta juvenil efectuada por Gallup reveló que 36% de los adolescentes vieron el mes anterior una película o un espectáculo televisivo conteniendo gran cantidad de violencia.

Es interesante, la encuesta dijo que ocho de cada diez adolescentes, 78%, le manifestó a la organización Gallup que «no tenían problemas viendo películas o programas de televisión de violencia». Sin embargo, 53% de los mismos adolescentes estuvieron de acuerdo en que «la violencia en la televisión y en las películas enviaba mensajes erróneos a la gente joven». La misma encuesta indicó que 65% de esos adolescentes creen que «las películas y la televisión ejercen una gran influencia en la apariencia de los jóvenes de la actualidad»[3].

.La exposición a la violencia no se limita a los medios y a las películas. Muchos jóvenes de hoy han experimentado la violencia a un nivel personal. Han observado cómo sus padres maltrataron físicamente a sus madres o ellos mismos sufrieron maltratos físicos de sus padres, padrastros u otros adultos. La mayoría de los jóvenes reconocen que muchas veces la escuela pública es la escena de comportamientos violentos.

Incluso, algunos jóvenes son perpetradores de violencia, incluyendo el homicidio. Mientras que en general la tasa de homicidios ha permanecido un tanto estable en Estados Unidos durante los últimos treinta años, el índice de homicidio juvenil continúa en aumento. El período de mayor crecimiento fue entre mediados de 1980 a mediados de 1990, cuando el homicidio juvenil creció a 168%. El FBI informa que hay cerca de 23.000 homicidios al año en Estados Unidos y que los autores de 25% de estos asesinatos son de veintiún años o menos[4]. Por fortuna, en los años más recientes, las estadísticas muestran un descenso en la violencia juvenil, pero en muchas comunidades, sigue siendo el desafío más serio.

3. La familia fragmentada

Un tercer factor cultural que influye en el joven de hoy es la naturaleza fragmentada de la moderna familia estadounidense. De acuerdo con una reciente encuesta juvenil del Instituto Gallup, cuatro de cada diez adolescentes estadounidenses (39%) viven solo con uno de los padres. En ocho de cada diez casos, el ausente es el padre. La misma encuesta indica que 20% de los jóvenes estadounidenses viven con un padrastro u otro adulto masculino que convive con su madre[5].

Los sociólogos han observado que «en cantidades sin precedentes, nuestras familias son disímiles: tenemos a padres trabajando mientras que las madres se quedan en casa; padres y madres trabajando fuera de casa; madres solteras; segundos matrimonios que aportan hijos de distintos antecedentes; parejas sin hijos; parejas no casadas entre sí con hijos o sin hijos; y padres gay y lesbianas. Vivimos a través de un período de cambios históricos dentro de la familia estadounidense[6]. Otro investigador señaló: «Los datos no son hasta ahora la fragmentación residual, sino un punto de vista sociológico que sugiere un enlace directo con muchas de las presiones que vemos cada día. Algunas de las actitudes, estrés, alienación [...] y lapsos más cortos de atención están directamente relacionados con las tensiones del ajuste a los nuevos tipos de familias»[7].

Aparte de la fragmentación del núcleo familiar, la mayoría de los jóvenes de hoy crecen sin una familia extendida: abuelos, tías, tíos y otros parientes. Con sus avanzados medios de movilidad, cada vez más núcleos familiares viven a mayores distancias de la familia extendida, en comparación con las generaciones anteriores. Además, mientras que antes los vecinos servían como padres sustitutos, cuidando los hijos unos a otros, ahora están todos ocupados y rara vez pueden hacerlo. Hubo tiempos en los que la escuela local era más homogénea y la comunidad ofrecía un entorno seguro para que se relacionaran los jóvenes. Esto es lejos de ser el caso actual. Todas las influencias positivas más allá del hogar están desapareciendo con rapidez.

James Comer, director del *Yale Child Study Center*, ve este resquebrajamiento como un factor casi tan crítico como el del núcleo familiar. Hablando de su propia infancia, Comer dijo: «Entre mi casa y la escuela había por lo menos cinco amigos íntimos de mis padres que informaban toda cosa inaceptable que yo hacía. Ellos ya no están para los niños de hoy en día»[8]. En el pasado, los adolescentes podían contar con las familias extendidas, vecindarios sanos, iglesias y grupos comunitarios. Muchas veces, el joven contemporáneo no posee estas redes de apoyo.

4. El conocimiento de la sexualidad y la exposición a la misma

También es muy diferente la exagerada atmósfera sexual en la que crecen nuestros jóvenes. Los nacidos en el auge de los años de 1960 se rebelaron contra las tradicionales costumbres sexuales establecidas por sus padres, pero recordaban cuáles eran las reglas sexuales y a veces hasta sentían culpa cuando las violaban. Sin embargo, el adolescente de nuestros tiempos ha crecido en un mundo sin reglas sexuales. Las películas, los medios de comunicación y la música consideran a las relaciones sexuales iguales al amor y como una esperada parte de una importante relación de noviazgo. Por lo tanto, muchos adolescentes son sexualmente activos.

Los adolescentes que no son sexualmente activos luchan con pensamientos tales como: *¿Me estoy perdiendo algo importante? ¿Hay algo malo en mí?* Mientras tanto, los jóvenes que están sexualmente activos tienen otros sentimientos negativos: A menudo se sienten usados, maltratados y vacíos.

El adolescente actual vive en un mundo donde las relaciones sexuales no son solo una parte esperada en una relación de noviazgo, sino que la convivencia antes del matrimonio se ha vuelto algo cada vez más común y a la relación homosexual la promueven como un estilo de vida alternativo. Por cierto, las palabras bisexual y transexual están en el vocabulario común de los jóvenes modernos. En un sentido muy real, las relaciones sexuales se han vuelto las diosas de los estadounidenses, y los altares y lugares de su adoración son tan variados como la mente sea capaz de imaginar. Este es el mundo donde el joven contemporáneo debe navegar las ya temibles aguas de su emergente sexualidad.

5. Moral neutral y valores religiosos

Por último, el joven contemporáneo crece en un mundo poscristiano de verdad. En el campo de la religión y la moral, no hay nada seguro. En las generaciones pasadas, la mayoría de los estadounidenses podrían haber definido tanto la conducta moral como la inmoral. Estos juicios morales se basaban ante todo en las Escrituras judeocristianas. Esta no es la realidad para el adolescente contemporáneo. Por primera vez en la historia de los Estados Unidos, una generación entera está creciendo desprovista de ciertos valores morales. Los valores a menudo son neutrales; se le dice al joven que lo que siente bueno, es bueno. Lo bueno y lo malo son relativos.

La adolescencia siempre ha sido el tiempo para explorar las creencias religiosas. Los jóvenes se hacen preguntas acerca de las creencias religiosas, o incredulidad, de sus padres. Como en otros aspectos de la vida, tratan de aclarar su propia identidad. La diferencia en el mundo contemporáneo es que debido a la naturaleza global del mundo actual, nuestros jóvenes están expuestos a numerosas creencias religiosas, tanto a través de la tecnología moderna como por medio de amigos que están involucrados en otros grupos religiosos.

La religión es importante para el joven contemporáneo. Una reciente encuesta indica que alrededor de la mitad de los adolescentes (51%) considera importante la fe religiosa en la formación de su vida cotidiana[9]. Más de las tres cuartas partes de los adolescentes (82%) se identifican con un grupo religioso organizado. Una tercera parte de los adolescentes (36%) dice que se siente «muy» o «extremadamente» cercano a Dios y más de la mitad ha hecho un compromiso personal para vivir su vida para Dios (55%). Cuatro de cada diez adolescentes (40%) informaron que asistían a los cultos religiosos de adoración al menos una vez a la semana[11]. Los jóvenes de hoy en día están más interesados en la naturaleza relacional y experimental de los grupos religiosos que en la creencia religiosa abstracta. Si el grupo es acogedor, amable y comprensivo, se sienten atraídos al grupo espiritual aun cuando no estén de acuerdo con muchas de las creencias religiosas del grupo.

Los padres *pueden* guiar

Este es el mundo en el que tu joven tiene que llegar a la mayoría de edad. La buena noticia es que los jóvenes contemporáneos están mirando a sus padres para que los guíen. En una reciente encuesta, los jóvenes informaron que los padres poseen una mayor influencia que sus compañeros en los siguientes campos: si se debe asistir a la universidad, si se debe asistir a servicios religiosos, si se deben hacer las tareas y si se debe beber. Los padres también influyen en los jóvenes en cuanto a sus planes de empleo o de carrera. Los amigos tienen mayor influencia en sus decisiones en función de asuntos inmediatos tales como: ir o no a las clases, con quién salir, el estilo de peinado y qué tipo de vestimenta llevar[12].

La encuesta reveló que cuando se les pidió a los jóvenes que informaran: «¿Quién posee la mayor influencia en sus decisiones? ¿Los padres o los amigos?», las decisiones que se inclinaban más hacia la influencia paterna eran las que aparentaban tener mayor efecto sobre el tipo de persona que el joven quería ser. Sí, los amigos de tu hijo adolescente influirán en algunos asuntos, pero los padres todavía tienen la mayor influencia en los pensamientos y la conducta del joven. Los capítulos restantes de este libro están diseñados para ayudarte a aprender la manera de satisfacer con eficacia la necesidad de amor de tus hijos adolescentes y colocar así el fundamento para influir en ellos con mayor eficacia en todas las demás esferas de la vida.

Capítulo 2

La clave: El amor de los padres

Rebeca, madre de dos niños, tenía todos los síntomas del trauma de los padres. «Doctor Chapman, estoy muerta de miedo», me dijo. «Mi hijo tiene doce años y mi hija once. He estado leyendo libros sobre adolescentes y estoy asustada. Tal parece que todos los adolescentes tienen relaciones sexuales, consumen drogas y llevan armas a la escuela. ¿Es tan malo en realidad?» Rebeca me hizo esa pregunta durante un seminario para matrimonios en Moline, Illinois. Luego, agregó: «He estado pensando que quizá deba darles las clases en casa durante la escuela secundaria, pero esto también me asusta. No sé si estoy preparada para que mis hijos se conviertan en adolescentes».

Durante los últimos cinco años, he conocido montones de padres como Rebeca. Muchos están leyendo más libros sobre la crianza de los adolescentes. Escuchan más por la televisión sobre la violencia del joven. Leen su periódico local y, a decir verdad, están aterrados. Si tú eres uno de esos padres atemorizados o si te estás preguntando: «¿Debo estar asustado?», espero que este capítulo mitigue algunos de tus temores. La ansiedad no es una buena actitud mental para criar a los jóvenes. Espero que este capítulo te libere de algunas de tus angustias y te dé más seguridad en el papel positivo que puedes desempeñar en la vida de tus jóvenes.

Las buenas nuevas acerca de las familias y las escuelas

Comenzaré informando que no todos los hechos son negativos. Mientras que es cierto que una reciente Encuesta Juvenil Gallup reveló que solo 57% de los adolescentes estadounidenses viven con ambos padres, también es verdad que 87% de ellos tienen contacto con sus padres aun cuando no vivan siempre juntos[1]. Una gran mayoría de adolescentes (70%) manifiestan que se sienten «extremadamente» o «muy» cerca de sus padres[2]. Otra encuesta reciente indicó que la mayoría de los adolescentes entre los trece y los diecisiete años casi siempre se sienten bien en la escuela. Una considerable mayoría de los jóvenes informó que se sentían felices (85%) y respaldados en la escuela (82%). La mayoría dijo que se sentían apreciados (78%), interesados (77%), estimulados (76%) y retados (72%)[3]. Dos estadísticas que deben entusiasmar el corazón de todos los padres orientados a la educación son que 97% de los adolescentes se graduará de la escuela secundaria y 83% de ellos considera que la educación universitaria es «muy importante» en la actualidad[4].

Después de revisar estos hallazgos, George Gallup, hijo, caracterizó a la juventud actual como motivada por el idealismo, el optimismo, la espontaneidad y la exuberancia. «Los jóvenes nos dicen que se entusiasman por ayudar a otros, desean trabajar por la paz mundial y un mundo sano, y se sienten bien respecto a sus escuelas y aun mejor en cuanto a sus maestros». En lo concerniente a las actitudes de los adolescentes hacia su futuro, Gallup concluyó: «Una gran mayoría de la juventud estadounidense informa que se sienten felices y entusiasmados respecto al futuro, se sienten muy cerca de sus familias, que es probable que se casen, desean tener hijos, están satisfechos con sus vidas y desean alcanzar la cima de las carreras elegidas[5].

Lawrence Steinberg, un antiguo investigador del Centro para Investigaciones del Desarrollo y la Educación Humana, es un reconocido experto en adolescentes en todo el país. Él dijo: «La adolescencia no es un período intrínsecamente dificultoso. Los problemas psicológicos, el comportamiento problemático y los conflictos familiares no son más comunes en la adolescencia que en cualquier otra etapa del ciclo de la vida. Sin duda, algunos adolescentes están en apuros y otros se meten en apuros. No obstante, la gran mayoría (casi nueve de cada diez) no son así». Steinberg, quien también es profesor de psicología de la *Temple University*, agregó: «Los problemas que hemos llegado a ver como una parte "normal" del desarrollo de los adolescentes (las drogas, la delincuencia, las relaciones sexuales irresponsables, la oposición a cualquier autoridad), no son normales de ninguna manera. Son tanto evitables como tratables. La base es que los niños buenos no se vuelven de repente malos durante su adolescencia»[6].

La realidad es que casi todo lo que leemos en los periódicos y escuchamos a través de los medios se refiere a 10% de jóvenes problemáticos, la mayoría de los cuales fueron también niños problemáticos. Tú y tu joven *pueden* tener una relación positiva. Eso es lo que desea tu adolescente y supongo que eso sea también lo que deseas tú. En este capítulo, veremos lo que considero el aspecto más importante de la relación, es decir, suplir la necesidad de amor emocional de tu hijo adolescente. Si se satisface esta necesidad, tu joven navegará por las aguas culturales de las que hablamos en el capítulo 1.

Cuando los jóvenes saben que sus padres los aman, tendrán la seguridad para enfrentar las influencias negativas de nuestra cultura que les impedirían convertirse en adultos maduros y productivos. Sin el amor de los padres, lo más probable es que el joven sucumba a las influencias malignas de las drogas, las relaciones sexuales pervertidas y la violencia. En mi opinión, nada es más importante que los padres aprendan cómo satisfacer con eficiencia la necesidad por amor emocional del adolescente.

¿A qué me refiero con «amor emocional»? En lo más profundo del alma del joven se encuentra el deseo de sentirse conectado, aceptado y nutrido por sus padres. Cuando ocurre esto, el joven se siente amado. Cuando el adolescente no siente la conexión, la aceptación y la nutrición, su tanque emocional interno está vacío, y ese vacío afectará en gran medida el comportamiento de ese joven. Te describiré cada uno de manera más detallada.

El deseo del joven por conexión

La presencia de los padres

Mucho se ha escrito acerca de la importancia del niño pequeño en «vínculo» con los padres. Muchos psicólogos infantiles están de acuerdo en que si este vínculo emocional no se lleva a cabo, el desarrollo emocional del niño estará plagado de sentimientos de inseguridad. Lo contrario de la conexión es el abandono. Si los padres del pequeño no están presentes por causa de muerte, divorcio o abandono, es obvio que no puede crearse un vínculo emocional.

El prerrequisito de un vínculo es la presencia de los padres. En conclusión: *El vínculo requiere de tiempo juntos.*

Los mismos principios son ciertos en los años de la adolescencia. Los padres que apenas están presentes por motivos de divorcio, horario de trabajo, etc., comprometen el sentir del joven hacia el vínculo con sus padres. Es una simple realidad que para que un adolescente se sienta vinculado a sus padres, y por ende amado por ellos, deben compartir tiempo juntos. El joven que se siente abandonado luchará con la pregunta: «¿Qué pasa conmigo que mis padres no se preocupan por mí?». Si los padres desean que un joven se sienta amado, deberán dedicar el tiempo para estar a su lado.

El poder conectivo de la comunicación

Es obvio que la proximidad física entre padres y jóvenes no tiene necesariamente como resultado que se forme un vínculo. El vínculo emocional requiere comunicación. Tú puedes ser una madre hogareña o un padre en casa con dos semanas de vacaciones y seguir desvinculado si hay poca comunicación.

Hace unos años me animé, mientras examinaba un proyecto de investigación, al descubrir que 71% de los adolescentes encuestados dijo que comían al menos una comida diaria con su familia. Sin embargo, mi entusiasmo tuvo corta vida cuando descubrí que la mitad de todos los jóvenes encuestados estuvieron viendo televisión la última vez que cenaron con sus padres. Sumado a eso, uno de cada cuatro manifestó que escuchaba la radio mientras que 15% leía un libro, una revista o diario mientras cenaba[7]. Tal parece que la mayoría de los padres no usa el momento de las comidas como medios para establecer la conexión con los jóvenes.

En mi opinión, la mesa del comedor es uno de los mejores lugares para crear un nexo emocional con los adolescentes. ¿A qué joven no le encanta comer? Una breve conversación con los padres es un precio insignificante por una buena comida. Si tu familia no entra en el 71% que al menos tiene una comida familiar diaria, permíteme alentarte para que trabajes hacia ese ideal. Y para los que comen, pero no hablan, les sugeriré una nueva guía para los momentos de las comidas familiares. Anúnciales a los jóvenes y los niños pequeños que va a comenzar una nueva tradición en los momentos de las comidas. «En primer lugar, hablaremos con Dios (sí, enséñales a tus hijos a ser agradecidos por sus alimentos), después hablaremos los unos con los otros; a continuación, si lo deseamos, podemos ir a ver la televisión, a leer los periódicos y a escuchar la radio».

Comienza por tener algún voluntario que se ofrezca para darle gracias a Dios por los alimentos y por la persona o personas que los prepararon. Luego, cada miembro de la familia les contará a los demás tres cosas que le pasaron ese día y cómo se siente al respecto. *Primera regla*: Cuando un miembro de la familia esté hablando, los demás escucharán con amabilidad. *Segunda regla*: Los demás pueden hacer preguntas para aclarar lo que están escuchando, pero no darán consejos a menos que se lo pida la persona que está hablando.

Esta nueva tradición quizá sea suficiente para ayudarte a establecer y mantener un sentido de conexión con tu hijo adolescente.

El deseo del joven por aceptación

El poder de la aceptación... y del rechazo
Un segundo elemento del amor emocional es sentir la aceptación de los padres. Un adolescente de catorce años dijo: «La cosa que más me gusta de mis padres es que me aceptan por lo que soy. No tratan de que sea como mi hermana mayor». Este adolescente se siente amado, y ese amor proviene de la aceptación de sus padres.

«Mis padres me quieren. Estoy bien». Estos son los mensajes que se reproducen en la mente del joven que se siente aceptado. Lo opuesto a la aceptación es el rechazo. Sus mensajes son: «No me quieren. No soy lo bastante bueno para ellos. Les gustaría que fuera diferente». Es obvio que el niño que se siente rechazado no se siente amado.

El antropólogo Ronald Rohner ha estudiado el rechazo en más de un centenar de culturas alrededor del mundo. Por sus descubrimientos está claro que aun cuando las culturas difieran en el modo de expresar el rechazo, los niños rechazados en todas partes son un riesgo potencial para numerosos problemas psicológicos. Estos problemas van desde una baja autoestima, un deficiente desarrollo moral, dificultades en manejar la agresión hasta una identidad sexual confusa. Rohner cree que los efectos del rechazo son tan fuertes que lo llama «una maldad psicológica que hace estragos en el sistema emocional del niño»[8].

James Garbarino, profesor de desarrollo humano en la Universidad de Cornell, ha pasado muchos años estudiando la vida interna de los jóvenes violentos. Concluye que el sentimiento de rechazo es el elemento más importante en el modelo psicológico del joven violento. A menudo, este rechazo madura cuando se establecen comparaciones con otro hermano[9].

Aceptación del joven... corrección del comportamiento

Muchos padres creen que es malo mostrar una aceptación total. Roberto, un preocupado padre de dos adolescentes, habló con gran sinceridad cuando me dijo lo siguiente: «Doctor Chapman, no entiendo cómo puedo aceptar a un joven cuando su conducta es despreciable. No deseo que mis jóvenes se sientan rechazados, pero francamente no me gusta su conducta y me disgustan cuando adoptan este comportamiento. Quizá los esté rechazando, pero eso no es lo que siento en mi corazón. Siento amor y preocupación. No quiero que destruyan sus vidas».

Roberto hablaba por los miles de padres que aún no han aprendido a expresar aceptación mientras corrigen al mismo tiempo la mala conducta de sus adolescentes. Examinaremos esto más adelante cuando entremos en los cinco lenguajes y también en el capítulo 12, donde analizaremos el asunto de la disciplina.

Por el momento, trataré de explicar cuál es nuestra meta utilizando una ilustración teológica. Pablo, un apóstol de la fe cristiana del primer siglo, dijo de Dios: «Nos hizo aceptos en el Amado»[10]. Aludía a la doctrina cristiana central que Dios, que es santo, nos ha aceptado a nosotros, que no somos santos, porque Él nos ve como una parte de sí mismo al haber aceptado a su Hijo, el Amado. Dado que nosotros aceptamos a su Hijo, Dios nos aceptó a nosotros. La idea de Pablo es que, a pesar de que a Dios no siempre le complace nuestra conducta, siempre está complacido con nosotros porque somos sus hijos. Como padres, esto es lo que tratamos de hacer. Deseamos comunicarles a nuestros hijos que estamos felices por ser sus padres sin tener en cuenta sus patrones de comportamiento. Esto es a lo que típicamente nos referimos como *amor incondicional*.

La idea del amor incondicional es: «Te amo, me preocupo por ti. Estoy comprometido contigo porque eres mi hijo. No siempre me gusta lo que haces, pero siempre te amo y me preocupo por tu bienestar. Eres mi hijo y nunca te rechazaré. Siempre estaré aquí haciendo lo que crea que es lo mejor para ti. Te amaré a pesar de todo».

Ken Canfield, presidente del *National Center for Fathering*, dijo: «Nunca olviden la gran pregunta de la adolescencia: "¿Quién soy yo?". Tu hijo adolescente tendrá que responderse esa pregunta. Lo que desea escuchar de ti es: "Seas lo que seas, te seguiré amando"». Luego, Canfield se refirió a un gran temor de los jóvenes: «Nunca se olviden del gran temor de un adolescente: "¿Soy normal?". La probable respuesta a esta pregunta es: "Sí". No obstante, lo que los adolescentes desean escuchar de su papá es: "Aun cuando fueras anormal, te seguiría amando"»[11].

Canfield se refería a la aceptación y al amor incondicional. Después te daré otras sugerencias, pero permíteme mostrarte aquí un método sencillo que influirá en gran medida en la forma en que tus jóvenes escuchan tus mensajes verbales de guía o corrección. Antes de presentar tu profunda declaración acerca de lo que deseas que haga tu adolescente, siempre encabézalo con estas palabras: «Te amo mucho. Te amaré aunque no sigas mi consejo, pero debo dártelo porque te amo». A continuación, expresa tus palabras de sabiduría. Tu adolescente necesita escuchar que lo aceptas aun cuando no apruebes su conducta.

El deseo del joven para que lo nutran

El tercer aspecto en el amor a tu hijo adolescente es nutrirlo. Esto tiene que ver con la alimentación del espíritu interno de tu adolescente. Nosotros nutrimos nuestras plantas cuando mejoramos el suelo en el que están plantadas. Lo mismo hacemos con los jóvenes al mejorar el clima en el que crecen. Los adolescentes que crecen en un clima cariñoso, afectuoso, alentador y de emociones positivas, producirán con mayor probabilidad hermosas flores y deliciosos frutos cuando alcancen la madurez.

Nunca maltrates

Lo opuesto a la nutrición es el maltrato. Una atmósfera de maltrato es como esparcir veneno sobre el alma del joven. Los adolescentes que reciben de sus padres palabras hostiles, cortantes, ásperas o humillantes llegarán a la larga a la edad adulta, pero las cicatrices del maltrato verbal permanecerán durante toda la vida. Los padres que se entregan al maltrato físico mediante bofetadas, empellones, golpes o sacudidas a sus hijos adolescentes, quizá perjudiquen el desarrollo físico de los jóvenes, o al menos dañarán su desarrollo emocional, lo cual hará que sus vidas como adultos sean mucho más difíciles.

Pocas cosas son más perjudiciales para el desarrollo de los jóvenes que el maltrato físico. Los adolescentes sacan sus conclusiones basadas en lo que observan y experimentan a manos de sus padres. Las investigaciones han demostrado que la mayoría de los adolescentes que se volvieron violentos estaban traumatizados por el maltrato y estaban hambrientos de amor. James Garbarino describe de esta manera a los muchachos violentos: «Consumen drogas. Se involucran en la violencia. Roban. Andan a la desbandada en lo sexual. Se unen a pandillas y sectas y, cuando nadie los escucha ni observa, se meten el pulgar en la boca y lloran hasta quedarse dormidos»[12]. Detrás de muchos jóvenes violentos está un padre abusador. *El amor no maltrata; el amor nutre.*

Sé un padre que nutre

La nutrición de tu hijo adolescente requiere tu propia nutrición. Si nosotros los padres vamos a crear un clima positivo y de apoyo para el joven, en el cual podrá cumplir con las tareas de desarrollo de la adolescencia, debemos crecer en las esferas de nuestra propia debilidad emocional. El problema es que muchos padres de jóvenes no se criaron con familias que nutrían; por consiguiente, desarrollaron patrones negativos de respuestas a los jóvenes que se acercan al maltrato. Si ves esto en ti mismo, el primer paso es tratar tu propio dolor y aprender a procesar tu propia ira.

Esto quizá involucre la lectura de libros sobre cómo enfrentar la ira[13], unirte a grupos de apoyo a través de tu iglesia local o centro comunitario, o ir a un consejero personal. Nunca es demasiado tarde para tratar la parte oscura de tu propia historia. Tus jóvenes merecen lo mejor de ti y eso no estará disponible hasta que no te enfrentes a tu pasado.

Los padres que nutren a sus hijos poseen una actitud positiva. No me refiero a que nieguen las realidades de la vida, sino a que optan por ver la mano de Dios detrás de los acontecimientos humanos. Buscan el sol detrás de las nubes y les comunican este espíritu a sus hijos. Los padres que nutren son los que alientan, buscan las cosas positivas que hacen y dicen sus jóvenes y los alaban.

Los padres que nutren son cariñosos, buscan sin cesar formas para mejorar la vida de sus hijos adolescentes. En los capítulos siguientes, observaremos los cinco lenguajes del amor y te ayudaremos a descubrir el lenguaje del amor primario de tu adolescente. Hablar este lenguaje es la manera más poderosa de nutrir el espíritu interno de tu hijo y mejorar su vida.

Comprende el impacto de un tanque vacío

Una de las razones por las que el amor emocional es tan importante para tu hijo adolescente es porque influye en cada uno de los demás aspectos de su vida. Cuando su tanque de amor está vacío, piensa «nadie se preocupa en verdad por mí». Se disipa la motivación por aprender. «¿Para qué debo estudiar en la escuela? De todas formas, a nadie le interesa lo que me pasa». Los consejeros de las escuelas escuchan declaraciones como estas todos los días.

Un tanque de amor vacío afecta también la capacidad del adolescente de sentir empatía por otros. Cuando el joven siente que no lo aman, tendrá mayor dificultad en apreciar cómo afectan sus acciones negativas en los sentimientos de los demás. Las investigaciones indican que los más violentos delincuentes juveniles demuestran muy poca empatía[14]. La empatía es uno de los fundamentos de lo que Daniel Goleman llama «inteligencia emocional». Goleman define la inteligencia emocional como la capacidad de percibir las emociones en otros, de comunicarse con eficacia en el campo no verbal, de lidiar con los altibajos de la vida diaria y de poseer las expectativas apropiadas para las relaciones[15]. Por lo tanto, la falta de inteligencia emocional afecta la capacidad del joven para relacionarse de manera positiva con los otros.

A su vez, la falta de empatía afecta el desarrollo de la conciencia y de los juicios morales del joven. Durante los años de la adolescencia es que se interiorizan las normas de la conciencia. En los años de la infancia, los padres eran los que fijaban las normas. Ahora bien, el adolescente lucha con su propio concepto en cuanto a lo que es moral e inmoral. Si debido a la falta de amor el adolescente no es capaz de sentir empatía hacia otros, tendrá poca sensibilidad en cuanto a que es malo herir a los demás. En el campo de la espiritualidad, si no se satisface la necesidad emocional de amor del niño, la idea teológica de un Dios amante tendrá poco significado para el joven. Esta es una de las razones para que los jóvenes hambrientos de amor se aparten con frecuencia de las creencias y prácticas religiosas de sus padres.

En resumen, el desarrollo intelectual, emocional, social, moral y espiritual se mejorará en gran medida si el joven posee importantes cantidades de amor. Por otro lado, el adolescente se perjudica muchísimo en todas esas esferas si no se satisface su necesidad emocional de amor.

Tu prójimo más cercano

Los sociólogos, psicólogos y líderes religiosos están de acuerdo en que la necesidad fundamental de un adolescente es sentir amor de un adulto importante en su vida. David Popenoe, profesor de sociología de la Universidad Rutgers y presidente adjunto del Concilio de Familias en los Estados Unidos, escribió: «Los niños se desarrollan mejor cuando tienen la oportunidad de tener unas afectuosas, íntimas, continuas y duraderas relaciones tanto con sus padres como con sus madres». Los psicólogos Henry Cloud y John Townsend agregaron: «No hay mejor ingrediente para el crecimiento de su hijo que el amor». Y James Garbarino preguntó en su libro *Lost Boys*: «¿Qué recursos posee un muchacho que le den sentido a la vida si no siente que es amado y apreciado?»[16].

Cuando los líderes religiosos de su época le preguntaron a Jesús de Nazaret: «Maestro, ¿cuál es el gran mandamiento en la ley? Jesús le dijo: Amarás al Señor tu Dios con todo tu corazón, y con toda tu alma, y con toda tu mente. Este es el primero y grande mandamiento. Y el segundo es semejante: Amarás a tu prójimo como a ti mismo. De estos dos mandamientos depende toda la ley y los profetas»[17]. Por lo tanto, Jesús resumió en estos dos mandamientos todas las enseñanzas de los libros de la ley del Antiguo Testamento y las palabras de los profetas judíos. En cuanto a mí, sugeriría que el adolescente que vive en tu casa es tu prójimo más cercano.

«Toda mi vida me sentí solo»

Si los padres y otros adultos importantes no satisfacen las necesidades de amor del joven, este buscará amor en los lugares equivocados. Después que Luke Woodham, de dieciséis años de edad, mató a su madre y a continuación abrió fuego contra su instituto en Pearl, Mississippi, matando a tres e hiriendo a siete el primero de octubre de 1997, relató a un corresponsal de *ABC News* que se sentía tan aislado y rechazado en su comunidad que se sintió atraído con facilidad hacia un grupo de muchachos que se autoproclamaban satanistas. Dijo: «Toda mi vida me sentí marginado, solo. Al final, encontré algunas personas que querían ser mis amigos».

Garbarino añadió: «Los muchachos con necesidades emocionales que sus maestros y padres los rechazan son los blancos principales para adultos y jóvenes mayores antisociales. Estos modelos a imitar negativos reclutan muchachos vulnerables e intercambian autoproclamas de lealtad por la causa antisocial. Muchos muchachos violentos y problemáticos cuentan sus historias sobre cómo se hicieron amigos de muchachos mayores que los aceptaron a cambio de su participación en hechos delictivos»[18].

Después de años de tratar de comprender a los jóvenes violentos y delincuentes, Garbarino concluyó: «Nada parece amenazar más al espíritu humano que el rechazo, la brutalidad y la falta de amor»[19].

No hay nada más importante en la formación de los jóvenes que aprender cómo satisfacer con eficiencia las necesidades de amor del adolescente. Lo que estás a punto de leer en los próximos cinco capítulos te llevará a los cinco lenguajes básicos del amor, las cinco maneras más eficiente de mantener lleno el tanque de amor de tu hijo adolescente. Luego, me referiré al asunto de descubrir el lenguaje del amor primario de tu adolescente, ese lenguaje en el que eres más eficiente a la hora de satisfacer la necesidad de amor de tu hijo. Como he presentado este material en las conferencias sobre la crianza de los hijos a través de todo el país, muchos padres han descubierto que la aplicación de estas verdades ha cambiado de manera radical el comportamiento de sus jóvenes y les ha dado los sentimientos de profunda satisfacción más que cualquier otra cosa que estén haciendo como padres, son eficaces en suplir la necesidad emocional más importante de sus hijos adolescentes. Ese también es mi deseo para ti.

Capítulo 3

PRIMER LENGUAJE DEL AMOR:
Palabras de afirmación

Brad, de quince años de edad, estaba en mi oficina a petición de sus padres. Calzaba con descuido unas sandalias de color oscuro. Sus pantalones de múltiples bolsillos colgaban de manera precaria de su delgada estructura. En su camiseta se leía: «Libertad es tener todos los caramelos que uno quiera». No estaba demasiado seguro de que quisiera estar en mi oficina, pero me sorprendió con agrado que Brad escuchara de manera atenta mis preguntas y me expresara con toda libertad sus pensamientos y sentimientos. (He tenido a otros adolescentes en mi oficina cuya respuesta a cualquier pregunta era: «Está bien»).

Los padres de Brad se quejaban de que él se había vuelto demasiado rebelde con ellos, que había estallado en ira varias veces y hasta había amenazado con irse de la casa. Fue esa amenaza la que los motivó a insistir en que hablara conmigo.

La idea de que Brad se fuera de casa los traumatizó y, citando las palabras del padre: «Él es el tipo de muchacho que lo haría. Nunca se sintió extraño en ningún lado. Encontraría a alguien que lo aceptara. Y la idea nos espanta».

«Hemos tratado de hablar con Brad», continuó la madre, «pero siempre terminamos discutiendo y uno de los dos pierde el control y dice cosas que en realidad no sentimos. Nos disculpamos después y tratamos de seguir, pero Brad es siempre tan poco razonable que no estamos de acuerdo con él».

Luego de una breve introducción, le aseguré a Brad que mi función no era decirle lo que tenía que hacer, sino que esperaba ayudarle a comprender un poco mejor a sus padres y quizá ayudarlos a ellos a comprenderlo a él. Le hice ver que sus padres «parecían preocupados» y por esa razón habían pedido que nosotros dos nos reuniésemos. Él asintió con la cabeza. Deseando iniciar un vínculo con Brad, decidí comenzar con el presente más que indagar sobre el pasado. Le dije a Brad:

—Tus padres me dijeron que estás pensando en irte de la casa. Me pregunto si no podrías contarme algo de eso.

—No me voy a ir de la casa —dijo Brad, negando con la cabeza—. Lo dije una noche cuando estaba muy furioso y ellos no me escuchaban. A veces pienso en irme de la casa, pero no creo que lo haría jamás.

—¿Qué consideras cuando piensas en irte de la casa? —le pregunté—. ¿Qué te imaginas que sería de tu vida si no vivieras con tus padres?

—Sería libre y haría lo que quisiera —contestó Brad—. No tendría que discutir con ellos por cada pequeño detalle. Eso es lo que no me gusta de estar viviendo en casa, todas esas discusiones.

Estaba comenzando a sentir que las palabras negativas eran algo doloroso para Brad, lo cual me llevó a imaginarme que su lenguaje del amor primario eran *palabras de afirmación*. Es típico que cuando los jóvenes se sienten muy heridos por las palabras negativas, esto sea un indicador de que las palabras de apoyo hablan a lo más hondo de la necesidad emocional de amor del adolescente.

—¿Sientes que tus padres te aman? —le pregunté.

Brad hizo una pausa por un momento y, luego, dijo:

—Sé que me aman, pero a veces no me siento amado, sobre todo en los últimos años.

—¿Cómo te demostraban tus padres su amor cuando eras pequeño? —le pregunté.

—Me decían lo grande que era —me dijo con una risita nerviosa—. Ahora creo que han cambiado de opinión.

—¿Recuerdas algunas de las cosas positivas que te dijeron?

—Me acuerdo una vez cuando jugaba al fútbol en las Ligas Menores, que mi padre me dijo que yo era el mejor jugador que alguna vez había visto. Me dijo que, si quisiera, podría jugar algún día en el fútbol profesional.

—¿Juegas al fútbol en la escuela? —le pregunté.

Asintiendo con la cabeza, Brad admitió entonces que estaba jugando, pero que descartó la idea de ir más lejos en este deporte.

—Soy bueno, pero no llego a ese nivel.

Cuando le pedí que recordara cosas positivas que su madre le decía cuando era chico, Brad contestó:

—Mamá siempre me decía: "Te amo, te amo, te amo". Ella siempre lo decía tres veces muy rápido. A veces pensaba que no era sincera, pero la mayor parte del tiempo sabía que sí lo era.

—¿Sigue diciéndote esas palabras? —le pregunté.

—En estos últimos años, no —me dijo—. Todo lo que hace ahora es criticarme.

—¿Qué dice cuando te critica? —le pregunté.

—Bueno, la otra noche me dijo que yo era un irresponsable y que si no cambiaba, nunca iba a terminar la escuela. Me dijo que era un descuidado y un irrespetuoso.

—¿Lo eres? —pregunté.

—Creo que soy un poco descuidado —dijo con lentitud—, pero no sería irrespetuoso si ellos no se pasaran la vida encima de mí.

—¿Qué otra cosa critican tus padres de ti? —le pregunté.

—Todo. Dicen que paso demasiado tiempo en el teléfono, demasiado tiempo con mis amigos. No vuelvo a casa cuando ellos piensan que debo hacerlo. No los llamo cuando estoy atrasado. No dedico demasiado tiempo a mis tareas escolares en casa. Dicen que no tomo en serio la escuela. Como dije, todo.

—¿Cómo te sientes con respecto a tus padres por todas esas críticas?

—Hay días en los que quisiera alejarme de ellos —dijo Brad—. En realidad, estoy cansado de la lucha constante. ¿Por qué no me dejan ser como soy? No creo ser tan malo. Solo quisiera que me dejaran en paz.

—¿Qué harías si te dejaran en paz? —le pregunté.

—No lo sé —contestó Brad—. Solo ser un adolescente normal, me imagino. Yo no haría nada estúpido como consumir drogas o dejar embarazada a alguna chica, ni matar a algún muchacho con un arma de fuego. Creo que mis padres ven demasiada violencia por televisión. Ven a los locos y creen que todos los jóvenes somos iguales. Yo no estoy loco. ¿Por qué no confían en mí?

Sigue vacío

Después de tres sesiones más con Brad, concluí que era un joven bastante normal que vivía con un tanque de amor vacío, no porque sus padres no lo amaran, sino porque habían dejado de hablar su lenguaje del amor primario, *palabras de afirmación*. En su niñez, lo afirmaban a menudo de forma verbal. Sus palabras de afirmación eran vívidos recuerdos, pero ahora, en su mente, todo eso había cambiado. Lo que escuchaba eran palabras negativas y lo que sentía era rechazo. Su tanque de amor estuvo lleno en su niñez, pero en la adolescencia estaba vacío.

Después de escuchar por completo la historia de Brad, le di a conocer mi evaluación. Le expliqué que todos poseemos un tanque de amor, y cuando este está lleno, es cuando en verdad nos sentimos amados por la gente que nos importa en nuestra vida, el mundo parece brillar y podemos discutir nuestras diferencias de una manera positiva. Sin embargo, cuando el tanque de amor está vacío y nos sentimos rechazados en lugar de amados, se vuelve demasiado difícil discutir las diferencias sin parar en discusiones y calumnias. También le dije a Brad que sus padres poseían su propio tanque de amor y que suponía que el de ellos también seguía vacío. Sin duda, en los primeros años, es probable que él hubiera hablado sus lenguajes del amor y ellos sintieran su amor, pero ahora sus tanques emocionales estaban vacíos también.

—Cuando los padres tienen sus tanques de amor vacíos —le dije—, a menudo demuestran patrones de conducta inadecuados con sus jóvenes.

Le aseguré a Brad que yo creía que todo esto podía cambiar y que esa relación con sus padres volvería a ser positiva y de afirmación. Le indiqué que los próximos tres años de su vida podían ser los mejores, y que cuando estuviera listo para la universidad, quizá hasta «iba a echar de menos» a sus padres. Brad se rió y dijo:

—¡Me gustaría eso!

Le aseguré a Brad que trataría de ayudar a sus padres a comprender mi evaluación de la situación, y lo estimulé a que les expresara su amor a pesar de los sentimientos negativos que albergaba hacia ellos en estos momentos. Le expliqué que su creciente independencia de sus padres se fomentaría mejor en un clima de amor más que en uno de hostilidad.

—El amor es una decisión —le dije—, y creo que si optas por amar a tus padres y lo expresas en sus lenguajes del amor primarios, serías una parte de la solución. Recuerda que el amor, no el odio, es igual a la paz.

Brad asintió con la cabeza, sonrió y dijo:

—¡Claro que sí! Eso tiene sentido.

(Fue uno de esos momentos de afirmación en los que me di cuenta que aún seguía siendo capaz de comunicarme con un adolescente).

—En unas seis semanas, después que haya pasado un tiempo con tus padres, quiero que nos volvamos a reunir y ver cómo andan las cosas —le dije a Brad.

—Perfecto —me contestó, mientras abría la puerta y dejaba mi oficina con sus pantalones que le arrastraban por el piso.

Lo que traté de decirles a los padres de Brad en las tres sesiones que tuvimos juntos es lo que me gustaría decirte a ti en el resto de este capítulo. Comprendía mucho a los padres de Brad, como a los miles de padres de hijos adolescentes que se enfrentan a luchas similares. Los padres de Brad, al igual que la mayoría de ustedes que están leyendo este libro, eran padres aplicados. Habían leído libros acerca de cómo educar a sus hijos, habían asistido a seminarios sobre ese tema y contado sus experiencias con otros padres. En realidad, fueron excelentes padres los primeros doce años de la vida de Brad. Sin embargo, los sorprendieron con la guardia baja al llegar los años de la adolescencia. Cuando la niñez se deslizó dentro de las blancas aguas de la adolescencia, su canoa de padres se estrelló contra las rocas y se vieron luchando por sobrevivir.

Ya no son niños...

Muchos padres creen que cuando sus hijos llegan a la adolescencia, pueden continuar educándolos de la misma manera que les dio resultados en los años del preescolar y de la escuela primaria. Sin embargo, esto es un serio error porque el joven no es un niño. Está en su transición hacia la adultez. La melodía que se está tocando en la mente de un joven es independencia e identidad propia. Esta melodía debe armonizar con todos los cambios psicológicos, emocionales, intelectuales, espirituales y sociales que están teniendo lugar en su interior, los cuales analizamos en el primer capítulo. Cuando los padres no se dan cuenta de la nueva canción que se interpreta dentro de la mente del joven, crean el escenario para algún gran conflicto entre padres e hijos.

Los padres que tratan al joven de la misma manera en que lo hicieron con el niño, no tendrán los mismos resultados que recibieron antes. Cuando el joven no responde de igual modo que el niño, los padres se sienten impulsados a probar con algo diferente ahora. Sin una preparación apropiada, los padres casi siempre se vuelcan a los esfuerzos compulsivos que conducen a discusiones, estallidos de mal genio y, a veces, al maltrato verbal. Semejante comportamiento es emocionalmente devastador para el joven cuyo lenguaje del amor primario son las palabras de afirmación. El esfuerzo de los padres en persuadir de palabras al joven a fin de que se someta, lo empuja a que se rebele en realidad.

Sin darse cuenta, los padres eliminan el sistema de apoyo emocional del joven y lo sustituyen por una guerra verbal. Observa el cambio tal como lo ve tu adolescente: De niño, sentía la afectuosa y amante seguridad de sus padres, pero en su juventud le explotan granadas verbales en su alma y su tanque de amor está deteriorado. Como padres, nuestras intenciones quizá sean buenas, pero los resultados son malos sin duda alguna. Salvo que nosotros los padres cambiemos de dirección, terminaremos con toda seguridad con un joven rebelde y a menudo con un joven adulto enemistado.

Sin embargo, esto no tiene que suceder. Miles de padres hicieron lo mismo que los padres de Brad, se dieron cuenta que necesitaban una corrección a mitad del camino y tomaron medidas. Su primer paso fue percatarse de lo que había pasado. Les expliqué que, en mi opinión, el lenguaje del amor primario de Brad eran las palabras de afirmación, y que en su temprana niñez llenaron su tanque de amor con muchas palabras de afirmación. No obstante, en el torbellino de los años de la adolescencia, sustituyeron las palabras de afirmación por palabras de condenación, palabras de aceptación con palabras de rechazo y, al hacerlo así, no solo vaciaron el tanque de amor de Brad, sino que lo llenaron de resentimiento.

Se hizo la luz y el padre de Brad dijo: «Ahora comprendo lo que sucedió. Parece muy claro. Entonces, ¿cómo cambiamos?». Me alegré de que hubiera preguntado porque el padre, si quiere aprender, ¡puede!

Lo que hicieron los padres de Brad

Sugerí que el primer paso fuera un cese al fuego: parar las bombas negativas y condenatorias. En segundo lugar, debían convocar a una conferencia familiar y, con franqueza, decirle a Brad su profundo pesar de que aunque eran padres sinceros, y solo tenían lo mejor en mente para él, se habían dado cuenta de que lo estaban educando de una manera equivocada. Después podrían decir que tenían mucho que aprender acerca de la educación de un joven, que deseaban de todo corazón aprender y, sobre todo, deseaban decirle que lo amaban sin importar lo que hiciera y que siempre lo amarían.

«Les recomiendo que le digan a Brad que su mayor y primordial preocupación es su bienestar y que van a intentar eliminar de su vocabulario las palabras de crítica, condenación, humillación y aspereza.

»Sean sinceros con Brad. Díganle que quieren ser perfectos en hacer esto por los próximos meses, pero que si fracasan, se disculparán con toda sinceridad porque esa no era su intención. Le podrán decir: "Reconocemos que somos tus padres y que queremos ayudarte a pasar por los años de la adolescencia hacia una madura edad adulta. Planeamos estar a tu disposición cuando necesites un consejo, y es nuestra intención seguir poniendo pautas que creemos son para tu beneficio"».

Luego, les dije a los padres de Brad que fueran cuidadosos en no discutir sobre estas pautas. «Explíquenle que desean aprender a trabajar con él en una abierta comunicación y negociación. Díganle: "Brad, deseamos tratarte como al joven en desarrollo que eres; tus ideas y sentimientos son importantes. Sabemos que esto llevará un tiempo y todos nosotros en algún momento daremos un traspié durante el proceso, pero tenemos el compromiso de ser los padres que tú mereces"».

Sus padres hicieron justo eso. Más tarde, me comentaron que esa conferencia de familia fue el punto de cambios en su relación con Brad. Sintieron que Brad les perdonó con sinceridad sus fracasos, aunque era muy optimista respecto a sus capacidades de cambio. Ellos lo comprendieron y reconocieron que esto no iba a ser fácil, pero se sentían comprometidos a crecer dentro de sus capacidades como padres.

Sé que quizá algunos de ustedes estén pensando: «Pero si no vamos a condenar de palabras el mal comportamiento de nuestros jóvenes, ¿de qué manera los disciplinamos?». Como me dijo una madre: «Doctor Chapman, ¿está claro que no nos está sugiriendo que dejemos que los adolescentes hagan lo que quieran?». Le respondí: «Sin duda que no».

Los jóvenes necesitan límites. Los padres que los amen tratarán de que vivan dentro de estos límites. No obstante, existe una mejor manera de motivar a los jóvenes que proferir palabras crueles, amargas y condenatorias cuando se portan mal. Analizaremos esto en detalles en el capítulo 12, cuando hablemos de la relación entre el amor y la responsabilidad. En este capítulo nos referiremos a cómo mantener lleno el tanque de amor del joven. Es obvio que las palabras duras, condenatorias y de discusión no son el camino. Las palabras negativas y de condena son nocivas para cualquier joven, pero son devastadoras para aquel cuyo lenguaje del amor primario son las palabras de afirmación.

La mayoría de los jóvenes están luchando con su identidad. Se comparan con sus compañeros en lo físico, lo intelectual y lo social. Muchos concluyen que «no están a la altura». Muchos se sienten inseguros, tienen poca autoestima y se culpan a sí mismos. Si hay un nivel en la vida donde el ser humano necesita más palabras de afirmación, este de seguro que sería el de los años de la adolescencia. Sin embargo, este es el verdadero nivel en el que los padres a menudo utilizan palabras negativas en sus esfuerzos por lograr que el joven haga lo que consideran que es lo mejor para él. No puedo enfatizar lo suficiente la necesidad de que los padres les brinden a sus hijos adolescentes palabras de afirmación. Aun si el lenguaje del amor primario del adolescente no sea el de las palabras de afirmación, apreciará sus declaraciones de apoyo. El antiguo proverbio hebreo tenía razón: «Muerte y vida están en poder de la lengua»[1].

Cómo afirmas a tu hijo adolescente

Entonces, ¿de qué manera pronunciamos palabras de vida para nuestros adolescentes? Te sugeriré algunas maneras de regar el alma de tu adolescente con palabras que lo afirmen.

Palabras de elogio

En primer lugar, están las palabras de elogio. El elogio tiene que ver con el reconocimiento de los logros de tu adolescente y su correspondiente alabanza. Todos los jóvenes hacen algunas cosas bien. Busca esas nobles acciones y recompénsalas con elogios verbales. Dos factores son importantes al darles palabras de elogio a los jóvenes. *Ante todo, está la sinceridad.* Los jóvenes de hoy buscan adultos con integridad y autenticidad. Es probable que haya logrado algo con las adulaciones a los tres años, pero esto no resultará a los trece. Decirle a una joven: «Hiciste un buen trabajo limpiando tu habitación», cuando en realidad no lo hizo, es una bofetada en el rostro de la inteligencia de tu hija. Es más lista que eso. No juegues con ella.

Esto me lleva al segundo factor importante en el elogio a los *jóvenes: Elogia cosas específicas.* La generalización con declaraciones de elogio tales como: «Hiciste un buen trabajo limpiando tu habitación», raras veces son ciertas. La verdad se encuentra mucho más a menudo en cosas específicas tales como: «Hiciste un buen trabajo quitando la mancha de café del mantel». «Gracias por colocar la ropa sucia en el cesto; fue una verdadera ayuda cuando lavé la ropa esta mañana». «Gracias por rastrillar las hojas del patio el sábado. A la verdad, tiene un buen aspecto». Estas son las clases de elogios específicos que les parecen ciertas a los jóvenes. Prepárate para buscar cosas específicas.

Braulio, el hijo de Roberto, juega béisbol en el equipo de la escuela secundaria. Hace poco tuvo un día malo en particular. Parecía que todo le salía mal cuando bateaba y recibía. Sin embargo, hubo una jugada en la que Braulio se lució. Estaba en la tercera base, con un corredor en primera y un *out*. Cuando el joven al bate hizo un excelente bateo por la tercera base, Braulio la atajó, hizo un lanzamiento perfecto al de segunda base, quien a su vez hizo un lanzamiento perfecto a la primera base y terminó la entrada. Fue el único juego en todo el encuentro que Braulio hizo bien y su equipo perdió el encuentro.

Braulio regresó a casa en ómnibus con su equipo. Su padre y su hermano menor lo hicieron en automóvil, pero cuando Braulio entró a la casa varias horas después, su hermano menor lo recibió en la puerta y le dijo:

—Papá dijo que había sido el mejor juego que hubiera visto jamás.

—¿De qué estás hablando? —preguntó Braulio.

—Tu doble jugada —le contestó su hermano menor.

El padre de Braulio había escuchado la conversación, apagó el televisor y entró a la habitación.

—Es verdad —dijo—. Recordaré esa jugada por el resto de mi vida. Yo sé que ustedes perdieron. Sé que tuvieron una mala tarde, pero te digo: ¡Esa fue la jugada más espectacular que jamás haya visto! El batazo fue durísimo, pero tú jugaste como un profesional. Fue emocionante. Nunca lo olvidaré.

Braulio entró a la cocina por un poco de agua. Su padre volvió a la sala, pero en la cocina, Braulio estaba tomando más que agua. Su tanque de amor se estaba llenando mientras pensaba en las palabras de su padre. El padre de Braulio había dominado el arte de buscar cosas específicas y elogiar a los jóvenes.

Exige esfuerzo, sobre todo para los padres que tienen la tendencia a ser negativos consigo mismos, pero todo padre puede aprender a localizar acciones específicas dignas de elogio y usarlas en ocasiones como palabras de afirmación.

Sin embargo, *existe un tercer aspecto en el elogio: Cuando no puedes elogiar los resultados, elogia los esfuerzos.* Por ejemplo, tu adolescente de trece años cortó el césped. No está tan perfecto como lo hubieras hecho tú, pues posees un poco más de experiencia que él. Sin embargo, se cortó gran parte del césped y tu hijo invirtió dos horas de su vida en hacerlo. Refrénate, no señales el césped sin cortar. Tú puedes hacerlo la semana siguiente, antes que él comience a cortar de nuevo. Ahora es el momento de decir: «Natán, a la verdad, estás progresando en tus habilidades de cortar el césped. Considero mucho tu gran esfuerzo. Quiero que sepas que es una verdadera ayuda para mí y que lo aprecio». Natán se va y, de alguna forma, el cortar el césped parece ser algo valioso. Su tanque de amor se está llenando al sentir que es importante para su padre y que se tomó en cuenta su trabajo. Alguien preguntará: «¿Y no será siempre un cortador de césped mediocre si no le señalas el césped que no cortó?». Esta es mi respuesta: «Es cuestión de tiempo». Después de dos horas de cortar césped, nadie se siente estimulado si oye que el trabajo no se realizó a la perfección. Si se hace eso, casi seguro se consigue que el joven deteste cortar el césped. Cuando sus esfuerzos se recompensan con elogios, se sentirá apreciado y motivado a cortar el césped otra vez. A la semana siguiente hasta se encontrará dispuesto a escuchar instrucciones de cómo hacer un trabajo aun mejor.

(Para los padres que están leyendo esto, les sugeriría que el mismo principio puede aplicarse a su relación matrimonial. Recompénsense entre sí el esfuerzo realizado en vez de señalar las imperfecciones de la tarea. Hagan la prueba. Da resultados. Lo prometo. Por ejemplo, el esposo dedicó tres horas a lavar el automóvil. Su esposa viene de afuera y le señala un punto que se olvidó. Predicción: Este es el automóvil más limpio que verás por un tiempo. O la esposa prepara una comida al esposo. Él se sienta a la mesa y le dice: «¿Olvidaste la ensalada de col?». Predicción: Espero que le gusten los restaurantes de comida rápida. Pasará mucho tiempo en ellos los próximos tres meses. Caso cerrado. Premia el esfuerzo, no la perfección).

Los jóvenes necesitan escuchar palabras de elogio de sus padres. Siempre hay acciones de ellos dignas de encomio. Algunos padres están tan obsesionados por el fracaso de sus adolescentes, en alcanzar sus expectativas que no pueden ver sus acciones positivas. Esta es una visión de túnel angosta y negativa. La concentración en lo negativo ha sido la caída de muchos padres y ha resultado en un tanque de amor vacío para muchos jóvenes. Sin importar lo que esté pasando en la vida de tu hijo adolescente que te produzca dolor, frustración o ira, sigue buscando las acciones dignas de elogio y dale a tu adolescente palabras de afirmación.

Palabras de afecto

Considerando que el elogio se centra en el comportamiento positivo de un adolescente, el afecto se centra en el propio adolescente. Se trata de expresar con palabras aprecio positivo hacia el adolescente como persona.

La declaración más común de afecto verbal son las simples palabras: «Te amo». Estas dos palabras siempre son apropiadas, aunque quizá exista una corta etapa en la que el adolescente no le va a gustar que le digas esas palabras delante de sus compañeros. Si tu hijo te lo pide, cúmplelo, por favor. No obstante, cuando se expresan en privado, estas dos palabras siempre son apropiadas en cualquier etapa del desarrollo del joven.

En realidad, los jóvenes que no escuchan a los padres decirles «Te amo», experimentarán a menudo un profundo dolor en su edad madura. Durante los últimos años, he tenido el privilegio de hablar en varias conferencias enriquecedoras de matrimonios de atletas profesionales. Una de mis más tristes experiencias fue mirar a los ojos de un atleta profesional, estoy hablando del macho de los machos, y ver lágrimas en sus ojos cuando me dijo: «Dr. Chapman, nunca escuché decir a mi padre "Te amo"». Yo deseaba abrazarlo y decirle: «Déjame ser tu padre. Yo te amo». Puedo pronunciar las palabras y puedo abrazarlo (aunque a los futbolistas no los puedo rodear con mis brazos), pero mi abrazo y mi afirmación verbal nunca ocuparán el lugar de las palabras de un padre. Existe un vacío en el alma de la persona que nunca escuchó de sus padres las palabras: «Te amo».

Por lo general, las mujeres son las que pronuncian libremente estas palabras a sus hijos adolescentes. Los padres son más reacios a hacerlo. A veces ni los padres mismos han escuchado estas palabras, así que tienen dificultades en decir algo que nunca escucharon. No les sale con naturalidad. En el caso de que tú seas uno de esos padres, deseo alentarte para que rompas con las cadenas de la tradición, mires a tu hijo adolescente a los ojos, coloques tus manos sobre sus hombros y dile: «Lo que estoy tratando de decirte es muy importante para mí. Quiero que me escuches con atención». Entonces, mirándolo directo a los ojos, pronuncia estas palabras: «Yo te quiero mucho» y, luego, abrácelo. Sea cual fuere lo que esta experiencia signifique para ti, te puedo asegurar que tus palabras quedarán resonando para siempre en el corazón de tu adolescente. Ahora que el dique se rompió, corren las aguas del amor. Pronuncia esas palabras una y otra vez. Tu hijo nunca se cansará de escucharlas y tu propio tanque de amor se verá repleto cuando oigas a tu adolescente decirte las mismas palabras a ti.

Por supuesto, hay otras maneras de expresar afecto verbal. Vicki Lansky, autora de *101 Maneras de decirle a su hijo «Te quiero»*, relata sobre la ocasión en la que su hija, Dana, de trece años de edad, estaba triste y ella quería animarla. Vicki le dijo: «Hoy te he disfrutado de verdad». ¿Por qué dijo *disfrutado* en vez de *amado*? Lansky explicó: «El uso de la palabra *disfrutar* en vez de la palabra *amar* hacen en verdad la distinción. Varias veces después de esto su hija le preguntó: «¿Me has disfrutado hoy, mamá?»[2]. Inventa tu propio sinónimo y pruébalo con tu adolescente. He aquí algunos ejemplos para que comiences:

«Te adoro».

«Me siento orgulloso cuando pienso en ti».

«Eres mi rayito de sol».

«Si tendría que elegir a un joven en el mundo, te elegiría a ti».

«Eres tan maravilloso».

«Me despierto todas las mañanas y pienso: "Qué privilegio ser tu padre/madre"».

«Ayer estaba sentado en mi escritorio pensando: "En realidad, extraño a mi hija"».

«Me encanta cuando estás por aquí».

Ahora, piensa en algunas palabras de tu propia cosecha, escríbelas en un cuaderno y mézclalas cada cierto tiempo con tus «Te amo». Si tu adolescente está acostumbrado a escuchar «Te amo», una de estas declaraciones opcionales de afecto podrá llenar con más eficacia su tanque de amor.

El afecto verbal también se puede enfocar en varios atributos del cuerpo o la personalidad del adolescente. «Tu cabello luce hoy como la luz del sol», quizá sea una afirmación en especial para una muchacha de dieciséis años que se pregunta si «se ve bien». «Tus ojos son maravillosos», tal vez sean las palabras que alientan el corazón a una muchacha de diecisiete años que acaba de dejarla su novio. «Eres muy fuerte», quizá sean las palabras que cambien el estado de ánimo de tu hijo de quince años de edad que está demasiado preocupado por las manchas en el rostro. Busca características físicas de tu adolescente para apoyarle con palabras. Es una manera eficaz de expresar un afecto verbal.

Estas palabras de afecto también pueden enfocarse en la personalidad del joven. «Soy muy feliz de que tengas esa personalidad extrovertida. Sé que piensas que eres tímido, pero he observado que una vez que comienzas a hablar con alguien, te expresas muy bien. Es como si se abrieran las compuertas y comenzaras a hablar con libertad».

Aquí hay otras expresiones que demuestran amor por lo que es tu adolescente:

«Eres muy estable. Me gusta la forma en que piensas antes de hablar».

«Tu chispeante personalidad hace felices a muchas personas».

«Quizá seas callado, pero cuando hablas, expresas algo fenomenal».

«Una de las cosas que en verdad admiro en ti es que eres responsable. Cuando das tu palabra, puedo contar con eso».

«Me alegra mucho poder confiar en ti. Otras madres me dicen que no pueden confiar en sus hijas, pero yo confío en ti plenamente».

«Me encanta la manera en que alientas a las personas. Te observé la otra noche hablando con Tomás después que terminó el juego. Tienes un verdadero don para alentar».

Tales declaraciones de afecto hablan a lo más hondo del espíritu interno de los jóvenes. Les dan a tu hijo y a tu hija un sentido de ser valiosos, admirados y amados.

Para algunos padres, no les será fácil tales expresiones de afecto. Les animo a que lleven un cuaderno. Anoten allí los ejemplos que les he dado antes, léanlos en privado varias veces y en voz alta. Confeccionen sus propias declaraciones de afecto y, de vez en cuando, díganle una a su adolescente.

Palabras en la presencia de otros

Trata de apoyar a tu adolescente delante de toda la familia. Dile palabras de elogio y aprecio ante sus hermanos menores o mayores (no te sugiero que lo hagas en presencia de los compañeros del adolescente). A menudo, las palabras de afirmación se expresan con más fuerza cuando se hace delante de otros. Por ejemplo, la familia está cenando cuando el padre de Julio dice: «Yo le dije esto a Julio en privado, pero deseo decirlo delante de toda la familia. Me sentí orgulloso la otra noche. Tuvo razón al enojarse con la llamada del árbitro, pero demostró un tremendo espíritu deportivo por la forma en que le respondió y estoy orgulloso de él». «¡Sí, un aplauso para Julio!», dice el pequeño Elier. Todos aplauden. A Julio lo afirmaron de manera emocional y se le recordó al resto de la familia la importancia del carácter.

O papá dice respecto a su hija: «¿Alguien vio a mi Mirta anoche? Avanzó hasta la línea de falta, hizo ambos tiros y ganó el juego. ¡¡Sí!!». Mirta no solo tuvo la satisfacción del juego; revive la satisfacción y siente la afirmación emocional de su familia. Esto quizá hablara con mayor profundidad a la necesidad emocional de amor de Mirta que si su padre hubiera limitado sus comentarios a un encuentro en privado entre los dos.

Uno de los cinco lenguajes del amor primarios es *Palabras de afirmación*. Todos los jóvenes necesitan esas palabras. En medio de la inseguridad de la transición en la adolescencia, las palabras de afirmación son a menudo como la lluvia sobre el alma desierta de un adolescente. Para esos jóvenes en quienes las palabras de afirmación son su lenguaje del amor primario, nada es más importante, desde el punto de vista emocional, que escucharlas de sus padres.

Lo que dicen los jóvenes

Escucha las siguientes declaraciones hechas por adolescentes que se sienten amados cuando escuchan palabras de afirmación de labios de sus padres.

Marcos, un estudiante de diecisiete años y miembro del equipo de lucha libre: «Cuando gano, no hay nada más importante que oír decirle a mi padre: "Gran trabajo, hijo". Y cuando pierdo, no hay nada más útil que oírlo decir: "Le has dado la mejor lucha que tuvo en mucho tiempo. Ya verás la próxima vez"».

Berta, de trece años de edad: «Yo sé que mi madre me ama. Me lo dice a cada momento. Creo que mi padre también me ama, pero no lo dice».

Ricardo, de quince años de edad, quien vive en los barrios pobres de Chicago: «Yo no tengo un padre, excepto esos tipos del barrio. Aun así, sé que mi madre me quiere. Ella me dice lo orgullosa que está de mí y me alienta a hacer algo de mí mismo».

Yolanda, de dieciocho años de edad: «En unos meses, salgo para la universidad. Creo que soy la muchacha más feliz de la tierra. Mis padres me aman. Incluso a través de los difíciles años de la adolescencia, siempre me alentaron. Mi papá dice: "Eres lo mejor", y mi mamá dice: "Puedes llegar a ser todo lo que quieras". Yo solo espero poder ayudar a otras personas de la forma en que ellos me ayudaron a mí».

Emma, de catorce años de edad y en octavo grado: «Mi mamá se fue cuando tenía cuatro años, por eso no la recuerdo, pero más tarde mi papá se casó con mi madrastra. Yo la considero mi madre. A veces cuando me desanimo, ella me dice cuánto me ama y me cuenta cosas buenas de mí que a veces olvido. No podría hacer nada sin ella».

Para estos jóvenes y miles más, el lenguaje del amor de las *palabras de afirmación* les habla a lo más profundo. Cuando los padres expresan tales palabras con regularidad, el tanque emocional del joven permanecerá lleno.

Si el lenguaje del amor de tu hijo adolescente es
PALABRAS DE AFIRMACIÓN:

He aquí algunas ideas más en especial para los padres de jóvenes. Elige con cuidado entre ellas a fin de probar algo nuevo que creas que agradecerá tu adolescente.

➢ *Conversa acerca de una meta que a tus adolescentes les gustaría lograr y anímalos de palabras para que la exploren.*

➢ *Pon una nota recordatoria con algunas palabras alentadoras en la caja de cereal que verán en la mañana.*

➢ *Hazte el hábito de mencionar algo específico que has observado y que destaca los logros de tus hijos adolescentes. Los ejemplos incluyen: «En realidad, disfruté la manera en que escogiste tu ropa sin que te lo pidiera» o «Aprecio que te esforzaras tanto para terminar tu trabajo para la escuela en tiempo».*

➢ *Pregunta qué desea hacer tu hijo adolescente después del instituto. Si tu hija dice: «Quiero trabajar como fisioterapeuta, ayudando a la gente a recuperarse de lesiones difíciles», anímala con palabras a descubrir lo que necesita para alcanzar esta meta.*

➢ *Copia o recorta citas inspiradoras que encuentres en revistas y solo añádele una nota que diga: «Esto me recuerda a ti».*

➢ *Si eres artístico, crea un cuadro o dibujo que muestre lo mucho que amas a tu hijo adolescente.*

> *Toma una obra de arte o nota especial de tus jóvenes para enmarcarla de manera profesional. Después, cuélgala en tu casa u oficina.*

> *Cuando tengas que salir de la ciudad para trabajar o por otras razones, deja una serie de notas cortas para tus hijos adolescentes, una para cada día que estés fuera.*

> *Llama a tus adolescentes al teléfono de la casa o al celular cada vez que pienses en ellos solo para decir: «Te amo». (Esto se puede hacer también con un correo electrónico o un mensaje de texto).*

> *Coloca sus trofeos, sus mejores escritos escolares y otros trabajos excelentes en áreas que reconozcan como importantes para ti, tales como el refrigerador, la oficina o un álbum especial.*

> *Cuando tus adolescentes se sientan deprimidos, dales cinco razones del porqué estás orgulloso de ellos.*

> *Mantén un llavero de fotos (o fotos en tu billetera) con fotos actuales de tus adolescentes de las que hables con tus amigos, sobre todo cuando tus hijos están cerca.*

> *Crea un frasco de estímulo que tú y tus hijos adolescentes puedan usar para colocar notas de elogios y léanlas juntos con regularidad.*

> *Cuando un joven comete un error tratando de hacer algo útil, usa primero palabras para reconocer que tú sabías de sus buenas intenciones.*

Capítulo 4

SEGUNDO LENGUAJE DEL AMOR:
Toque físico

Existe un innegable poder emocional en tocar a los que amamos. Por eso es que se anima a los padres a que carguen y abracen a los pequeños, los besen en el rostro y les acaricien su piel. Abrazando a los infantes de tres años o permitiéndoles que se sienten en tu regazo mientras les lees un cuento es una poderosa manera de llenar el tanque de amor del niño. En el otro extremo de la vida, el toque físico también es un comunicador emocional. ¿Quién no ha caminado por los pasillos de los «hogares de ancianos» y visto a los mismos sentados en sus sillas de ruedas, extendiendo una mano que desea que la toquen? Y, por supuesto, los matrimonios enamorados se abrazan y se besan.

Entonces, ¿qué me dices de los jóvenes? ¿Son diferentes? ¿Es el *toque físico* algo emocional para el joven? La respuesta es sí y no. Todo depende de cuándo, dónde y cómo tocas al joven.

Por ejemplo, un abrazo en presencia de los compañeros del joven puede producir vergüenza más que amor y es probable que motive a que el joven aleje al padre o diga: «No sigas». Sin embargo, masajear los músculos de la espalda del adolescente después que regresó a casa de un encuentro deportivo puede comunicar amor emocional. Tratar de tocar a un joven cuando se encuentre de un «humor antisocial» casi siempre lo molestará. Aunque tocarlo después de un día de escuela frustrante será bien recibido como amor paternal.

Los adolescentes se diferencian de los niños. Uno no puede continuar dando la misma clase de toque en los mismos lugares ni de la misma manera que se les dio cuando eran niños. Repito, los padres deben recordar que el lema del adolescente es independencia e identidad propia. Por lo tanto, los padres se deben preguntar: «¿El toque que me propongo hacer no amenazará el sentido de independencia de mi adolescente? ¿Enriquece su identidad propia positiva?».

Recuerda, los adolescentes necesitan muchísimo sentir tu amor. El toque físico es uno de los cinco lenguajes del amor primarios, pero tú debes hablar ese lenguaje en el momento oportuno, en el lugar apropiado y de una manera adecuada. Si el lenguaje del amor primario de tu adolescente durante su infancia fue el toque físico, el lenguaje del amor no cambiará durante los años de la adolescencia. Sin embargo, el dialecto en el que hablas ese lenguaje deberá cambiar si deseas que el joven se sienta amado. Examinemos cada uno de estos.

El momento para tocar

El antiguo libro hebreo de la sabiduría dice: «Todo tiene su tiempo [...] tiempo de abrazar, y tiempo de abstenerse de abrazar»[1]. Los entrenadores les recuerdan con frecuencia a sus atletas: «El momento oportuno lo es todo». Asimismo, los padres de jóvenes deben aprender el arte del momento oportuno. Las buenas acciones efectuadas en el momento inoportuno son a menudo como un tiro por la culata. Esta es una tarea difícil por dos razones. En primer lugar, el momento oportuno se determina en gran medida por el humor del joven. Y, en segundo lugar, el humor de un adolescente no siempre es claro. A veces ocurre que los padres, después que «actúan» y tocan con amor al joven, descubren que él se encontraba de un «humor antisocial». Sin embargo, «difícil» no significa imposible.

Los padres sabios estudiarán a sus jóvenes. Aprenderán a conocer el humor de ellos por su comportamiento. Una madre dijo: «Yo le puedo decir si mi hijo desea un abrazo por la manera en que cierra la puerta cuando entra a casa. Si golpea la puerta, está de un humor de "no me toques". Si se toma el tiempo para cerrarla con suavidad, está diciendo: "Mamá, estoy dispuesto a recibir un toque"». Otra madre dijo: «Yo puedo decir cuándo mi hija no quiere que la toquen por la distancia de mí en que se para cuando habla. Si se para en el otro extremo de la habitación mientras habla, sé que no desea que la toquen. Y si viene y se para cerca de mí, sé que está dispuesta a recibir un toque amoroso».

Los jóvenes comunican su estado de ánimo mediante el lenguaje corporal: cuán cerca se encuentran de ti o, por ejemplo, si está con los brazos cruzados. El padre astuto observará este lenguaje corporal y aprenderá a conocer los momentos oportunos para tocar a su adolescente. No es necesario comprender por qué el joven se encuentra de ese humor de «No me toques ahora». Lo importante es reconocerlo y respetarlo.

Casi siempre es inapropiado procurar tocar a un adolescente cuando está enojado. Por ejemplo, cuando tu hija adolescente está enojada contigo o con otra persona, no desea que la toquen. Está enojada porque en su mente «alguien me hizo algo malo». La ira es el sentimiento que aleja entre sí a las personas. Si intentas tocar a un joven cuando está airado, casi siempre te rechazará. Para un adolescente con ira, el toque físico le parece como un esfuerzo por controlarlo. Golpea la necesidad de independencia del joven. Por lo tanto, se aleja de tu toque. En otro capítulo analizaremos la forma de resolver la ira de un joven. A lo que aquí nos referimos es a que casi siempre es inoportuno el uso del lenguaje del amor del toque físico cuando un adolescente siente ira.

Por otra parte, hay muchos momentos apropiados para el contacto físico con los jóvenes. Una de esas ocasiones es cuando ha tenido éxito en un logro importante. Puede ser en un sinnúmero de ocasiones: una victoria en el campo deportivo, un recital de piano exitoso, una danza excepcionalmente bien lograda, completar una tarea importante para la escuela, pasar bien un examen de álgebra, sacar la licencia de conducir. Por lo general, estos son los momentos en que los jóvenes se encuentran dispuestos para el afectuoso toque físico de los padres. El entusiasmo por el logro ha echado por la borda la independencia y la identidad propia. La celebración de sus éxitos mediante una afirmación verbal y un toque físico se recibirá como una evidencia más de tu reconocimiento de su emergente madurez.

Por otra parte, los momentos de fracaso de un adolescente también serán para expresar el lenguaje del amor del toque físico. El joven se encuentra abatido porque desaprobó el examen de cálculos matemáticos, su novia lo dejó o simplemente tuvo un encontronazo con alguien. Tu hija adolescente se siente con el ánimo caído debido a que su mejor amiga tiene una salida el viernes por la noche y ella no, o lo que es peor, su novio la acaba de abandonar y comenzó a salir con su mejor amiga. Estas son las ocasiones en que las adolescentes se encuentran dispuestas para el lenguaje del amor del toque físico.

En el flujo normal de la vida cotidiana, si el joven se encuentra de buen humor, estará dispuesto de manera favorable para algún toque físico como una expresión de amor. Si el joven está de mal humor, se molestará con el toque físico. Los padres considerados respetarán el humor de su joven y procurarán dar un toque físico solo en las ocasiones apropiadas. A veces aprendemos con prueba y error, pero si pensamos, seremos capaces de aprender hasta de nuestros errores.

He aquí la experiencia de una madre: «Cuando Julia cumplió los trece años de edad, creía que estaba consumiendo drogas. Su comportamiento cambió de manera radical. En todos sus años de niñez, fue una "niña sensible al toque físico". Yo la abrazaba y la besaba en todo momento y a menudo le frotaba la espalda. Sin embargo, cuando cumplió los trece años, sentí que me apartaba de ella, que no deseaba que la tocara. Pensé que algo terrible había ocurrido con nuestra relación. Más tarde me di cuenta que ella era una adolescente normal. He aprendido a saber cuándo Julia está de humor para un toque físico y cuándo no.

»En cierta ocasión, la malinterpreté y ella se apartó de mis abrazos. No obstante, la mayoría de las veces no tengo problemas porque elijo un buen momento. Julia tiene ahora quince años y medio y yo me siento bien con nuestra relación. Creo que su lenguaje del amor primario es el toque físico. Sé que lo necesita. Yo solo deseo seguir teniendo la sensibilidad para brindarlo en el momento oportuno».

El lugar para tocar

Como hay un tiempo para tocar y un tiempo para no tocar, hay un lugar para tocar y un lugar para no tocar. Estoy hablando desde el punto de vista geográfico, no sexual. Trataremos esto después. El niño de diez años recibe con agrado el abrazo de su madre una vez que termina el partido de fútbol. Corre hacia donde se encuentra su madre y espera por sus palabras positivas y su toque afirmativo. Sin embargo, a los dieciséis años de edad, cuando se termina el partido de la escuela, no buscará a su madre ni espera que ella lo busque a él. Festejará su independencia e identidad propia con sus compañeros de equipo y amigos. Ellos pueden palmearle las espaldas, golpearle en la cabeza, «chocarle los cinco», pero cuando se aproxima su madre, su pensamiento es: *Por favor, mamá, ni siquiera pienses en eso*. En la mayoría de los lugares públicos, los jóvenes no desean que sus padres los abracen ni los toquen con afecto.

Esto en particular es cierto en presencia de sus compañeros. La identidad propia de los adolescentes está atada a la de sus amigos. Cuando mamá o papá entran en ese mundo y expresan de manera física su afecto, esto amenaza la identidad propia del joven y golpea en su deseo de independencia. Como dijera un adolescente: «Me hace sentir como si ellos creyeran que aún soy un niño». Un método práctico es no tocar nunca a un joven en presencia de sus amigos salvo que él lo inicie.

A veces, los adolescentes están dispuestos al toque físico en presencia de miembros de la familia tales como los abuelos. Si estás alardeando con los abuelos acerca de los logros de tu hijo adolescente, este aceptará una palmadita en su espalda. No admitas esto, sin embargo, como una regla. Observa la respuesta de tu adolescente y no prosigas si recibes la señal de «retirada».

Entonces, ¿cuál es el lugar apropiado para hablar el lenguaje del amor del toque físico con los jóvenes? Un lugar típico es en la privacidad de tu propio hogar o cuando estés a solas con tu adolescente.

Cuando se brinda en privado, o en presencia de los miembros de la familia más cercanos, el toque físico puede ser un eficaz comunicador de amor. Recuerda, para algunos jóvenes, el toque físico es su lenguaje del amor primario. Para estos adolescentes, es de suma importancia que los padres aprendan el momento y el lugar apropiados para expresarles su amor.

Jacob, de catorce años de edad, dijo: «Me encanta ir a excursiones campestres con mi papá. Allí es donde me siento más unido a él». Cuando le pregunté: «¿Qué es lo que más te gusta cuando vas de campamento con tu padre?», Jacob respondió: «Cuando de noche luchamos junto al fuego. Me gusta sobre todo cuando le gano». El amor emocional es llegar a Jacob a través del lenguaje del toque físico. La independencia y la identidad propia se estimulan, en especial, cuando él gana.

La joven de quince años de edad, Jessica, dijo: «Mamá y yo somos muy unidas de verdad. No creo que lo lograría sin sus abrazos. La escuela ha sido demasiado difícil este año, pero siempre sé que cuando regreso a casa me encuentro con el abrazo de mamá». La madre de Jessica descubrió su lenguaje del amor primario y lo habla en la privacidad de su casa. Sin embargo, recuerda que cuando hables ese lenguaje del amor, hazlo siempre en el momento y lugar apropiados. De otra manera, no se interpretará como amor.

La manera para tocar

Sé flexible

Aquí no solo hablamos sobre las clases de toques que damos, sino de la manera en que lo hacemos. Existen numerosas maneras mediante las cuales podemos expresar nuestro afecto a través del toque físico. Abrazos, besos, frotar la espalda, palmaditas, toques suaves, masajes y juegos de lucha son maneras adecuadas de hablar el lenguaje del toque físico con un joven. Sin embargo, el proceso no es tan simple como parece. Los adolescentes son individuales. No les agrada el mismo tipo de toques. A algunos les agrada que les froten la espalda y a otros no. A algunos les agrada que jueguen con sus cabellos y a otros no. Tu adolescente es único, y tú no solo tendrás que aprender el lenguaje del amor, sino los dialectos en los que recibe amor tu joven.

Hay que recordar que no debemos forzar nuestro propio lenguaje del amor en el adolescente; en su lugar, debemos aprender el lenguaje del adolescente. Lo que complica aun más las cosas es que las clases de toques que le diste a tu adolescente cuando era niño quizá no sean los mismos tipos de toques que tu hijo aprecie en su adolescencia. A menudo, los padres se frustran por esto. Creen que han descubierto el lenguaje del amor primario del niño y aprenden a hablarlo. Ahora, el joven comienza a retirarse de las mismas clases de toques que disfrutaba antes. La razón más importante es que el joven busca la independencia y la identidad propia. Cuando tocas a tu adolescente de la misma manera en que lo hacías cuando era un niño, estos toques pueden estimular sentimientos de dependencia e inseguridad, exactamente lo contrario a lo que quiere sentir el joven. Por lo tanto, el joven se retira de estas «infantiles» expresiones de amor.

Hace un tiempo atrás, comenté esta idea en un taller de padres. Noté que a Rodrigo se le iluminaba la mente. Durante el receso, vino a verme y me dijo: «Ahora lo entiendo. Mi hijo Marcos tiene ahora quince años de edad. Cuando era pequeño, yo acostumbraba a frotarle la espalda todo el tiempo. Le encantaba. En los últimos dos o tres años, no me ha permitido frotarle la espalda. Sentía que se estaba alejando de mí. No comprendía por qué había cambiado tanto. Ya veo que el masaje en la espalda le recuerda su infancia. Él está marchando hacia su independencia y no desea regresar a su infancia. Todo tiene sentido ahora».

Le sugerí a Rodrigo que buscara nuevas formas de expresar su lenguaje del amor con el toque físico hacia su hijo. «Palméale la espalda, tócalo con suavidad en los hombros, ponle una zancadilla cuando camina cerca de tu silla. Si se cae, lucha con él sobre el piso. Verás cómo empezará a llenarse su tanque de amor debido a que lo estás tratando como al hombre en ciernes que es, más que al chico que acostumbraba ser. Así estimula su sentimiento de independencia, en lugar de sabotearlo». Rodrigo aprendió una lección importante acerca de amar a los jóvenes.

Si tu adolescente dice: «No me gusta eso», en respuesta a tus esfuerzos de toque físico, retrocede y busca otro método de toque físico. No fuerces un tipo en particular con tu adolescente porque te imagines que «debería gustarle». Todo el concepto de los cinco lenguajes del amor es aprender a hablar el lenguaje de la otra persona, no el tuyo. La pregunta clave es: ¿Qué hace que tu hijo adolescente se sienta amado? Si el toque físico es su lenguaje del amor primario, tendrás que encontrar los tipos particulares de toques físicos que le comuniquen amor. El proceso de amar a un joven es complicado por las propias preferencias de los padres. Algunos padres jamás le han «puesto una zancadilla» a sus adolescentes y no se pueden imaginar que hacer eso sea una expresión de amor. Otros nunca les han «dado codazos» a los suyos. No estoy sugiriendo que a todos los adolescentes les gusten estos dialectos del toque físico. Lo que sugiero es que descubras los tipos de toques físicos que aprecia tu joven y habla este dialecto con regularidad.

Es obvio que el clima emocional en el que brindamos este toque físico es de suma importancia. Si le pones una zancadilla a tu hijo cuando estás enojado, esta no es una expresión de amor. Si le pegas una palmada en el hombro porque estás frustrado con su comportamiento, él no se sentirá amado. La madre que le niega un abrazo a su hija porque no le gustan los amigos que elige, corre el riesgo de perderla. Como padres, tenemos la responsabilidad de nuestras propias actitudes. Si solo les expresamos amor a nuestros jóvenes cuando hacen cosas que nos agradan, hemos abandonado el mejor camino hacia el amor incondicional y hemos entrado en el traicionero mundo de la manipulación.

Usa con suavidad el toque físico para corregir

La buena noticia respecto al lenguaje del amor del toque físico es que se puede hablar con facilidad aun cuando el comportamiento de tus jóvenes no sea agradable. Tú puedes expresar tu desagrado por el comportamiento de tu adolescente al mismo tiempo en que expresas tu amor con un toque físico. Marcia está tocando el brazo de su hija adolescente y está diciendo: «Estoy muy disgustada porque anoche regresaste a casa una hora después de lo convenido. Comprendo que lo has pasado bien con tus amigas y no te diste cuenta de la hora que era. Sin embargo, ¿comprendes cuán molesto es esto para mí? Nos habíamos puesto de acuerdo que siempre que te atrasaras me ibas a llamar para que yo no me preocupara por ti».

Ahora, ella se da vuelta y enfrenta a su hija. Colocando ambas manos sobre los hombros de su hija, le dice: «Querida, yo te amo mucho. No quiero que tengas una vida desdichada. Solo quiero saber que estás bien». Marcia está amando a su hija de una manera muy eficiente, mientras que al mismo tiempo le muestra su preocupación.

El lenguaje del toque físico, hablado en el momento oportuno, en el lugar apropiado y de la forma adecuada habla de manera profunda al alma del joven. El toque físico expresa: «Te reconozco como una persona de importancia. Estoy contigo. Me preocupo por ti. Te amo». Todo joven necesita escuchar el lenguaje del toque físico. Si no lo escucha de los padres, lo buscará en cualquier otra parte.

Algo importante para los padres

En esta generación de padres, existe una tendencia de alejarse del toque físico con sus hijas adolescentes en desarrollo, sobre todo cuando esta se aproxima a la pubertad. Algunos no saben cómo responder al progresivo cambio físico de sus hijas; otros piensan que sus hijas no quieren que las toquen dado que ya dejaron de ser niñas. Otros padres hasta temen que alguien los acuse de toques sexuales o hasta de abuso sexual. Cualquiera que sea la razón, el cohibirse al toque físico es un grave error. La hija adolescente necesita sentirse bien consigo misma como mujer. Necesita sentir que es atractiva para el género masculino. El papel del padre es darle ese sentimiento de bienestar respecto a sí misma. El toque físico apropiado es el vehículo para lograr esto. Si el padre se retrae en darle ese toque físico, es más probable que ella se vuelva sexualmente activa a temprana edad.

Padres, les animo mucho a continuar hablando el lenguaje del amor del toque físico cuando sus hijas entren a los años de la adolescencia. Ellas necesitan estos toques apropiados mientras desarrollan su independencia e identidad propia como mujeres.

Toques físicos inadecuados

Desearía no tener que escribir los siguientes párrafos. Me gustaría que los términos del *abuso físico* y del *abuso sexual* no fueran tan comunes en nuestra sociedad. La realidad es que una importante minoría de jóvenes experimenta este maltrato de sus padres. Los casos más dramáticos los vemos en las noticias vespertinas. Aun así, la mayoría de los jóvenes sufre en silencio y a veces los más cercanos a ellos no se dan cuenta del maltrato.

El abuso físico y la ira

El abuso físico produce un daño físico al golpear, dañar, patear, etc., por ira más que por juego. Algunos padres de jóvenes no han aprendido nunca a manejar la ira de manera constructiva. Cuando se enojan por el comportamiento del joven, al torrente de palabras violentas le sigue la violencia física. Bofetadas, empujones, empellones, estrangulamientos, sujetar, sacudir y golpear, son comportamientos abusivos hacia los jóvenes. Donde ocurre esto, podemos estar seguros que el tanque de amor del adolescente no solo está vacío, sino que está lleno de agujeros. Las palabras positivas y las expresiones de afecto físico que sigan a estas explosiones de ira le parecerán huecas al joven. El corazón del joven no se recuperará con mucha facilidad de semejante maltrato físico.

El padre que desea que su joven se sienta amado después de semejantes episodios iracundos no solo deberá presentarle sinceras disculpas, sino que el joven deberá ayudar a romper estos patrones destructivos y aprender formas positivas de manejar su ira. La mejor forma de lograrlo es leyendo libros[2], participando en grupos de apoyo y en consultas profesionales.

La ira explosiva no se irá sola con el correr del tiempo. El padre debe tomar la iniciativa de cambiar esas explosiones destructivas. Tampoco disminuirá el dolor emocional del joven con el simple paso del tiempo. Si el padre no presenta una sincera petición de perdón y cambia sus patrones de conducta, el joven, con la mayor seguridad, continuará sintiendo que el padre que lo maltrata no lo ama. Es irónico, pero a menudo el joven tampoco se siente amado por ninguno de los dos padres. La razón del joven: «Si me amaran, no permitirían que continuara el comportamiento abusivo. Me protegerían». Si estás casada con un cónyuge que es un abusador consuetudinario, te recomendaría que busques ayuda profesional para conseguir la fortaleza y el conocimiento a fin de dar pasos constructivos que te protejan a ti y a tu adolescente. Tú no estás sirviendo a la causa del amor cuando continúas permitiendo que siga semejante comportamiento abusivo. Necesitas la ayuda de un consejero capacitado o de un pastor que te ayude a convertirte en un positivo agente de cambio en tu familia.

Abuso sexual

El abuso sexual es aprovecharse de tu papel de padre para obtener favores sexuales de tu adolescente a fin de satisfacer tus propios deseos sexuales. El abuso sexual se perpetra con mayor frecuencia por los padres, padrastros o por el amigo de la madre. Ese abuso se concentra casi siempre en las jóvenes adolescentes. Aunque a veces también ocurre el abuso homosexual en el núcleo familiar, no es ni cerca tan común como el heterosexual. A menudo, el padre que es un abusador sexual tratará de convencer a su adolescente que sus proposiciones sexuales son expresiones de amor. Este mensaje no le «parecerá bien» al joven. Algo en lo más hondo de sí le dirá: «Eso no está bien».

Sin embargo, con frecuencia el joven es reacio a hablar con el otro padre o con un adulto acerca de esta experiencia sexual. A veces, los adolescentes guardan silencio por vergüenza, pero el mayor impedimento en estos casos es el miedo. Es común que el padre abusador lo amenace. Una hija de quince años de edad dijo: «Mi padre me dijo que si yo le decía a mi madre o a otra persona lo que estaba pasando entre nosotros, él lo negaría y mi madre le creería a él y no a mí. Él se encargaría de que me castigaran por mentir». Una joven de diecisiete años de edad, cuando le preguntaron el porqué no le contó a su madre que su padrastro la maltrataba sexualmente desde que tenía trece años, respondió: «Yo sabía que si se lo decía a mi madre, mi padrastro me mataría. Me dijo muchas veces que sería fácil encargarse de mí. Yo sabía que hablaba en serio y no quería morir». En cuanto su padrastro fue a prisión por otra ofensa criminal, ella le contó al fin a un consejero lo que había pasado entre ella y su padrastro.

Debería ser obvio para todos que la intimidad sexual con un joven y una figura paterna no es una expresión de amor hacia ese joven. Es un acto de autocomplacencia, lo opuesto al amor. El joven se sentirá usado y maltratado. Un abuso semejante, durante un cierto período, produce amargura, odio y, a menudo, depresión en el adolescente. A veces, esas emociones estallan en un comportamiento violento. Lo vemos en noticieros nocturnos. La joven de enfrente mata a su padrastro y todos se preguntan qué le pasó a esa muchacha tan agradable. El abuso sexual ocasiona dolor e ira y afecta de manera drástica el desarrollo emocional, social y sexual del joven.

El trato hacia los abusos sexuales

Si estás involucrado en conseguir una gratificación sexual de un joven que vive en tu casa, el primer paso es darte cuenta de lo indebido de semejante comportamiento. El segundo paso es hacer una cita con un consejero profesional, contarle tu problema y comenzar el proceso de tratar de sanar la relación con tu joven. Sí, un paso tan enérgico te costará mucho, quizá hasta te cause vergüenza, tal vez rompa tu relación matrimonial y te provoque un estrés emocional. A pesar de eso, si no lo haces, a la larga te resultará más costoso.

Estoy del todo convencido que la mayoría de los abusadores sexuales no aceptarán el consejo que acabo de brindar. Por lo tanto, deberá ser el otro padre el que se haga cargo de presionar sobre el problema. Por supuesto, con frecuencia el otro padre no se da cuenta de lo que está pasando. A veces ha cerrado sus ojos ante indicios reveladores y se ha tapado los oídos ante los esfuerzos del joven por contarle. Semejante insensibilidad, sea cual fuese su razón, es una traición hacia el joven. Te insto a que escuches y compruebes cualquier declaración de tu adolescente aunque sea una ligera demostración de ruego por ayuda. Además, te insto a que mantengas abiertos tus ojos hacia cualquier evidencia que provoque un comportamiento inapropiado que tenga lugar entre tu cónyuge y tu adolescente.

Por favor, ten en cuenta que a veces tu adolescente lo negará cuando se lo preguntes de forma directa. Repito, esa negación se basa a menudo en la vergüenza y el temor. No tomes la respuesta inmediata de tu adolescente como la palabra final sobre el asunto. Si tienes razones para creer que existe un inapropiado comportamiento sexual entre tu cónyuge y tu adolescente, te insto a que te comuniques con un consejero profesional, le cuentes las evidencias y permitas que el consejero tome las medidas apropiadas. El abuso sexual es devastador para el bienestar de tu adolescente. Si sabes de semejante abuso y no lo enfrentas, tu adolescente no solo se sentirá maltratado por el causante, sino también abandonado por ti. Sí, luchar contra un abuso podrá ser costoso, quizá hasta vergonzoso, y tal vez destruya tu matrimonio o tu relación con el abusador, pero es la única alternativa si amas a tu adolescente.

Con un tratamiento y ayuda espiritual apropiados, puede haber sanidad aun después de semejante abuso devastador. Y sin una guía emocional y espiritual, tu adolescente jamás será un adulto sano. Muchos de los jóvenes adultos con problemas en nuestra sociedad pueden rastrear las raíces de sus problemas en un abuso sexual cuando eran adolescentes. No todo este abuso lo perpetraron los padres o figuras paternas. A menudo lo llevaron a cabo miembros de su familia: tías, tíos, primos, o adultos que conocieron en la escuela, en la iglesia o en reuniones de la comunidad. La mayoría de los abusos homosexuales de adolescentes tuvieron lugar fuera del núcleo familiar. Si los padres se percatan de semejante abuso, deben informarlo de inmediato a las autoridades locales de ayuda social. No se debe permitir que los adolescentes se defiendan solos en las aguas infestadas de tiburones de nuestra confusión sexual social. El amor de los padres nos impulsa a efectuar todo lo que sea posible por ayudar a nuestros adolescentes a desarrollar una identidad sexual positiva y de resguardarlos de adultos que procuran abusar de ellos para su propia gratificación sexual.

Las alentadoras nuevas noticias son que la mayoría de los padres no maltrata de manera física ni sexual a sus adolescentes. La mayoría de los padres los aman hablando el lenguaje del amor del toque físico. Una reciente encuesta efectuada a adolescentes entre trece y diecisiete años reveló que el 75 porciento pensaba que los padres deberían abrazarlos por lo menos una vez a la semana. Y 55 por ciento de los mismos adolescentes dijeron que sus padres lo hacían de ese modo[3].

Lo que dicen los jóvenes

Los adolescentes necesitan el toque de sus padres si van a sentirse amados. Para algunos jóvenes, el toque físico es su lenguaje del amor primario. Habla con más profundidad y rapidez que los otros cuatro.

Escucha a los siguientes adolescentes, para los cuales el toque físico es su lenguaje del amor primario.

Victoria, de dieciséis años de edad y quien vive con su madre soltera: «Me encanta cuando mamá me frota la espalda. Pareciera como que todos mis problemas se van cuando mamá lo hace».

Joel, de diecisiete años de edad: «Yo sé que mi papá me ama. Siempre me está haciendo bromas. Me da codazos cuando vemos juntos un juego. Me golpea la espalda y me da palmaditas cuando paseamos juntos. A veces, no estoy de humor para que me toquen y papá respeta eso. Sin embargo, al día siguiente me empuja cuando caminamos juntos. ¡Me encanta eso!».

Mirta, de quince años de edad: «Mi papá ya no me abraza como era su costumbre antes. No sé si piensa que ahora soy adulta y ya no lo necesito. Sin embargo, extraño sus abrazos. Siempre me hicieron sentir especial».

Bruno, quien tuvo un año difícil con el álgebra: «El mejor momento de mis tareas escolares en casa es cuando mamá se aproxima y me frota los hombros. Me olvido de todo el problema de álgebra. Al alejarse, ya me siento mejor».

Jessica, de diecisiete años de edad: «Sé que a veces es difícil vivir conmigo. Mis padres debieron soportar mis humores cambiantes. Creo que solo se debe a que soy una joven, pero cuando me abrazan o me tocan en el brazo, siento como que todo saldrá bien. Es algo así que me calma. Sé que ellos me aman de verdad».

Si el lenguaje del amor de tu hijo adolescente es
TOQUE FÍSICO:

¿Necesitas más ideas? Prueba una o más de estas con tu hijo adolescente esta semana.

➢ *Tómense de las manos durante las oraciones familiares.*

➢ *Desarrolla un apretón de manos o saludo único que solo usan tú y tu adolescente. Úsalo con regularidad cuando se despidan o se reúnen después de estar separados.*

➢ *Si tu adolescente está estresado, acaríciale con suavidad su cabeza para que se relaje mientras tu hijo o hija te cuenta de su situación.*

➢ *Abraza y besa a tus adolescentes cada día cuando salgan para la escuela mientras te lo permitan, pero sé sensible a su resistencia, sobre todo en público.*

➢ *Poco después de disciplinar a tus hijos adolescentes, toma un momento para darles un abrazo a fin de mostrarles que la disciplina fue una consecuencia de su mala elección y no en su contra como personas.*

➢ *Salúdense chocando las manos o con felicitaciones similares cada vez que sorprendas a tu hijo haciendo algo positivo.*

➢ *Cómprale un regalo a tu adolescente que esté orientado al toque, tales como una almohada suave, colcha o suéter.*

> *Participen en juegos o practiquen deportes juntos que requieran el toque físico. Esto les permitirá disfrutar de tiempo el uno con el otro, así como el toque que es significativo sin parecer forzado.*

> *Ofrécele a tu adolescente un masaje en los hombros cuando experimente un día difícil en especial.*

> *Para padre e hijo, la lucha juguetona puede expresar amor a menudo, pero solo si esta es una actividad que disfruta el adolescente.*

> *Proporciona una «palmadita en la espalda» positiva como una manera de comunicar amor cuando tu adolescente lleva a cabo algo importante. (Muchas veces, esto puede ser útil también cuando tu adolescente no ha cumplido una meta. Esfuérzate en ser incondicional al ofrecer amor).*

> *Si ves que tus adolescentes ya están en la cama, entra y tira de sus colchas a su alrededor.*

Capítulo 5

TERCER LENGUAJE DEL AMOR:
Tiempo de calidad

A las once y cuarenta y cinco de la noche entré a la habitación de mi hijo adolescente. Había pasado el día en la consejería y sentía agotamiento físico y emocional. Anticipaba recibir un breve: «Buenas noches, te quiero mucho». En su lugar, mi hijo dijo. «Papá, yo no entiendo a las chicas». Me senté en el piso, me apoyé contra un lado de la cama y pregunté: «¿Qué te lleva a esa conclusión?».

Este fue el comienzo de una conversación de dos horas. Derek tenía diecisiete años de edad en ese entonces. Hoy tiene treinta y uno. Sigue sin entender a las chicas. Ni yo tampoco las entiendo. Aun así, siempre hemos estado tan unidos como para hablar y yo creo que esto es lo que importa.

Darle a tu adolescente un *tiempo de calidad* es ofrecerle una parte de tu vida. Un *tiempo de calidad* significa darle al adolescente tu total atención. En ese momento, nada más importa. Un tiempo de calidad es un poderoso comunicador de amor.

Es lamentable, pero el lenguaje del amor del tiempo de calidad es mucho más difícil de hablar que el lenguaje del amor de las palabras de afirmación o del toque físico, por una simple razón: requiere más tiempo. Un toque físico importante se puede dar en segundos, las palabras de afirmación se pueden pronunciar en menos de un minuto. Sin embargo, el tiempo de calidad requiere horas. En este ajetreado mundo actual, muchos padres de adolescentes encuentran difícil hablar el lenguaje del tiempo de calidad. Por consiguiente, muchos jóvenes viven en casas llenas de equipos, pero tienen tanques de amor vacíos. A menudo se sienten como si ellos también fueran parte de la colección de objetos de sus padres.

Los padres ocupados, que deseen que sus jóvenes sientan que ellos los aman, deberán buscar el tiempo para brindarles su concentrada atención. El psiquiatra Ross Campbell escribió: «Sin una atención concentrada, un adolescente experimenta una creciente ansiedad debido a que siente que todo es más importante que él. Por consiguiente, es menos seguro y se perjudica en su crecimiento emocional y psicológico»[1].

Estar presente, presente de verdad

El aspecto central del *tiempo de calidad* es el compañerismo. No me estoy refiriendo a la proximidad. Estar en la misma casa con el adolescente no es tener *tiempo de calidad*. Cuando te encuentras en la misma habitación con tu adolescente, estás bien cerca, pero no necesariamente juntos. El compañerismo tiene que ver con el hecho de estar en contacto mutuo. Es probable que el padre y el hijo que ven juntos un encuentro deportivo por televisión o en el estadio no experimenten el compañerismo. Si el adolescente se aparta de esta experiencia sintiéndose solo y pensando: *El deporte es más importante para mi papá que yo*, no existió el compañerismo. Y si el joven recibe el mensaje: «La cosa más importante de este juego es estar contigo. Me encanta hacer cosas juntos», el padre y el hijo se conectaron. Y el hijo se irá de allí sintiéndose amado. El enfoque de este capítulo es ayudarles a sentir el *compañerismo* cuando ustedes dos están juntos.

¿Qué significa estar «en contacto» con tu adolescente? En esencia, significa que el joven es el foco central de tu atención. No quiere decir que cada vez que están juntos deban enfrascarse en conversaciones profundas. Sin embargo, significa que el padre debe buscar a propósito comunicarle a través de los ojos, las palabras, el toque físico y el lenguaje corporal que el joven es lo más importante de la actividad.

Carlos, de quince años de edad, ilustró esto cuando dijo: «Mi padre piensa que me está haciendo un favor cuando me lleva a pescar. Lo llama "nuestro momento de compinches", pero ni siquiera hablamos de nosotros. Nuestras conversaciones tratan de la pesca y la naturaleza, pero a mí no me importa ni la pesca ni la naturaleza. Me gustaría poder hablar con mi padre sobre mis problemas, pero él parece que no está interesado en mí». Yo conozco al padre de Carlos y les puedo asegurar que él pensaba que estaba haciendo algo maravilloso llevando a Carlos a pescar. No tenía ni idea que ellos no estaban «en contacto».

El problema era que su enfoque estaba en la actividad más que en su hijo. Él se asombró al aprender más adelante durante una sesión de terapia que su hijo, en realidad, dejó su experiencia de pesca sintiéndose vacío y rechazado. El padre de Carlos tuvo que aprender un montón de cosas acerca de hablar el lenguaje del *tiempo de calidad*.

Conversaciones de calidad

Al igual que las palabras de afirmación y el toque físico, el lenguaje del amor del tiempo de calidad posee muchos dialectos. Uno de los dialectos más comunes es el de las conversaciones de calidad. Cuando hablo de conversación de calidad, me refiero al diálogo entre el padre y el joven en el que cada uno es libre de expresar sus experiencias, pensamientos, sentimientos y deseos en una amigable atmósfera de aceptación. Requiere que los padres aprendan a hablar «con» sus adolescentes más que «en» su compañía.

Pregunta y escucha

La conversación de calidad es bastante diferente al primer lenguaje del amor. Las palabras de afirmación se enfocan en lo que estamos diciendo, mientras que la conversación de calidad se enfoca en lo que estamos escuchando. Si el padre está expresando amor a través del tiempo de calidad y está empleando ese tiempo en una conversación, significa que el padre se concentrará en hacer hablar al joven y escuchar con simpatía lo que el mismo le cuenta. El padre hará preguntas, no de una manera molesta, sino con un sincero deseo de comprender los pensamientos, los sentimientos y los deseos del joven. La mayoría de los padres tendrá que esforzarse en esto porque es un cambio en su estilo de comunicación.

Cuando nuestros hijos eran pequeños, les dábamos instrucciones y órdenes, pero si continuamos con este patrón de comunicación durante los años de la adolescencia, el joven dirá: «Me estás tratando como a un niño». Y tendrá razón. Debemos aprender ahora a tratar a nuestro hijo como un adolescente, recordando su emergente independencia y estimulando su identidad propia en desarrollo.

Esto significa que debemos permitirle a nuestro adolescente que piense por sí mismo, experimente sus propias emociones, tenga sus propios sueños y sea capaz de manifestarlos a nosotros sin recibir consejos que no ha solicitado. Debemos aprender a ayudarle a evaluar sus ideas, comprender sus emociones y dar pasos prácticos hacia el logro de sus sueños. Además, debemos aprender a realizarlo en una atmósfera amigable y estimulante, en vez de las dogmáticas expresiones de un monólogo. *Para casi todos los padres, esto es uno de los mayores desafíos en la educación de sus hijos adolescentes.* Muchos padres se han irritado durante el proceso de aprendizaje.

«No sé cómo criar a un adolescente», me confesó Marlene. «Creía que lo estaba haciendo bastante bien hasta que Katia cumplió dieciséis años de edad. Ahora me despierto para descubrir que soy una "tonta, desconectada del mundo real" y tratando de controlar su vida. Me siento frustrada por completo y despreciada por mi hija. Todo lo que digo está mal. Ya no sé cómo hablar con ella».

Hace varios años que conocí a Marlene y sabía que su estilo de comunicación era lo que yo llamaba un «arroyo murmurante» (cualquier cosa que entrara por los ojos y los oídos salía por la boca, y casi nunca mediaban sesenta segundos entre ambas cosas). Cualquier cosa que Marlene veía, escuchaba o sentía, lo expresaba con entera libertad y sin reflexionar si a los demás les interesaba escuchar sus pensamientos, sentimientos e impresiones. Katia, que había aceptado esto como normal durante su niñez, estaba tratando ahora de descubrir su propia identidad y establecer un tipo de independencia de su madre. Ya no aceptaba la palabra de su madre como «el evangelio». Tenía ahora unas cuantas ideas propias y las expresaba con tanta libertad como su madre.

Sabía que para Marlene la curva de aprendizaje iba a ser escarpada. Aunque también sabía que si no aprendía las nuevas normas de comunicación con Katia, perdería la afectuosa relación que tuvo años atrás. Marlene tenía que aprender a «reducir el flujo» de sus propias palabras, y tenía que aprender el nuevo arte de escuchar de manera activa y dialogar con simpatía.

Cómo se tiene una conversación de calidad

He aquí ocho pautas para escuchar mejor y tener un verdadero diálogo. Las primeras cinco tienen que ver con el aprendizaje de escuchar de manera activa a tus hijos adolescentes. El prestar buena atención debe preceder a los pasos del 6 hasta el 8. Estas pautas ayudaron a Marlene a aprender sobre las conversaciones de calidad. Practícalos y mejorarán tus conversaciones con tu joven.

1. *Mantén el contacto visual mientras habla tu adolescente.* Esto evita que tu mente divague y muestra que el joven tiene tu plena atención. Refrénate de poner los ojos en blanco en señal de disgusto, cerrarlos cuando recibes un suave soplido, mirar por encima de la cabeza o mirar con insistencia a tus zapatos cuando ellos están hablando.

2. *No escuches a tu adolescente mientras haces otra cosa a la misma vez.* Recuerda que el tiempo de calidad es darle a alguien tu completa atención. Si estás viendo, leyendo o haciendo algo en lo que estás muy interesado y no te puedes apartar enseguida, dile la verdad a tu adolescente. Un método positivo sería: «Yo sé que estás tratando de decirme algo y a mí me interesa. Sin embargo, quiero darte toda mi atención. No lo puedo hacer en este instante, pero si me das diez minutos para que termine esto, me sentaré contigo y te escucharé». La mayoría de los jóvenes respetará esta petición.

3. *Presta atención a los sentimientos.* Pregúntate: «¿Qué emociones estará experimentando mi adolescente?». Cuando creas tener la respuesta, confírmalo. Por ejemplo: «Me parece que estás algo frustrado porque me olvidé...». Esto le da al joven la oportunidad de aclarar sus sentimientos. También expresa que estás escuchando con toda atención lo que dice.

4. *Observa el lenguaje corporal.* Los puños cerrados, las manos temblorosas, las lágrimas, las cejas enarcadas y el movimiento de los ojos pueden darte indicios de lo que siente el joven. A veces el lenguaje corporal dice una cosa mientras que las palabras dicen otra. Pide aclaraciones para estar seguro de lo que en verdad él está sintiendo.

5. *Evita interrumpir.* Investigaciones efectuadas revelan que el individuo promedio escucha solo durante diecisiete segundos antes de interrumpir e intercalar sus propias ideas. Las intervenciones de este tipo detienen la conversación antes de que se inicien. Llegado a este punto de la conversación, tu objetivo no es defenderte ni enderezar al joven; es comprender sus pensamientos, sentimientos y deseos.

6. *Formula preguntas reflexivas.* Cuando creas haber comprendido lo que tu hijo adolescente está tratando de decir,

confírmalo reflexionando en la declaración efectuada (tal como tú la entendiste) con una pregunta: «He oído que dices... ¿Es cierto eso?». O: «¿Estás diciendo que...?». El escuchar reflexionando aclara los malos entendidos y tu comprensión acerca de lo que dice el joven. Recuerda que estás tratando de responder las siguientes preguntas: «¿Qué está pensando mi adolescente? ¿Qué está sintiendo? ¿Qué desea de mí?». Hasta que no hayas contestado con claridad estas preguntas, no estarás listo para comunicar tus ideas.

7. *Expresa tu comprensión*. El joven necesita saber que lo escucharon y comprendieron. Imagínate que, como padre, hicieras la siguiente pregunta reflexiva: «Lo que estoy escuchando de ti es que deseas ir a la playa con tres amigos tuyos, que deseas conducir nuestro automóvil porque ellos no tienen licencia de conducir y que desearías que yo te pague la gasolina y el estacionamiento porque ninguno de ustedes tienen el dinero suficiente. ¿Es eso lo que estás pidiendo?». Si tu adolescente responde «Sí», puedes expresar tu comprensión en cuanto a su petición: «Ya veo que te gustaría mucho y que lo pasarías bien en la playa». Al expresar tu comprensión, estás afirmando el sentimiento de dignidad del joven y lo estás tratando como una persona que tiene deseos. Ahora tú estás listo para el octavo paso.

8. *Pide permiso para expresar tu punto de vista*. «¿Quisieras escuchar mi punto de vista de la idea?». Si el adolescente dice «Sí», procede a comentarle tus pensamientos, ideas y sentimientos. Si dice: «A la verdad, no», se terminó la conversación y el viaje a la playa se realiza sin financiación. Si das muestras de tu comprensión en cuanto a los pensamientos del joven, es muy probable que él se encuentre dispuesto a escuchar tu opinión. Aun cuando no esté de acuerdo contigo, te escuchará.

Hacia una mejor relación
Algunos padres encuentran ofensiva la idea de pedir permiso para exponer su punto de vista. «¿Por qué tengo que pedirle permiso a mi adolescente para hablar?», me preguntó un

padre. La cuestión no es que si los padres tienen el derecho de hablar, ellos lo hacen. La cuestión es: «¿Deseas que tu adolescente escuche lo que estás diciendo?». Al pedir permiso, reconoces que el joven es una persona que tiene la elección de escuchar o no lo que tienes en tu corazón y en tu mente. Estás reconociendo a tu adolescente como individuo. Estás creando el clima para un diálogo amigable. Sin duda, los padres poseen la libertad de predicar su sermón sin pedir permiso, pero los jóvenes también tienen la libertad de «sacar de sintonía» a sus padres si así lo deciden. Muchos lo harán de ese modo porque sienten que los tratan como niños. Cuando pides permiso para dar tu opinión, el joven siente que lo tratas como una persona joven que está madurando.

Los padres todavía tienen la palabra final en cosas como pagar un viaje a la playa o en cuanto a permitirle al joven que vaya a la playa. No es cuestión de la patria potestad; es cuestión de la relación padre-adolescente o de qué forma vas a expresar tu autoridad. Tú siempre puedes mandar de manera despótica sobre tu adolescente como un tirano. Esto muchas veces traerá como resultado que ellos se sientan rechazados y desprovistos de amor. Por otro lado, tú puedes relacionarte con tus hijos adolescentes como un padre amante que reconoce la transición del joven hacia la edad adulta y procuras favorecer una sana y amorosa transición.

Es obvio que tales conversaciones de calidad tomarán su tiempo. Se empleará el doble de tiempo en escuchar al joven que en hablarle. No obstante, los dividendos son enormes. El joven siente que lo respetan, comprenden y aman, el sueño de todo padre. Tales sueños no se cumplen haciendo simplemente lo que siempre haces. Se cumplen aprendiendo nuevos patrones de comunicación que sean más apropiados durante los años del desarrollo del adolescente.

Aprende a hablar

Lo que hablas es una parte importante del diálogo significativo con tu adolescente. Sin embargo, la manera en la que hablas es de suma importancia. La forma eficaz de hablar se concentra en expresar tus propios pensamientos, sentimientos y deseos, no en atacar a los del joven. Los padres crean una relación adversa cuando comienzan su charla condenando el punto de vista del joven respecto al asunto. Es mucho mejor emplear el método positivo de expresar tu punto de vista, tus pensamientos, tus sentimientos y tus deseos.

Declaraciones con «Yo»

La manera más simple de aprender este método para conversar es comenzar tus frases con *yo* más que con *tú*: «Yo pienso... Yo siento... Yo deseo...». Estas son afirmaciones de revelación personal; le informan al joven lo que pasa dentro de tu cabeza. Por otra parte: «*Tú* estás equivocado, *tú* no comprendes, *tú* estás malinterpretando la situación, *tú* no eres razonable, *tú* haces mi vida difícil», son declaraciones de culpa y acusación. Casi siempre conducen a una de estas respuestas: una discusión explosiva o a retirarse y estar deprimido, en dependencia de la personalidad básica del adolescente.

Las declaraciones con *tú* detienen el flujo del diálogo; las declaraciones con *yo* abren el camino hacia una charla futura. Es probable que te lleve algún tiempo aprender esta nueva manera de hablar. Si te das cuenta que estás comenzando tus frases con *tú*, detente. Dile a tu joven que estás tratando de aprender una nueva forma de hablar y que quisieras hacer la prueba de decir la frase otra vez. Rehaz la frase, comenzando con *yo*.

Por ejemplo, si te escuchas decir: «*Tú* me haces enojar cuando...», deberías detenerte y decir: «Déjame comenzar de nuevo. Yo me siento enojado cuando...». Luego, dile a tu adolescente: «¿Comprendes por qué estoy tratando de aprender una nueva manera de hablar? No quiero condenarte, deseo comprenderte. Al mismo tiempo, deseo que tú comprendas mis sentimientos y pensamientos». La mayoría de los jóvenes apreciará los esfuerzos de sus padres en aprender nuevos patrones de comunicación.

Enseñanza en lugar de predicación

Otro principio importante respecto a las conversaciones con los adolescentes es enseñar más que predicar. Yo crecí en una zona rural del sur en la que se respetaban mucho a los maestros y a los predicadores. La diferencia entre los dos no estaba en el contenido, dado que lo secular y lo sacro estaban intrínsecamente entrelazados entre sí, incluso en la escuela. Ni tampoco estaba en la geografía. Era cierto que el predicador predicaba en la iglesia y el maestro enseñaba en la escuela, pero también era cierto que el maestro enseñaba muchas veces en la iglesia y el predicador a veces predicaba en la escuela. La diferencia radicaba en la manera de pronunciarlo. El predicador dirigía su prédica con fuerza, hablando en voz alta en algunos momentos y con suavidad en otros, a veces hasta llorando, riendo, pero siempre en forma apasionada y dogmática. El maestro, por otra parte, empleaba un tono conversacional, es cierto que enseñaba el contenido con pasión, pero estoy seguro que nunca de manera extralimitada. Los padres de los jóvenes que deseen ser comunicadores eficaces deberán imitar al maestro más que al predicador.

Las voces subidas de tono y los gestos teatrales de los padres es típico que causen que los adolescentes se vuelvan hacia otra parte en busca de consejo. Por otro lado, los padres que aprenden a expresar sus ideas de una forma serena y razonada descubrirán con frecuencia que los jóvenes los buscarán para que los aconsejen. No quiero decir con esto que los padres no puedan ser dogmáticos en cuanto a creencias bien arraigadas. Más bien se trata de que modere su dogmatismo con una disposición hacia las opiniones de los demás, en especial las de sus hijos adolescentes. «Permíteme decirte lo que siempre he creído acerca de esto y te diré por qué creo que es lo mejor, y luego me das tu opinión al respecto. Me interesa oír tus observaciones». Semejante método no solo le permite al padre expresar sus firmes creencias, sino que también le facilita al joven expresar sus pensamientos, aun si los mismos difieren de los de sus padres. El padre debe procurar la creación de esta clase de ambiente.

Recuerda que los jóvenes están comenzando a creer en forma abstracta y con secuencias lógicas. Están examinando las creencias con las que se criaron y están decidiendo sus propios sistemas de valores. Los padres que deseen influir en este proceso deben aprender a ser maestros más que predicadores. Aprende el arte de formular preguntas. Los padres que aprenden la manera de formular preguntas mantendrán hablando a sus jóvenes. No me refiero a preguntas molestas como: «¿Adónde has ido, cuánto tiempo permaneciste allí, quién estuvo contigo?». Me refiero más bien a preguntas que hagan pensar al joven. Por ejemplo: «¿Cómo crees que reaccionaría la mayoría de los jóvenes ante un estudiante de la universidad que la semana pasada quemó la bandera de los Estados Unidos?». Escucha con atención y no solo oirás la observación de tu adolescente respecto a sus compañeros, sino que descubrirás sus ideas respecto al asunto en sí. Un vivo interés en las opiniones de tu adolescente demostrado con preguntas profundas puede conducir también a que ellos te pidan tu opinión. Las preguntas no solo engendran respuestas, sino también otras preguntas.

Ofrece razones

He aquí otra idea respecto a la conversación con los adolescentes: Sustituye el «Porque lo digo yo» con «Permíteme decirte el porqué». A los jóvenes les interesan las razones. Están desarrollando su propia capacidad de razonamiento y responden a la persona que posea razones lógicas para sus creencias y opiniones. El padre que se vuelve a la pura autoridad sin expresar sus razones detiene el flujo de un diálogo amigable con el joven. Este siente que su padre lo rechaza y su tanque de amor está vacío.

El padre que aprende el arte de escuchar y hablarles con eficiencia a los adolescentes es aquel que va a comunicar amor a un nivel emocional con mayor eficacia. La conversación de calidad es una de las maneras más poderosas de expresar dicho amor.

Actividades de calidad

Los adolescentes son criaturas de acción. La mayoría de las mejores conversaciones de calidad de los padres tendrán lugar en asociación con algún tipo de actividad. Algunas de ellas son parte del flujo normal de la vida, la escuela, el deporte, la música, la danza, el teatro, la comunidad y la iglesia. En todas estas arenas, los adolescentes están activos. Los padres que desean pasar tiempo de calidad con sus adolescentes descubrirán que estos lugares brindan muchas oportunidades para esto. En los primeros años de la adolescencia, todas las horas se desarrollan hacia estas actividades y desde las mismas. Estos momentos en el automóvil no necesitan estar llenos de discusiones si los padres siguen las ocho pautas respecto a hablar y escuchar que se indicaron con anterioridad. A menudo, las mismas actividades brindan oportunidades para pasar tiempo de calidad con tu adolescente. Cuando el joven comprende que tú estás en la actividad porque quieres verlo actuar, que te interesan sus aspiraciones, que esta noche no hay nada más importante para ti que presenciar esa actividad, esto les dice mucho a ellos.

Un adolescente de catorce años de edad dijo: «Mi papá siempre asiste a mis conciertos. No es músico, pero me alienta. Me siento muy afortunado». Otra hija adolescente de la misma orquesta dijo: «Yo sé que mi papá me ama, pero nunca deja su trabajo para ir a mis conciertos. Busca el tiempo para ir a jugar golf con sus amigotes, pero nunca encuentra tiempo para mí». La segunda adolescente cree de manera intelectual que su padre la ama, pero vive con un tanque de amor vacío. Los jóvenes saben que cuando les das tu tiempo para asistir a sus actividades, les das una parte de tu vida, y esto expresa tu amor por ellos de manera profunda. Por el contrario, cuando los padres no encuentran tiempo para asistir a las actividades en que participan sus hijos adolescentes, el mensaje es: «No eres más importante que otras cosas».

Los jóvenes se desenvuelven mejor en los desafíos comunes de su desarrollo adolescente, si sus padres participan con ellos en el transcurso normal de la vida. Es interesante que cuando se les preguntó a cinco mil adultos: «¿Qué fue lo que menos apreciaron de sus padres cuando eran adolescentes?», la respuesta número uno fue: «Ellos no se involucraban en mi vida»[2]. El hecho es que los jóvenes desean que sus padres tomen parte en sus vidas y esto no solo crea recuerdos para el futuro, sino también profundos lazos de amor en el presente. Ayudarlos en sus deberes, asistir a sus actividades, llevarlos en automóvil hasta el centro comercial e ir de tiendas con ellos, todo esto crea oportunidades para tiempos de calidad con los jóvenes. La participación de los padres dice: «Tus intereses son importantes para mí».

El ambiente adecuado

Los padres pueden aprender también a crear los ambientes para los tiempos de calidad con los jóvenes, mediante la planificación y ejecución de cosas fuera de las rutinas normales de la semana. Esto requiere tiempo, dinero y esfuerzo, pero los dividendos son enormes. Las excursiones o caminatas, paseos en balsa o en canoa u otras actividades acuáticas, la asistencia a encuentros deportivos, musicales o teatrales en una ciudad distante, o la visita a lugares de interés histórico, son unas de las tantas maneras de crear ambientes propicios para pasar tiempos de calidad con tus jóvenes.

Elije actividades que le gustan a tu hijo adolescente

La clave para crear ambientes de éxito es comenzar con lo que le interesa a tus hijos. La planificación de un viaje teniendo solo en cuenta tus propios intereses más que los del joven es planificar una mala experiencia. Descubre los intereses de tus hijos y sé creativo en planificar entornos que los motiven a pasar tiempos de calidad contigo.

Recuerdo cuando nuestro hijo Derek, a los diecisiete años de edad, comenzó a investigar sobre Buddy Holly, un músico y cantante de los años de 1950 que murió en un accidente de aviación. Yo me di una vuelta por la biblioteca y leí todo lo que pude encontrar sobre Buddy Holly. Leí las letras de sus canciones. Más tarde, enfrasqué a Derek en una conversación acerca de las letras de las canciones de Buddy. Él se sorprendió que yo las conociera. Algún tiempo después, programé un seminario de matrimonios en Fort Worth, Tejas, y le pregunté a Derek si le gustaría venir conmigo. «Después del seminario», le dije, «podemos viajar hasta Lubbock y descubrir las raíces de Buddy Holly». Nunca olvidaré el brillo en sus ojos cuando me respondió: «Ah, papá, me encantaría hacer eso». (Yo no tenía idea qué distancia había entre Fort Worth y Lubbock). En cuanto a conversaciones sobre los tiempos de calidad, sí los tuvimos.

Durante todo el cruce del oeste de Tejas, hablamos acerca de lo que esperábamos encontrar en Lubbock. Conversamos sobre la propia historia de Derek y las posibilidades de su futuro. Vimos pozos de petróleo, las vallas con alambradas de púas, vías de ferrocarril y los pastizales. Y, sobre todo, hablamos. A cada rato parábamos, salíamos del vehículo y absorbíamos el silencio del oeste tejano.

Cuando llegamos a Lubbock, nos dirigimos a la cámara de comercio y recibimos cuatro páginas de información acerca de Buddy Holly. Fuimos hasta la casa donde nació Buddy Holly. (En realidad, la casa ya no existía, pero tomamos una fotografía del lugar en el que estuvo la casa). Fuimos hasta la estación de radio donde Buddy Holly hizo su primera grabación. Allí nos invitaron a entrar y nos mostraron el plato giratorio donde se tocó su primera grabación. Visitamos la casa donde Buddy Holly vivió cuando hizo su primera grabación. Le tomé una fotografía a Derek en el jardín delantero. La dueña de la casa salió a saludarnos.

Le contamos lo que estábamos haciendo y ella nos dijo: «Está bien. Todo el mundo lo hace». Fuimos al club donde Buddy Holly tuvo sus primeras reuniones de *jazz*. (Ahora es un lugar de venta de automóviles usados, pero sigue teniendo un letrero oxidado que dice: «Cotton Club»). Fuimos hasta el instituto donde Buddy Holly estudió y le tomé una fotografía a Derek apoyado en el edificio de ladrillos color crema. Llegamos hasta la pequeña iglesia bautista donde se casó Buddy Holly y donde se celebró su funeral. El padre del actual consejero de jóvenes era el consejero de jóvenes cuando vivía Buddy Holly. Ahora estábamos con este joven consejero, mientras nos contaba todo acerca de la boda y del funeral.

Más tarde, fuimos hasta los límites de la ciudad, a la tumba de Buddy Holly. Vimos la lápida de mármol y la guitarra de bronce. Me alejé para dejarle a Derek un momento a solas; luego, poco a poco nos dirigimos hasta el automóvil y nos alejamos. Con Lubbock en nuestro espejo retrovisor, hablamos sobre Buddy Holly: ¿Qué hubiera pasado si Buddy no hubiera perecido en la caída del avión a tan temprana edad? ¿Cuáles eran las creencias religiosas de Buddy? Dado que algunas personas mueren jóvenes, ¿cuáles son las cosas importantes en la vida? Hablamos y hablamos durante todo el camino de regreso a Fort Worth. Esta fue una experiencia de un tiempo de calidad que ninguno de los dos olvidó jamás.

Imagínate nuestra sorpresa algunos años después cuando estábamos en otro tiempo de calidad en Londres y descubrimos el musical «Buddy». Todos los actores eran británicos hablando con acento tejano. ¡Fue fabuloso! Luego, recuerdo un poco después cuando Derek se interesó por Bruce Springsteen. No te quiero aburrir con los detalles, pero fuimos a Freeport, Nueva Jersey, y descubrimos las raíces de Bruce.

Crea un ambiente para el tiempo de calidad

Procurando transitar por los intereses de Derek, planeé para nosotros un viaje cada año durante su adolescencia. Yo recomiendo mucho esto a fin de crear un ambiente para tiempos de calidad. Aun hoy Derek recuerda con frecuencia nuestros viajes juntos de tiempos de calidad. Estaremos unidos para siempre a través de estas experiencias de tiempos de calidad que forjaron recuerdos indelebles.

Te animo a que pienses en crear tiempos de calidad con tu hijo adolescente. No tienen que ser tan intensos ni tan costosos como Londres, Lubbock o Freeport. Puede ser tan corto y barato como viajar cuarenta y cinco kilómetros a una ciudad en la cual está interesado tu adolescente. Las actividades planificadas brindan una oportunidad para hablar el lenguaje del amor de tiempo de calidad. Aun si el lenguaje del amor primario de tu adolescente no es el del tiempo de calidad, estas actividades te permitirán conocerlo mejor, crear recuerdos importantes y duraderos, y comunicarle que lo amas.

«Mi adolescente se niega a hablar»

Una queja común entre los padres es que cuando sus hijos llegan a la adolescencia, dejan de hablar. «Mi hijo no habla. ¿Para qué tratar entonces de sostener una conversación de calidad?». Es cierto que los jóvenes poseen una necesidad de privacidad mayor que la de los niños. La posesión de pensamientos y sentimientos propios que difieren de los de sus padres es una parte de volverse independientes. Hay momentos en los que los jóvenes no desean hablar acerca de algo porque lo están elaborando para sí mismos. En esos momentos, los padres hacen mal en presionar a los jóvenes para que hablen. Lo que debemos hacer es decirles que estamos a su disposición si desean hablar.

A veces los jóvenes no quieren hablar con sus padres debido a que cuando trataron de hacerlo, terminaron sintiéndose menoscabados o rechazados. Como padres, debemos prestar atención a lo que decimos y cómo lo decimos. El joven llega a la casa frustrado por un fracaso escolar. Comienza a contárselo a su padre y este le dice: «¿Qué hiciste mal esta vez?». La conversación muere y el adolescente se aleja sintiéndose incomprendido.

En ocasiones, los padres ofrecen tranquilizadoras promesas vacías: «La semana próxima a esta hora, te habrás olvidado de lo que pasó hoy». En otros momentos damos consejos con mucha rapidez: «Estar abatido no tiene sentido. ¿Por qué no sales a correr?».

Estos son tipos de respuestas que cierran el flujo de la conversación. Las declaraciones como estas expresan una actitud de «sabelotodo». No expresan empatía por lo que el adolescente siente en ese momento. Algunos jóvenes no hablan porque saben que este es el tipo de respuestas que van a recibir.

Como padres, podemos ayudar a abrir la puerta de la comunicación si somos sensibles a los estados de ánimo del adolescente. «Me parece que tuviste un mal día hoy. ¿Quieres hablar de esto?», es una invitación que aceptarán muchos jóvenes. «Pareces entusiasmada esta noche. ¿Te sucedió hoy algo bueno?», le facilita hablar a la hija adolescente. Cuando se escucha de manera amistosa (de lo cual hablamos antes) y se formulan preguntas que no sean amenazadoras, se crea un clima que hará más fácil que nuestros jóvenes hablen. Recuerda que ellos tienen el derecho de guardar para sí sus pensamientos y sentimientos. A veces, esa será su elección. Intentar hacerlos hablar en esas ocasiones es negar su individualidad e independencia de ti. Diles que estás a su disposición para hablar cuando ellos lo deseen.

A veces los jóvenes están dispuestos a hablar, pero no en los momentos que prefieren los padres. En ocasiones prefieren hablar según su conveniencia. Esto sucede a menudo a altas horas de la noche y en la privacidad de sus habitaciones o en el estudio, cuando ya todos se han ido a dormir. Los padres inteligentes aprovecharán estas oportunidades cuando se presenten. Dos horas de sueño adicionales no serán muy determinantes en el bienestar general de los padres, pero dos horas de un tiempo de calidad con el joven pueden marcar la diferencia entre el adolescente que se va a la cama con un sentimiento de amor en vez de hacerlo sintiéndose solo y rechazado.

«Mi adolescente no quiere pasar tiempo conmigo»

Reconoce su necesidad de tener amigos

Otra queja que exponen los padres cuando tratan de mantener tiempos de calidad es: «Mi adolescente no quiere pasar tiempo conmigo». Por supuesto, durante los años de su adolescencia, tu hijo desarrollará profundas amistades fuera de la familia. Los sociólogos se refieren a este grupo como el de los compañeros del adolescente. El Dr. Eastwood Atwater definió al grupo de sus compañeros como «personas que se consideran entre sí iguales por su edad, grado o nivel en particular»[3]. También indica el Dr. Atwater que los grupos de compañeros tienen cuatro papeles principales en la vida de un joven. Estos son:

1. El grupo ayuda a la transición del adolescente hacia la adultez al proveerle un grupo de apoyo social y emocional.

2. El grupo de sus compañeros brinda normas que el joven puede utilizar para juzgar su propio comportamiento y experiencias.

3. Ofrece oportunidades para desarrollar relaciones interpersonales y aptitudes sociales.

4. Brinda un contexto en el cual el joven desarrolla el sentido de identidad propia[4].

Salir con sus amigos al terminar la iglesia, la escuela u otras actividades, ir a los cines o al centro comercial, pasar la noche el uno en la casa del otro, hablar por teléfono o enviar mensajes de texto son actividades que se incrementan de manera automática cuando el niño se transforma en adolescente. «Los nuevos grupos de compañeros de los jóvenes ayudan a satisfacer su necesidad de compañerismo y diversión, con apoyo emocional, comprensión e intimidad», indica el consejero Gary Smalley. «Ellos también necesitan estas cosas de parte de sus familias y de otros adultos, pero en su desarrollo es vital que lo reciban de sus amigos»[5].

A menudo, los padres malinterpretan tanto el vivo interés del joven por sus amigos como el desinterés por su familia. Suponen que a un joven de quince años de edad no le interesará ir de caza con su papá ni de compras con su mamá ni a un picnic familiar. Sin embargo, las encuestas revelan que la mayoría de los jóvenes quisiera pasar más tiempo con sus padres y no menos del que en la actualidad pasan a su lado[6].

Consulta a tu adolescente cuando planeas algo

Una parte del problema es que a veces los padres planean actividades sin tener en cuenta a sus adolescentes. Por consiguiente, el joven tiene planeado algo estupendo con su grupo de compañeros y no desea ir con sus padres. Los padres interpretan esto como un rechazo o una falta de deseo de estar con la familia. No obstante, si los padres hubieran reconocido al adolescente como una persona (alguien independiente y con identidad propia) y consultado con él sus planes, este quizá se habría interesado más en acompañar a la familia. Cuando tratamos a nuestros jóvenes como niños y hacemos planes *por* ellos en lugar de tratarlos como personas independientes en ciernes es que tenemos la impresión que ellos no desean estar con la familia.

Brandon, de diecisiete años de edad, dijo: «Mis padres me dicen que se sienten heridos porque no quiero ir con ellos cuando planean viajes para nosotros. El problema está en que nunca consultan mis programas. Hacen sus planes y me los comunican un día antes de la partida. Yo tengo ya planeado cosas con mis amigos, y mis padres se sienten frustrados porque no quiero romper esos planes e ir con ellos».

Considera los intereses de tu adolescente

Otra razón por la que los adolescentes a veces son reacios a responder a las actividades planificadas por los padres es porque estos fallan al considerar los intereses de sus hijos. ¿Qué padre no ha pasado por la siguiente rutina? La mamá dice:

—Vamos a ir a ver al tío Roberto y a la tía Clara el sábado y nos gustaría que nos acompañaras.

—No quiero ir —responde el joven.

—¿Por qué no? —pregunta la mamá.

—Es muy aburrido —responde el joven—. No hay nada que hacer.

—Podrías estar con tu primo —le dice la mamá—. Ustedes disfrutan estando juntos.

—Mamá, él es un niño —dice el adolescente—. Yo ahora soy un joven. No es lo mismo.

Si los padres tienen en cuenta los intereses de sus jóvenes, con unas simples ideas pueden planificar un viaje similar con alguna actividad que quizá les resulte de interés y lo haga más atrayente. No me refiero a que no se obligue nunca a los jóvenes a que acompañen a la familia en una visita a los parientes. Estoy diciendo que si se fuerza a un adolescente a efectuar un viaje así, no puedes esperar que el mismo sea una experiencia de tiempo de calidad para los dos. Es mucho mejor trabajar con los intereses y programas del joven, planeando juntos actividades que serán importantes para ambos.

Lo que dicen los jóvenes

Te repetiré lo que dije al comienzo de este capítulo: Este lenguaje del amor, tiempo de calidad, es mucho más difícil de hablar que las palabras de afirmación o el toque físico. Sin embargo, uno de los cinco lenguajes del amor es el tiempo de calidad. Para algunos jóvenes, es su lenguaje primario. Sin el tiempo de calidad con sus padres, estos jóvenes no se sentirán amados aunque los padres hablen otros lenguajes del amor. Es esencial para estos jóvenes que sus padres les dediquen tiempo para mostrarles una concentrada atención. Escucha a los siguientes adolescentes para quienes el tiempo de calidad es su lenguaje del amor primario.

Maritza, de catorce años de edad y una destacada pescadora: «Me encanta cuando mi papá me lleva cuando va a pescar. Para ser sincera con usted, no me gustan esas cosas tan apestosas. Sin embargo, me encanta estar con papá. Hablamos de toda clase de cosas y en verdad disfruto al levantarme temprano. Es el mejor momento que tengo con él».

Kevin, de dieciséis años de edad y orgulloso poseedor de su primera licencia de conducir: «Ahora que puedo conducir, me gusta ir a algún lado sin mis padres. Aunque también me gusta hacer cosas con ellos. Me encanta muchísimo cuando papá y yo hacemos cosas juntos. Algunos de mis amigos no tienen padres. A decir verdad, creo que soy afortunado».

Mónica, de catorce años de edad, vive con su madre y tiene poco contacto con su padre: «Lo que me gusta de mamá es que podemos hablar de cualquier cosa. No tenemos secretos. En realidad, me siento unida a mi mamá. Ella me ayudó con un montón de problemas. Sé que siempre le podré contar lo que me molesta y ella me ayudará».

Jennifer, de dieciocho años de edad, está lista para entrar a la universidad en otoño: «Creo que lo que más voy a extrañar cuando vaya para la universidad son mis charlas con mamá y papá. A veces, son muy tarde en la noche y prolongadas, pero sé que ellos siempre están disponibles para mí. Esto no lo voy a tener en la universidad. Sé que podremos hablar por teléfono, pero no será lo mismo».

Si el lenguaje del amor de tu hijo adolescente es
TIEMPO DE CALIDAD:

El mayor compromiso de mostrarle amor a un joven que desea tiempo de calidad es el de cambiar tu horario personal. A veces, todo lo que se necesita es conversar en el auto después de la escuela o de la práctica para hablar sobre el día, pero aquí tienes varias ideas más creativas para sus tiempos juntos.

➢ *Haz preguntas muy específicas acerca del día de tu adolescente que requiera más que un «sí» o un «no».*

➢ *Deja lo que estás haciendo para establecer contacto visual con tu joven mientras te cuenta algo importante.*

➢ *Dale a tus adolescentes la videocámara de la familia y haz que graben actividades especiales. Más tarde, vean juntos el vídeo para observar los recuerdos que captaron.*

➢ *Haz que tus hijos adolescentes te digan los lugares que les gustaría visitar y por qué. Luego, sorpréndelos de vez en cuando al permitirles escoger u organizar uno con antelación.*

➢ *Apaga tu televisor para ver el programa favorito de tus adolescentes con ellos.*

➢ *Si tu adolescente está conduciendo, den un viaje juntos a un lugar de su elección.*

➢ *Cocinen algo juntos para una merienda, tales como galletitas o bizcocho de chocolate y nueces.*

➤ *Descubran cosas tontas para reírse y ríanse mucho.*

➤ *Prepara una merienda para ti cuando le haces una a tu adolescente. A continuación, conversen acerca de su día mientras comen.*

➤ *Si tienes más de un hijo, haz los arreglos para el cuidado de los demás y saca a tu hijo para un desayuno rápido antes de la escuela o para un batido después de las clases.*

➤ *Ve unos minutos antes para recoger a tu joven de la práctica de hockey o del Consejo Estudiantil. Quédense hasta tarde conversando acerca de su participación y de conocer a otras personas que interactúan en el grupo o en el equipo, tales como compañeros de clase, entrenadores o maestros. Dile al entrenador o al maestro que tú aprecias su ardua labor.*

➤ *Si tu familia tiene talento musical, canten o toquen juntos instrumentos en casa en lugar de ver televisión. Mejor aun, elijan un tiempo específico cada semana y conviértanlo en una tradición.*

➤ *Mantén la planificación del tiempo con tu adolescente en tu teléfono celular y haz que esas fechas sean de gran prioridad.*

➤ *Sorprende a tu adolescente con boletos o con un viaje a un lugar especial. Una acampada, un juego de baloncesto o un paseo al centro comercial pueden forjar recuerdos para toda la vida. Añade fotos de la actividad a fin de reforzar más esta sorpresa.*

➤ *Si es posible, lleva a tus adolescentes a tu centro de trabajo un día. Preséntaselos a tus compañeros de trabajo, inclúyelos en tus reuniones y habla de lo que se siente al servir en tu empresa en particular.*

➤ Crea «tradiciones» con tu adolescente, por ejemplo, tomar helado siempre en la misma tienda o caminar juntos en un parque en particular.

➤ Escoge uno o dos juegos de mesa o de cartas para que jueguen juntos con regularidad.

➤ Presta especial atención a las vacaciones familiares a fin de incluir tiempo significativo estando juntos contra un viaje centrado en actividades divididas de padre y adolescente.

➤ De vez en cuando, lleva a tu familia a caminar o montar bicicleta. Busca oportunidades para pasar tiempo juntos que también incluya ejercicios.

➤ Disfruten más comidas juntos como familia en la mesa. Haz de la hora de la cena una ocasión especial con una gran cantidad de charla agradable acerca del día. La oración en familia puede fortalecer también esta práctica.

➤ No te rindas para «llevar a dormir» a tu adolescente en la noche. Ya no puedes leer cuentos antes de dormir, pero todavía puedes conversar acerca del día u orar juntos.

➤ Pasen tiempo haciendo los deberes juntos. Esto mejora sus calificaciones y crea tiempo de calidad adicional (tú también podrías aprender algo nuevo).

➤ Planten algo juntos. Para los adolescentes orientados a las actividades al aire libre, ese tiempo en un jardín de flores, plantando hortalizas de verano o manteniendo y embelleciendo las áreas verdes en el patio pueden crear recuerdos positivos para toda la vida.

➤ Confeccionen juntos un álbum de fotos o de recortes, ya sea en un libro o en tu computadora. Conversen acerca de los recuerdos que han disfrutado en el proceso.

Capítulo 6

CUARTO LENGUAJE DEL AMOR:

Actos de servicio

«Creo que lo que más me ha hecho sentirme amado fue la forma en que mis padres se esforzaron por ayudarme con todo». Marcos acababa de comenzar su primer trabajo a tiempo completo y estaba pensando en casarse pronto. Al hablar de sus años de adolescente, comenzó recordando cosas específicas: «Recuerdo todas las comidas que hizo mamá aun cuando trabajaba fuera de casa y la vez en que papá me ayudó con el viejo cacharro que compramos juntos cuando cumplí dieciséis años. En cosas pequeñas, en cosas grandes, ellos hicieron mucho por ayudarme».

Hoy en día, a los veinticuatro años de edad, Marcos continúa con sus recuerdos: «Ahora me doy más cuenta que antes. Sin embargo, aun en ese momento, sabía que se estaban esforzando para ayudarme y siempre lo aprecié. Espero poder hacer lo mismo algún día por mis hijos».

Marcos estaba describiendo a padres que hablaban el lenguaje del amor de los *actos de servicio*.

La crianza de los hijos es una vocación orientada hacia el servicio. El día que decidiste tener un hijo, te enrolaste en un servicio prolongado. Para cuando tu hijo se convierta en adolescente, habrás hablado ese lenguaje durante trece años. Si en verdad deseas sentirte bien respecto a ti misma, toma unos minutos y calcula el número de pañales que cambiaste, de comidas que preparaste, de ropa que lavaste, doblaste y planchaste, la cantidad de curitas que le pusiste, los juguetes que reparaste, las hojas que doblaste, los cabellos que lavaste y peinaste, etc. Por favor, no le muestres esta lista a tu hijo adolescente. Aun así, léelo en voz alta en la privacidad de tu dormitorio, sobre todo en los días en los que te sientes como un fracaso como padre. Esta es la sólida e irrefutable evidencia de que amaste a ese niño.

Sin embargo, tu niño se ha convertido en un joven y tú debes aprender algunos dialectos nuevos si quieres hablar con eficiencia el lenguaje del amor de los actos de servicio. Ya no hay más pañales, pero hay muchos botones que poner, ropa que hacer o remendar, comidas que preparar, neumáticos de bicicleta que cambiar, tratar en vano de reparar automóviles, camisetas que lavar y planchar (olvídate del planchado, las arrugadas están «a la moda»), uniformes que blanquear, taxis personales que manejar (a la mayoría de los lugares hasta que por lo menos tengan dieciséis años de edad), etc.

El poderoso lenguaje del servicio

Todo este duro trabajo adquiere dimensiones de nobleza cuando comprendes que semejantes actos de servicio son expresiones de amor poderosas hacia tu hijo adolescente. Algunos padres pasan de manera inadvertida por esta rutina de actos de servicio como una tarea de padres. A ellos los árboles no les permiten ver el bosque. Mi esperanza para estos padres es que las siguientes páginas disipen las nubes de lo mundano y permitan que la luz del sol del verdadero amor sea capaz de crear una visión más brillante sobre la crianza de los hijos adolescentes. Lo cierto es que los actos de servicio despiden uno de los rayos de amor más brillantes.

La historia está repleta de ejemplos de hombres y mujeres que aprendieron cómo hablar el lenguaje del amor conocido como actos de servicio. ¿Quién no conoce a la madre Teresa? Su nombre es sinónimo de actos de servicio. En África estaba Alberto Schweitzer y, en la India, Mahatma Gandhi. La mayoría de las personas que han estudiado más de cerca la vida de Jesús de Nazaret, el fundador de la fe cristiana del primer siglo, están de acuerdo en que su vida se puede resumir por su simple acto de lavarles los pies a sus discípulos. Él mismo dijo: «El Hijo del hombre no vino para que le sirvan, sino para servir y para dar su vida en rescate por muchos»[1]. Instruyó a sus seguidores: «El que quiera hacerse grande entre ustedes deberá ser su servidor»[2].

La verdadera grandeza se expresa en el servicio. Los actos de servicio ofrecidos de forma voluntaria por los padres hacia sus jóvenes son las verdaderas expresiones de amor.

El servicio dado sin restricciones

Debido a que el servicio hacia un niño es constante por tantos años y tiene lugar dentro y alrededor de tantas otras obligaciones, los padres quizá olviden que los diarios y mundanos actos que realizan son expresiones de amor con efectos a largo plazo.

El servicio amoroso no es esclavitud. Esta última se impone desde afuera y se efectúa bajo rechazo. El servicio amoroso es un deseo que se motiva en el interior cuando les damos nuestra energía a otros. El servicio amoroso es un regalo, no una necesidad, y se da de manera voluntaria, no bajo coerción. Cuando los padres sirven a sus hijos con un espíritu de resentimiento y amargura, es probable que las necesidades físicas de sus jóvenes se satisfagan, pero su desarrollo emocional se frenará en gran medida.

Debido a que el servicio es algo diario, hasta los mejores padres deberán detenerse por un momento para analizar si sus actos de servicio están comunicando su amor. Recuerdo que César me dijo una vez: «Mi padre me ayuda con mis deberes si yo le insisto. Sin embargo, me hace sentir culpable e indigno. Casi nunca le pido su ayuda». Estos actos de servicio del papá no expresan amor. También las madres pueden expresar poco amor en lo que hacen. «Desearía que mi mamá me ayudara en mis cosas de la escuela, pero me da la impresión de que está demasiado ocupada», dijo Julia, quien se encuentra en su primer año del instituto. «Cuando le pregunto, me parece que solo lo hace por salir de mí». Si los actos de servicio de los padres deben sentirse como amor en el alma del joven, deben darse sin restricciones.

La manipulación no es amor

Es posible utilizar los actos de servicio como medios para manipular a tu adolescente. «Si limpias tu habitación, te llevaré hasta el centro comercial para que te reúnas con tus amigos». Este es un esfuerzo por concertar un convenio con el joven, de hacer un contrato: «Yo haré... si tú haces...». No digo que nunca procuremos hacer algún convenio, pero jamás debemos contemplarlo como una expresión de amor. El llevar a su adolescente al centro comercial es un pago por servicios realizados; es decir, por la limpieza de su habitación. Es un sistema de trueque para conseguir que tu adolescente haga algo que tú consideras necesario; no es una expresión de amor.

Si tus actos de servicio siempre están atados a que el adolescente haga algo que tú deseas, estás practicando la manipulación. La manipulación nunca es una expresión de amor. El amor no se gana. Es un regalo que se da de forma voluntaria. Debemos amar a nuestros jóvenes de manera incondicional. Quizá ellos no nos satisfagan en algunos de sus comportamientos. Sin embargo, podemos seguir hablando el lenguaje del amor de los actos de servicio. Es más, el joven se sentirá amado de manera más profunda cuando sabe que tu amor es incondicional.

A ese sistema de «tratar de cambiar el comportamiento de tu hijo adolescente mediante promesas de hacer algo que sabes que desea que hagas», los psicólogos le llaman *modificación del comportamiento*. Tiene que ver con recompensar al joven por algo que los padres consideran que es un buen comportamiento o haciendo algo que el joven desee o retener algo cuando falla al cumplir con los deseos de sus padres. Este método de crianza fue popular durante la década de 1970, pero en mi opinión no es la manera más saludable de criar a los hijos y, sin duda, no es la mejor para relacionarse con los hijos adolescentes.

No estoy diciendo que nunca se deba usar la modificación del comportamiento como un estilo de crianza. Podrá ser útil en particular al modificar arraigados patrones de conducta que los padres consideran irresponsables. A veces, la recompensa ofrecida será suficiente como para que un joven cambie un comportamiento que en condiciones normales no hubiera tenido motivos para cambiar. Es lamentable, pero este cambio de comportamiento no siempre es permanente, a menos que tú sigas dando recompensas. (Analizaremos más esto en el capítulo 12, cuando hablaremos sobre el amor y la responsabilidad).

Por otra parte, los padres deben estar también alertas a que en ocasiones los jóvenes tratarán de manipularlos con actos de servicio. Si hay algo que desean que ustedes hagan, se ofrecerán para hacer algo que les hayan pedido en el pasado. Braulio, de dieciséis años de edad, dijo: «Si yo quiero que mi mamá haga algo para mí, todo lo que tengo que hacer es aceptar su petición de limpiar mi habitación. Hará todo lo que yo quiera». Braulio aprendió a manipular a su madre. Si la madre siente que lo que Braulio está pidiendo es para su bien, podrá estar de acuerdo con el convenio.

Sin embargo, los padres nunca deberían estar de acuerdo en hacer algo que sea imprudente solo porque el adolescente acepta hacer algo que desean ellos.

Algunos jóvenes son maestros en la manipulación. «Si tú me amas, entonces...», es la máxima expresión de manipulación de un adolescente. Utiliza el deseo de ser un buen padre como un recurso para lograr la aprobación del padre en algo que desea. La mejor respuesta de los padres es: «Te amo demasiado como para hacer algo que vaya en contra tuya, sin importar cuánto lo estés deseando». La manipulación no tiene nada que ver con el amor y todo que ver con el control. No es un buen método para las relaciones entre padres y jóvenes.

El amor recíproco

Sé un ejemplo y guía

Los padres conscientes de hijos adolescentes tienen dos deseos principales: amar y que los amen. Deseamos que los jóvenes perciban nuestro amor para así mantener llenos sus tanques de amor, pero también deseamos que aprendan cómo amar a los demás. Los padres preguntan a veces: «Si continúo con los actos de servicio hacia mi adolescente, ¿cómo aprenderá a hacer solo las cosas y cómo aprenderá a servir a los demás?». La respuesta a esta pregunta se encuentra en el ejemplo y la dirección. Nosotros damos el ejemplo del amor incondicional cuando hacemos cosas por nuestro adolescente que sabemos que desearía hacer por nosotros siempre y cuando creamos que esas acciones son buenas para él. No obstante, debemos elegir esos actos de servicio con sabiduría. De otra manera, estamos creando un adolescente dependiente que nunca aprenderá a dar. Por ejemplo, la preparación de una comida es un acto de servicio, pero enseñar a un adolescente cómo preparar una comida es un acto de servicio aun mayor. No cabe duda que te resulta más fácil preparar la comida tú misma que enseñarle a un adolescente a prepararla. ¿Cuál es el mayor acto de amor?

Una norma general es que realices actos de servicio por tus hijos adolescentes que ellos no puedan hacer solos. Cuando son pequeños, les lavas la ropa; cuando son adolescentes, les enseñas cómo lavarse su ropa. Los padres que no aprenden a distinguir esto, pueden en realidad perjudicar la madurez de los jóvenes en el nombre del amor. Esto no significa que tú nunca les lavarás su ropa. Significa que no lo harás siempre. En su lugar, irás más allá dando el ejemplo para guiar a tu adolescente hacia los actos de independencia y madurez.

Guía por el buen camino

Creo que es útil para los padres que les expliquen con palabras a los jóvenes lo que están haciendo. Mamá le dice a Patricio, de trece años de edad: «Ahora que eres un adolescente, deseo hablarte de algunas ideas personales. Cuando eras pequeño, hice muchas cosas por ti porque te amaba mucho. Preparé todas tus comidas, lavé tu ropa, ordené tu habitación, etc. Podría seguir haciendo todas estas cosas hasta que termines el colegio, pero esto no sería hacer algo amoroso. Debido a que te sigo amando mucho, te enseñaré a hacer todas estas cosas. No quiero que termines el instituto, te vayas de casa y no seas capaz de hacerlas en la tuya propia.

»He confeccionado una lista de las cosas que quiero enseñarte, Patricio. Quiero mostrártela y darte la oportunidad que le agregues las cosas que también quisieras aprender. También quisiera que elijas el orden en el que quisieras aprenderlas. No deseo presionarte por encima de tus límites, pero cuando estés listo, quiero enseñarte estas habilidades».

La madre de Patricio le explicó su plan de amarlo mediante actos de servicio. Y es probable que Patricio responda de manera positiva a ese plan debido a que mamá le ha permitido poder elegir las cosas que quisiera aprender y en qué orden. Patricio y su padre también podrían hacer una lista similar de cosas que el padre quisiera enseñarle y de cosas que el joven quisiera aprender de su padre.

El joven que tiene padres que quieren adoptar este método es, en efecto, afortunado. No solo se sentirá amado por sus padres, sino que se convertirá en un adulto responsable que, además de saber cuidarse, será capaz de amar a otros mediante actos de servicio.

A través de este método, los padres no solo hablan el lenguaje del amor de los actos de servicio, también guían al joven para que aprenda las habilidades necesarias de servir a los demás con eficiencia. Esta dirección requerirá tanto la enseñanza (instrucción a través de palabras) como la preparación (aprender haciendo). Los padres que siguen este método darán una instrucción verbal en cuanto a una habilidad en particular. Demostrarán cómo se debe realizar y, luego, le darán al joven la experiencia práctica de hacerlo por su cuenta.

Por ejemplo, el padre que desea enseñarle a su hijo cómo lavar el automóvil de la familia, y más adelante quizá su propio vehículo, comienza con algunas instrucciones verbales. «Una de las cosas que siempre desearás recordar es remojar con la manguera de agua el auto para quitar las partículas de arena a fin de que no se raye cuando le pases el jabón. Una vez que hayas hecho esto, empezarás por la parte superior del vehículo y seguirás hasta el capó, el maletero y los costados, lavando solo de parte en parte y enjuagándolo enseguida para que el jabón no se seque y deje marcas». Luego el padre demuestra lo que acaba de decir, permitiéndole a su adolescente que lo ayude en el proceso. Quizá laven juntos el automóvil por un par de semanas. Luego, el padre permitirá que el hijo lave solo el automóvil. Después de esto, podrán lavarlo juntos, el padre lo lavará solo o el hijo lo hará también solo, dependiendo de sus deseos. Cuando el hijo lo lave solo, el padre lo elogiará y apreciará su labor. El joven no solo aprendió a lavar un automóvil, sino también la manera de amar a su padre.

Ayuda al joven a desarrollar su sentido de identidad e independencia

En la acelerada sociedad actual, algunos padres han fallado al enseñarles a sus jóvenes las aptitudes fundamentales para la vida diaria. Por consiguiente, muchos de estos jóvenes se casarán más adelante solo para descubrir que ni él ni su cónyuge saben cómo limpiar una cómoda, pasarles la aspiradora a los pisos, preparar las comidas, ni lavar. Son ineptos por completo en las habilidades básicas de servirse el uno al otro. Sus padres fallaron al enseñarles cómo hablar el lenguaje del amor de los actos de servicio.

Es obvio que efectuar el cambio de hacer cosas para el niño a enseñarle al joven cómo hacer solo las cosas requerirá mucho tiempo y energías por parte del padre. Sin embargo, pocas cosas son más importantes que el bienestar emocional y social del joven. Si aprende a realizar actos de servicio, se sentirá bien consigo mismo; de esta manera, su identidad propia irá en aumento. Cuando el joven sirve a las personas fuera de su familia, recibirá una respuesta positiva. A todos les agrada la persona que sirve a otros. Así, la identidad propia del adolescente seguirá en aumento.

Además de esto, en el aprendizaje de tales habilidades, el joven es capaz de mantener su vida por su cuenta y, luego, tendrá un mayor sentido de independencia. Los padres efectúan una poderosa contribución a la madurez en desarrollo del adolescente. Los padres que fallen al hacer esto tendrán jóvenes que se aburrirán de la vida, tendrán poco sentido del logro de algo, poca autoestima y tendrán problemas en sus relaciones sociales. No puedo dejar de enfatizar lo importante que es para los padres de hijos adolescentes la enseñanza de las aptitudes de servir a otros. Cuando los padres fracasan en esto, es inevitable que los jóvenes se sientan defraudados por ellos. El amor alimenta a los hijos cuando son pequeños y les enseña a alimentarse a sí mismos cuando son jóvenes.

Concéntrate en los actos de servicio

Para algunos adolescentes, los *actos de servicio* es su lenguaje del amor primario. Cuando los padres expresan su amor mediante actos de servicio, el tanque de amor de los jóvenes se llena enseguida. Emilio era uno de esos jóvenes. Al cumplir los dieciséis años, sus padres le compraron un automóvil, lo cual, usando sus palabras, «fue la peor cosa que pudimos haber hecho». Seis meses después, él estaba en mi oficina porque sus padres lo amenazaron con quitarle su automóvil si no venía (un ejemplo perfecto de manipulación, pero quizá la única manera posible para que viniera a verme). Los padres de Emilio me habían visitado la semana anterior y me habían contado sus preocupaciones. Desde que recibió el auto, Emilio se había vuelto irresponsable por completo. Ya había recibido dos multas de tránsito por exceso de velocidad y lo habían citado por un accidente «menor».

Sus padres indicaron que la actitud de Emilio era «bastante belicosa» hacia ellos. «Ahora que tiene el auto, no pasa ya ningún momento en casa», dijo su padre. «Trabaja dos horas cada tarde en un restaurante de comidas rápidas para pagarse su gasolina. Después, pasa el resto de la tarde y de la noche con sus amigos. Come en el restaurante, por lo cual no siente la necesidad de volver a casa para cenar. Lo hemos amenazado con quitarle el automóvil, pero no sabemos si esto es lo que debemos hacer.

»En realidad, no sabemos qué hacer. Por eso lo hemos venido a ver». Los padres de Emilio eran personas muy motivadas. Ambos habían hecho buenas carreras y Emilio era su único hijo.

En mis conversaciones con Emilio las dos semanas siguientes, descubrí que respetaba muy poco a sus padres. «Ambos están inmersos en sus profesiones», me dijo, «en realidad, no les importo». Descubrí que estos padres casi nunca llegaban a su casa antes de las seis o seis y media de la tarde. Antes que Emilio tuviera su auto y su trabajo por horas, arribaba a casa casi siempre alrededor de las tres y media de la tarde, hacía sus deberes escolares y conversaba por teléfono con sus amigos. Cuando llegaban sus padres, cenaban juntos. «La mayoría de las veces traían comida camino a casa. A mamá no le gusta cocinar y papá no sabe cómo hacerlo. Después de cenar, se cercioraban de que en verdad hubiera hecho mis tareas. Luego, papá trabajaba en sus cosas de la oficina y miraba televisión. Mamá leía algo y hablaba por teléfono.

»Yo casi siempre iba a mi habitación y navegaba por Internet y conversaba con mis amigos por teléfono», continuó Emilio. «Era aburrido. No había nada que hacer para mí».

En futuras conversaciones con Emilio, me enteré que en numerosas ocasiones les había pedido a sus padres que lo ayudaran en varios proyectos, pero en su opinión, «ellos nunca tenían tiempo». «Cuando cumplí los trece años de edad», me dijo, «le pedí a papá que me enseñara esquí acuático, pero me dijo que era demasiado peligroso y yo demasiado joven. Cuando quise aprender a tocar la guitarra, él me dijo que yo no tenía aptitudes musicales y que sería una pérdida de dinero. Hasta le pedí a mamá que me enseñara a cocinar. Ella me dijo que lo haría, pero nunca lo hizo».

Era obvio que Emilio se sentía defraudado por sus padres. Ellos lo habían alimentado, dado albergue y vestido, pero nunca le habían hablado a su necesidad interior de amor. Al parecer, los actos de servicio eran su lenguaje del amor primario, pero sus padres nunca aprendieron a hablar ese dialecto. Lo sirvieron para satisfacer sus necesidades físicas, pero no fueron sensibles a sus intereses y por ello se esforzaron poco en fomentar las aptitudes requeridas para desarrollar esos intereses. Por consiguiente, Emilio se sentía rechazado y falto de amor. Su comportamiento era un simple reflejo de esas emociones.

Desearía poder decir que las cosas cambiaron enseguida para Emilio y sus padres. Sin embargo, en realidad, las cosas empeoraron en lugar de mejorar. Comenté mis observaciones con los padres de Emilio y creo que ellos comprendieron e hicieron sinceros esfuerzos en tratar de comunicarse con

Emilio. Aun así, él no respondía mucho. Rechazó la mayoría de sus esfuerzos. Tenía la actitud de que lo que hacían sus padres había llegado demasiado tarde y era muy poco.

Pasó un año entero antes que ocurriera un cambio importante. Visité a Emilio en el hospital después de un accidente automovilístico en el que sufrió la fractura de una cadera, una pierna y un tobillo. Apenas había comenzado su último año de la escuela secundaria; ahora, durante su convalecencia, Emilio al fin se reconectó de manera emocional con sus padres. Ellos le pidieron perdón por haberle fallado al satisfacer sus necesidades en los años anteriores y Emilio admitió que los había eliminado de su vida porque se sintió rechazado por ellos.

Con esta reconexión emocional, las cosas mejoraron de manera significativa el año siguiente. Mientras Emilio estuvo con el vendaje enyesado, sus padres tuvieron muchas oportunidades de expresarle su amor con actos de servicio, pero lo más importante de todo fue que descubrieron los actuales intereses de Emilio y tomaron medidas para ayudarle a desarrollar los mismos. El último año de sus estudios secundarios fue, tal como él mismo expresara, «el peor y mejor año de mi vida». Emilio experimentó gran dolor físico, pero a su vez redescubrió una verdadera intimidad emocional con sus padres. Vivió en su casa los próximos dos años y cursó estudios en una universidad local, lo cual a su vez les proveyó a sus padres de numerosas oportunidades para expresar actos de servicio.

Ambos padres se involucraron muchísimo en ayudarle con sus tareas escolares. Él y sus padres pasaron varios fines de semana en el lago. Emilio dejó de estar interesado en el esquí acuático, pero aprendió a manejar el barco de su padre y se convirtió en un experto en *jet ski*. En la universidad, los intereses de Emilio se expandieron y sus padres permanecieron en contacto con estos intereses y aprovecharon cada oportunidad para servirle ayudándole a explorar esos intereses. Emilio tiene ahora veintisiete años de edad, es casado y habla el lenguaje de los actos de servicio con su propio hijo.

Los padres de Emilio, como muchos otros padres, fueron muy sinceros. Amaban de manera increíble a su hijo, pero habían fallado al descubrir y hablar su lenguaje del amor primario. Cuando al fin lo descubrieron y trataron de hablarlo, Emilio no respondió de inmediato. Esto es típico cuando un adolescente se ha sentido solo y rechazado por un período. Sin embargo, los padres no deben darse por vencidos. Si se mantienen firmes en seguir haciendo intentos de hablar el lenguaje del amor primario del adolescente, ese amor al final perforará el dolor emocional del adolescente y ellos lograrán reconectarse de manera emocional.

Lo que dicen los jóvenes

Esta reconexión será el punto de cambio en tu relación padre/hijo adolescente si le siguen prolongados esfuerzos por hablar el lenguaje del amor primario del joven. Escucha a los siguientes jóvenes, cuyo lenguaje de amor primario son los actos de servicio.

Gabriel, de trece años de edad, vive con su madre y una hermana pequeña. Su padre se fue cuando Gabriel tenía siete años. «Yo sé que mi mamá me ama porque me lava mi ropa sucia, me hace la cena todas las noches y me ayuda con mis deberes escolares aun cuando no se lo pida. Ella trabaja mucho como enfermera para que tengamos comida y ropa. Creo que mi papá me ama, pero no ayuda mucho».

Cristal, de catorce años de edad, es la mayor de cuatro hijos. «Yo sé que mi gente me ama porque hace muchas cosas para mí. Mamá me lleva a las prácticas de animadora y a todos los encuentros deportivos. Papá me ayuda con mis deberes escolares, sobre todo con matemáticas, a las que detesto».

Tomás, de diecisiete años de edad, tiene su propio servicio para cortar el césped durante el verano y ya compró su primer automóvil. «Yo tengo el papá más espectacular del mundo», me dijo. «Me enseñó a cortar el césped, a comenzar un negocio y a hacer dinero, con lo cual me pude comprar un automóvil. La semana pasada me enseñó a cambiar las bujías del auto».

Cristina tiene trece años de edad. «Yo sé que mi mamá me ama porque se toma el tiempo de enseñarme todas las cosas. La semana pasada comenzó a darme clases de bordado. Este año voy a hacer mis propios regalos de Navidad».

Si el lenguaje del amor de tu hijo adolescente es

ACTOS DE SERVICIO:

Aunque este capítulo trata sobre la necesidad de preparar a tu adolescente para madurar y servir a otros, hay muchas veces cuando un acto simple de servicio a tu adolescente proporciona un impacto significativo. He aquí varios que expresan amor sin pasar por alto la necesidad de tu adolescente por la responsabilidad.

➤ *Reconoce la singularidad de tus jóvenes al comprar juntos nuevos colores de pintura para sus habitaciones y ayudarlos a pintarlas.*

➤ *Ayuda a tu adolescente a practicar con su equipo deportivo, tales como lanzar y atrapar en el béisbol o ayudarlo a rebotear los tiros libres para los adolescentes que participan en el baloncesto.*

➤ *Coopera con tu adolescente en una tarea difícil.*

➤ *Prepárale la merienda favorita a tu adolescente cuando tenga un día difícil.*

➤ *Ayuda a tu adolescente a escoger la ropa para la escuela o para una ocasión especial (sobre todo para las madres y las hijas adolescentes).*

➤ *De vez en cuando, levántate media hora antes a fin de prepararle un desayuno especial sorpresa para tu adolescente.*

➤ *Comienza a enseñarles a tus jóvenes la importancia de servir a los demás mediante la participación regular en un grupo comunitario local o ministerio de la iglesia. Para los jóvenes independientes, permíteles que investiguen* diferentes oportunidades y que seleccionen el lugar de servicio.

➤ Cuando esté atrasado para la escuela o para otra reunión, ayuda a tu adolescente para que termine rápido lo que necesita hacer de modo que pueda llegar a tiempo.

➤ Durante un tiempo cuando tu adolescente esté enfermo, adelántate a ponerle su película favorita o a hacerle su sopa preferida.

➤ Asocia a tus jóvenes con uno de tus amigos o familiares que puedan ayudarlos en un campo de interés tales como lecciones de danza, fútbol o clases de piano.

➤ Escoge una esfera especial en la que determines servirle siempre mucho más de las expectativas normales. Los ejemplos podrían incluir asegurarte de hacerle siempre el almuerzo o prepararle su postre favorito con regularidad.

➤ Comienza una tradición de «cena de cumpleaños» donde le hagas a tu adolescente alguna comida que quiera en su cumpleaños.

➤ Ayuda a tus jóvenes a crear tarjetas didácticas para su próximo examen o prueba. Trabaja junto con tus adolescentes hasta que se sientan seguros con el material.

➤ Si tu adolescente te llama al trabajo y se encuentra en una crisis, sacrifica más tiempo de lo habitual para escuchar de su situación.

Capítulo 7

QUINTO LENGUAJE DEL AMOR:
Regalos

Tuve un receso por la tarde durante un seminario para matrimonios que celebré en un lugar memorable: la base aérea de la OTAN en Geilenkirchen, Alemania. Para la mayoría de las tropas era una asignación mínima de dos años, así que las esposas e hijos de los militares vivían en la base. Durante el descanso de la tarde, observé a Alex, de trece años de edad, que estaba sentado a una mesa de picnic haciendo sus deberes escolares. Tenía el aspecto del típico joven estadounidense: corte de pelo militar, pantalón vaquero y camiseta muy gastada, de color verde desteñido. Tenía la impresión de que no le importaría que lo molestara, por lo cual me presenté y entablé una conversación.

A su debido tiempo, le hice un comentario acerca de la medalla de San Cristóbal que colgaba en una de sus cadenas. Luego me dijo:

—Mi papá me la dio cuando cumplí los trece años en marzo, me dijo que el día que estuviera ausente por sus obligaciones, deseaba que me acordara de él. Siempre la llevo conmigo.

—¿Quién fue San Cristóbal? —le pregunté.

—No estoy muy seguro —me dijo—, creo que algún santo de la iglesia que hizo muchísimo bien.

Me di cuenta que, para Alex, la medalla poseía poco significado religioso. Sin embargo, desde el punto de vista emocional, su valor no tenía precio. Era un recordatorio constante del amor de su padre. Intuía que si dentro de treinta años volvía a encontrarme con Alex, iba a tener esa medalla alrededor de su cuello.

¿Qué hace de un regalo un regalo?

Los regalos son evidencias visibles y tangibles del amor. Es importante comprender la naturaleza esencial de un regalo. La palabra griega de la cual procede la palabra «regalo» o «don» es *caris*, que significa gracia o un regalo inmerecido. De acuerdo con su verdadera naturaleza, un regalo no es algo que merezca un joven; se da porque el padre desea expresar su amor incondicional. Algunos padres fallan y no se dan cuenta de eso; piensan que les dan regalos a sus hijos cuando en realidad solo les pagan un servicio realizado. A decir verdad, cuando esto ocurre, no están hablando el lenguaje del amor llamado *regalos*.

Por ejemplo, Berta le dijo a su hija de quince años de edad, Amanda: «Si vas y limpias tu habitación, en cuanto termine la cena, vamos al centro comercial y te compro el vestido que quieres». En realidad, o bien estaba tratando de manipular a su hija para que hiciera lo que quería o estaba haciendo un trueque con Amanda: «Si tú haces... te daré un vestido». O quizá ella estaba harta y cansada del hostigamiento de Amanda por el vestido y esa fue su manera de sucumbir a la exigencia mientras intentaba conseguir que la joven hiciera algo a cambio. Sea como sea, el vestido no será un regalo. Será el pago porque Amanda ordenó su habitación. Así lo dispuso Berta. Es probable que piense que está expresando amor por Amanda al regalarle un vestido, pero Amanda aceptará el vestido como algo que se merece, no como un regalo.

Para algunos padres, casi todo lo que llaman «regalos» son en realidad esfuerzos por manipular al joven, haciendo un trueque por algo que desean, o un pago por una tarea que tiene que cumplir. Los únicos momentos en el que los jóvenes reciben verdaderos regalos son en Navidad y en su cumpleaños. Por otro lado, los regalos de los padres no son regalos en lo absoluto. Por favor, no me malentiendas: *No* estoy sugiriendo que los padres nunca deban recompensarles a los hijos adolescentes por servicios prestados. Solo estoy diciendo que esos pagos no se consideran «regalos». Tal vez el joven podría hacer un acuerdo similar con algún vecino o un amigo. Si el padre puede hacer un trato mejor con él, al que consigue fuera de la casa, seguirá siendo un acuerdo y no un regalo.

Quizá te sirva de ayuda preguntarte: «¿Cuál fue el último regalo verdadero que le di a mi adolescente?». Una vez que tengas el regalo en mente, pregúntate: «¿Le exigí algo antes de dárselo?». Si fue así, no lo tomes en cuenta porque no era un verdadero regalo. Comienza de nuevo y trata de recordar cuál fue el último regalo que le diste a tu adolescente. Algunos padres se darán cuenta de que fue en la última Navidad o en su cumpleaños.

Los jóvenes no están en contra de hacer tratos con sus padres. Es más, a muchos les encanta hacerlo. Se ha convertido en una costumbre para conseguir lo que desean. Si no lo consiguen a través de una exigencia verbal, lo harán «mediante un trato» con los padres. Ese es el método regular en muchos hogares, pero no tiene nada que ver con dar regalos ni con hablar el lenguaje del amor primario de tu hijo adolescente.

El regalo y la ceremonia

La entrega de regalos debe hacerse con una cierta ceremonia. Piensa en algún regalo importante que recibiste en el pasado. ¿Cuál fue el regalo? ¿Quién te lo dio? ¿Cómo estaba envuelto? ¿Cómo te lo presentaron? ¿Acompañaron al regalo las palabras, los toques u otras expresiones de amor? Está la posibilidad de que cuanto más esfuerzo puso el dador en el envoltorio y la presentación, más amor percibiste tú. El propósito de dar un regalo no es solo que un objeto vaya de la mano de una persona a la otra. El propósito es expresar amor. Deseamos que la persona perciba el mensaje: «Me importas mucho. Eres importante para mí. Te amo». Estos mensajes emocionales tienen mejor aceptación cuando se presta atención al momento y a la forma en que se da el regalo.

Los padres harán bien en recordar eso. Cuando el regalo no se entrega de una manera especial, disminuimos el poder emocional del regalo. Juan pidió unos zapatos tenis. Mamá y papá lo llevaron hasta el centro comercial y se los compraron. Cuando salieron de la tienda, Juan los llevaba puestos y eso fue todo. Ninguna ceremonia. Muchos jóvenes se acostumbran a este procedimiento. Regalos de este tipo expresan poco amor. Si todos los regalos se dan de esta manera, eso crearía una mentalidad de derecho en la mente del joven. *Soy joven. Mis padres tienen la obligación de darme todo lo que quiero.* El joven muestra poco aprecio y el regalo tiene poco significado emocional.

No obstante, si los zapatos se llevan a casa en una caja, con papel de regalo, y se le entregan delante de otros miembros de la familia como una expresión de amor hacia el joven, acompañado por palabras de aprecio y toques físicos, el regalo de pronto se torna en un fuerte vehículo de amor. Si tú das los regalos sin ceremonia, te sugiero que le digas a tu adolescente que has elegido una forma de celebración dentro de la vida de la familia y que habrá una nueva·manera de dar regalos en el futuro. Es probable que el joven se ría o se moleste por tus esfuerzos de cambiar las normas, pero te aseguro que pronto verá tus regalos bajo otra perspectiva. Y aprenderá a hablar el lenguaje del amor de dar regalos, lo cual será muy útil cuando sea adulto.

Los regalos y el materialismo

A menudo los padres sinceros me preguntan: «Si les doy demasiados regalos a mis hijos adolescentes, ¿no fomentará esto el espíritu de materialismo tan predominante en nuestra cultura?». Este es un verdadero peligro en nuestra sociedad. La nuestra es una sociedad muy materialista. Las pegatinas en los parachoques de los automóviles dicen: «El que muere con la mayor cantidad de juguetes, gana».

Tanto los adultos como los jóvenes están ocupados coleccionando juguetes. Si poseemos el último, el mejor, el más avanzado tecnológicamente, tenemos éxito. Mientras que los adultos coleccionan muchas casas, automóviles más caros, equipos más sofisticados y las más recientes computadoras portátiles, los jóvenes coleccionan autos más rápidos, sistemas de audio más poderosos, ropas de marca, teléfonos inteligentes de mayor alcance y compran lo último de la moda para demostrar que no son como sus padres. Todos marchamos al compás de la misma música. Solo que coleccionamos juguetes diferentes.

Como padres, somos sabios si preguntamos: «¿Es eso lo que deseo enseñarles a mis hijos adolescentes?». También debemos preguntar: «¿Qué quiero hacer con mi propia vida? ¿Hay algo más en la vida que comprar y usar mis juguetes?». La mayoría de los adultos creen que hay algo más, pero muchos no son capaces de determinar lo que es, ni para ellos ni para los demás.

Creo que la respuesta se encuentra en dos arenas. En primer lugar, aprender a disfrutar las cosas comunes y corrientes, y en segundo lugar, aprender a compartirlas con los demás. Durante miles de años, antes de la revolución industrial y tecnológica de los siglos diecinueve y veinte, los hombres y las mujeres vivieron sin los «juguetes». Sin estos juguetes, la gente disfrutaba de las cosas sencillas de la vida: comer, dormir, trabajar, la música, el arte y estar en contacto con la naturaleza. Segundo, compartían esta vida sencilla con los demás. No solo existía un sentido de unión dentro del núcleo familiar, sino también un sentido de comunidad con los vecinos. Para muchos, ese sentimiento de unión se extendía a Dios, a quien se veía como el Creador y el sustentador de todo lo que existe, y la fuente de las leyes morales que regulan las relaciones entre los hombres.

El materialismo en el mundo occidental comenzó cuando el hombre creyó que era capaz de lograr algún ideal por su propio esfuerzo. Los avances industriales y tecnológicos convencieron al hombre que no necesitaba más de la ley, y que las leyes morales no eran divinas, sino que el hombre podía manipularlas. La razón humana reemplazó a Dios y los productos fabricados por la mano del hombre se convirtieron en sus ídolos. El materialismo es entonces el culto a esos ídolos. La debilidad fundamental de adorar a los ídolos es que cuando uno más los necesita no los encuentra. Cuando las relaciones humanas se rompen por lo inhumano del hombre hacia el hombre, cuando las drogas y las enfermedades por transmisión sexual destruyen a nuestros jóvenes, cuando los divorcios destrozan los matrimonios y las enfermedades a nuestros cuerpos, los «juguetes» que hemos reunido a nuestro alrededor no pronuncian ni una palabra de consuelo ni de significado. Nuestros ídolos nos abandonaron en nuestro tiempo de necesidad.

A medida que nuestra nación se enfrenta con tiempos económicos difíciles, muchos adultos en nuestra sociedad están llegando a la conclusión de que el materialismo es un pobre sustituto de los simples fundamentos de disfrutar las cosas sencillas de la vida diaria y de compartir esta dicha con otros. Muchos comienzan a mirar de nuevo hacia lo espiritual, en vez de lo material, para responder a los anhelos profundos del corazón humano que va en busca de un significado fundamental en la vida. Si esas son tus conclusiones, estarás preocupado en fomentar el espíritu del materialismo con el uso excesivo o mal uso de los regalos. Esto no significa que «escapemos» del mundo de las máquinas y la tecnología, sino que nuestro compromiso hacia realidades más profundas influirá en los regalos que elijamos y la manera en que los damos.

Te sugiero dos esferas que considero que los padres deben tener en cuenta al hablar el lenguaje del amor de los regalos.

Cuando se da dinero

El valor del dinero

Los adolescentes en la sociedad occidental son los principales consumidores; son los principales actores en un mercado multimillonario. Los anunciantes dirigen inmensas cantidades de sus planes de mercadeo hacia los adolescentes. ¿De dónde sacan todo ese dinero? En general, proviene de sus padres. Uno puede creer que si los regalos son uno de los lenguajes del amor primarios y si los padres están dando todo ese dinero a sus adolescentes, el tanque de amor del joven debería estar lleno. Bueno, es probable que no.

El problema con ese razonamiento es doble: Primero, la mayoría del dinero no se da como un regalo; está estructurado dentro del método familiar de operaciones y simplemente los hijos lo esperan. Segundo, debido a que ellos no han trabajado para ganarse ese dinero, tienen poco sentido de su valor. Así que, cuando lo reciben de sus padres, no se expresa amor a un nivel emocional profundo. Por lo tanto, ¿cómo deben manejar los padres el asunto de darles dinero a sus hijos?

Dos métodos para dar dinero

Creo que nos enfrentamos al problema en dos direcciones. La primera, debemos estimular a los adolescentes a que trabajen por dinero. Es la única manera por la que los jóvenes aprenderán el valor del dinero. Si una joven trabaja por los setenta y cinco dólares que va a gastar en esa ropa de marca, ella se dará cuenta del esfuerzo que cuesta obtener lo que desea. Se ve obligada a preguntarse: «¿Vale la pena el esfuerzo por este objeto?». Así, la adolescente se convierte en una consumidora con discernimiento. Si debe trabajar para ganarse el dinero, esto la obliga a hacer elecciones entre los objetos materiales. Si no puede tenerlo todo, se deberá hacer un juicio claro acerca de lo que más desea. Eso también, como es obvio, prepara a tu hija adolescente para el mundo real de la vida adulta.

Si a los padres les preocupa que el trabajo después de la escuela le impida a la joven disfrutar de los deportes, el teatro, las clases de música, la danza, la gimnasia u otras ocupaciones, quizá puedan considerar el pago a la joven por su esfuerzo en dichas actividades, en la misma escala salarial del restaurante local de comida rápida. Todas estas actividades requieren un diligente esfuerzo extra, igual que tener un trabajo de media jornada después de la escuela. El pago a un adolescente por esos esfuerzos tiene los mismos beneficios que un empleo a tiempo parcial. El punto aquí es que el dinero sin límites no debe darlo el padre, ni esperarse por el hijo adolescente, si queremos que nuestros jóvenes eviten los peligros del materialismo.

El segundo método es que cuando uno de los padres optan por dar dinero, lo den para fines específicos, tales como pagar por un campo de deportes o el campamento de la iglesia, para asistir a un concierto o para pagar una clase de fotografía, arte y cosas así por el estilo. De esa manera lo pueden ofrecer como un regalo, siguiendo las pautas antes mencionadas; es decir, dado de manera incondicional, entregado con una ceremonia, acompañado por palabras de afirmación, toque físico y, cada vez que sea posible, realizado en la presencia de otros miembros de la familia.

Dado que el joven trabajó y conoce ahora algo del valor real del dinero, el regalo de dinero puede apreciarse en un nivel emocional. El adolescente tiene alguna idea de cuánto le costó a sus padres ganar el dinero que ahora le da como regalo. Por lo tanto, tienen una genuina apreciación en un nivel emocional.

Cuando los padres dan el dinero sin restricciones: veinte dólares aquí, cuarenta allí, cien aquí, sin seguir las pautas de la entrega eficaz del dinero, sus regalos de dinero se pueden apreciar poco y es muy probable que fracasen en satisfacer la necesidad emocional de amor del joven. Estoy convencido de que la mayoría de los padres no aprendieron nunca a hacer del regalo de dinero un vehículo de amor emocional. Creo que las sugerencias antes dadas ayudarán a los padres a realizar esto con mayor eficiencia.

La entrega de regalos

Considera el bienestar de tus hijos adolescentes

Cuando se trata de dar regalos que no sean dinero, creo que los padres deben hacerlo con la debida consideración. Recuerda, el propósito de un regalo es decirle al joven *Te amo* a un nivel emocional. Por lo tanto, deben preguntarse: «¿Estoy convencido de que este regalo es para el bienestar de mi adolescente?». Si la respuesta es «no», los padres no pueden darle ese regalo al joven de manera consciente. Es obvio que esto dejaría fuera la entrega, digamos, de drogas ilegales a nuestros jóvenes, pero también puede descartar una serie de regalos más probables o convencionales.

Démosle un vistazo a un escenario específico que se presenta con regularidad: En Estados Unidos, se ha convertido en algo muy común entre los padres adinerados de la clase media regalarle un auto a su hijo de dieciséis años de edad. No estoy sugiriendo que esto siempre sea malo para el joven. A lo que me refiero es a que los padres necesitan hacerse esta pregunta: «¿Es bueno regalarle un automóvil a mi hijo?».

Existen muchos factores involucrados en la respuesta a esta pregunta. Uno es el nivel de madurez y responsabilidad del adolescente. Algunos jóvenes no están preparados emocionalmente para un auto a los dieciséis años de edad.

Otros jóvenes no han demostrado un suficiente nivel de responsabilidad en otras esferas que justifique el regalo de un auto.

Suponiendo que el padre llegue a la conclusión de que el auto sería bueno para el joven, podría entonces preguntarse: «¿Regalarle el auto a mi hijo adolescente es lo mejor? ¿Es preferible exigirle al joven que trabaje para que pague por el auto o parte de él? ¿Conseguiría esto fomentar el uso responsable del automóvil más que si fuera un simple regalo?». Este es el tipo de preguntas que deben hacerse los padres juiciosos. No existe una sola norma que sea la mejor para todos los padres y los jóvenes. Sin embargo, es probable que los padres que no piensan en esas preguntas tomen decisiones imprudentes respecto a si deberían regalarles un automóvil a sus jóvenes y de qué forma.

Preguntas similares surgen cuando hablamos acerca de darles a nuestros hijos una educación universitaria. ¿Solo se trata de que se espera que, si los padres pueden costear la educación universitaria de su hijo adolescente, su responsabilidad sea hacerlo? De nuevo la pregunta debe ser esta: «¿Qué es lo mejor para el joven?». Los padres quieren hacerlo con todo su amor, velando por los intereses de su hijo. ¿Es más amoroso dejar que él pague parte de sus estudios? Si los padres deciden pagar todos los gastos de su educación, ¿qué se puede esperar o debería esperarse del adolescente? ¿Deberíamos pensar en cuanto a un regalo incondicional o deberíamos pensar en enseñarle responsabilidad? Este quizá no sea el momento de un regalo incondicional de cuarenta mil dólares al año, por los próximos cuatro años. Tal vez no sea el tiempo de hablar el lenguaje del amor de los regalos, sino más bien el período para que el joven aprenda a hablar el lenguaje de los actos de servicio; o quizá sea necesaria la combinación de ambos lenguajes del amor. Lo importante es que sepamos lo que hacemos y cómo lo hacemos.

Si opto por darle a mi hijo un regalo incondicional: pagar todos los gastos del primer año de la universidad sin importar cómo responda, esa es mi elección. Aun así, quizá debería delimitar este ofrecimiento a un año mientras observo su respuesta al proceso educacional, en vez de darle un obsequio incondicional de cuatro años.

Si como padre comprendo lo que hago y por qué lo hago, será menos probable que a la larga me sienta defraudado. No obstante, si manejamos estos asuntos de automóviles y universidades sin pensarlo, nos preparamos para una desilusión. Cuántos padres dijeron después: «Le di cuatro años de universidad, sin ningún compromiso, y apreció poco mi regalo». Es probable que los padres violaran los principios de hacer una evaluación esmerada antes de dar semejantes regalos. A veces, el joven razona así: «No tengo por qué ir a la universidad. Ellos querían que fuera. Yo lo encontré aburrido. ¿Por qué tienen que estar disgustados?».

Con poco aprecio por el esfuerzo que realizaron los padres para pagar los gastos de la universidad, el joven se va, no solo sin apreciarlo, sino sintiéndose rechazado por sus padres. Su tanque de amor está vacío y el regalo de los padres es ineficaz.

Considera sus intereses

Otro aspecto crítico en la entrega de regalos es el hijo adolescente en sí: ¿Cuáles son sus intereses? Recuerda el regalo que recibiste de alguien en el pasado, algo que usaste poco y que no deseabas. Te das cuenta que la persona que te lo dio gastó una considerable suma de dinero en el regalo. Apreciaste su gesto, pero el obsequio en sí carece de importancia. Es posible que nosotros les demos regalos similares a nuestros hijos. Si deseamos que nuestros regalos sean emocionalmente eficaces en la comunicación de amor a nuestros jóvenes, debemos tener en cuenta sus intereses. En lugar de comprar algo espectacular que a nosotros nos guste, ¿por qué no comprar algo de acuerdo con los gustos de nuestro hijo adolescente?

Esto lo puedes hacer siendo sincero. Solo dile a tu adolescente: «Si decidiera comprarte algo este mes, ¿me harías una lista de dos o tres cosas que quisieras tener? Sé tan específico como puedas. Dame nombres de las marcas, colores, etcétera». Casi todos los muchachos se sentirían felices complaciéndote. (La mayoría de las esposas desearía que sus esposos les hagan esta pregunta de vez en cuando). Si la información que te da tu hijo adolescente es ambigua, pídele que te acompañe al centro comercial y que te muestre con exactitud cuál regalo le gustaría. Regresa más tarde, compra ese regalo y sigue las pautas de envolverlo y presentarlo que te recomendamos antes. ¿Por qué comprar un disco compacto que tu adolescente nunca escucharía, una camiseta que nunca se pondría o un vestido que ella encontraría horrible?

Regalos en privado y apreciados

No todos los regalos deben darse frente a la familia. El valor de algunos regalos se puede realzar a través de una presentación en privado. Cuando mi hija Shelley tenía trece años de edad, la invité a dar un paseo conmigo a la aldea de Old Salem (una restaurada villa morava en nuestra ciudad). El paseo no era desconocido para nosotros porque con frecuencia caminábamos por la aldea. Sin embargo, en esta ocasión, nos sentamos al lado del pequeño estanque de peces y le obsequié una cadena de oro con una pequeña llave. Se la di porque pensaba que era una hermosa expresión acerca de lo mucho que la valoraba y lo feliz que estaba por sus logros en la vida. Le dije que la llave era para su corazón y su cuerpo, y que mi deseo era que se mantuviera pura y que, algún día, esa llave se la diera a su esposo.

En pocas palabras, fue un tierno momento para los dos. Para su disgusto, perdió la llave algunos años después, pero el recuerdo de mi presentación fue suyo para siempre. El regalo físico desapareció, pero el símbolo detrás del regalo lo llevó en su corazón y su mente a través de los años. Shelley tiene ahora una pequeña hija, Davy Grace, y no me sorprendería que algún día Davy recibiera una llave de oro de su padre.

No solo existen los regalos en privado, sino también los regalos apreciados. Toda familia tiene algunos de esos. No necesariamente son regalos que cuestan mucho dinero, pero son tesoros por el significado que tienen para la familia. El tesoro puede ser un anillo, un collar, un cuchillo, un libro, un bolígrafo, una Biblia, una colección de sellos de correos o cualquier cosa que tenga un significado especial para los padres. Pueden ser cosas que se traspasaron de generaciones anteriores o simplemente cosas compradas con el propósito específico de dárselas al hijo. A esta clase de regalos les damos un valor sentimental.

Esos obsequios pueden darse en privado o en presencia de otros familiares. Aun así, deberían darse con cierta ceremonia, incluyendo discursos acerca de su significado y simbolismo, y acompañado de cálidas expresiones de afecto verbales y físicas hacia el joven.

Con el paso de los años, esos regalos se convertirán en símbolos de amor en el corazón del adolescente. Cuando esté pasando por momentos emocionales difíciles, estos regalos estarán en sus habitaciones recordándoles el verdadero amor de sus padres. Con frecuencia, cuando mira sus tesoros, le vienen a la mente las palabras de apoyo de sus padres. Revive el cálido afecto del amor. Todo joven necesita tener algunos de estos regalos.

Los falsos regalos

Existe una clase de regalos que no necesita el joven. Son a los que les llamo falsos regalos. Estos son los diseñados para que ocupen el lugar del verdadero amor. Son los que dan los padres ocupados y a veces ausentes; padres que están tan prisioneros de los negocios que tienen poco tiempo para hablar el lenguaje del amor del tiempo de calidad, de los actos de servicio, de las palabras de afirmación o del toque físico, por lo que tratan de suplir este déficit dándole al joven regalos, algunas veces costosos.

Una madre soltera dijo: «Cada vez que mi hija de dieciséis años visita a su padre, vuelve a casa con una maleta llena de regalos. Él no está dispuesto a ayudarme con sus cuentas médicas ni dentales, pero siempre tiene dinero para regalos. Raras veces la llama por teléfono y solo pasa con ella dos semanas en el verano. Sin embargo, de alguna manera se supone que los obsequios lo arreglan todo». Se ha vuelto algo común esta costumbre de dar regalos por parte de los padres que no tienen la custodia. El muchacho recibe los regalos, expresa con palabras su agradecimiento y regresa a su casa con su tanque de amor vacío. Cuando los regalos se dan como un sustituto del verdadero amor, el joven los ve como los falsos regalos que son en realidad.

Este fenómeno no solo ocurre cuando los padres están divorciados, sino que sucede a menudo cuando ambos viven con el joven en la misma casa. Ocurre sobre todo cuando los padres tienen profesiones que les exigen mucho. Están repletos de dinero, pero escasos de tiempo. El joven se prepara su desayuno, va a la escuela, vuelve, abre la puerta, entra a una casa vacía y hace lo que quiere hasta que regresan sus padres con sus energías agotadas. La familia ingiere juntos una cena que compraron en un restaurante de comidas rápidas, cada uno va a su propia computadora y al otro día se repite el proceso. En este tipo de familia los falsos regalos se dan con regularidad. El dinero se gasta sin pensarlo mucho, los regalos se compran con rapidez y el joven posee todo lo que desea, excepto el amor de sus padres. Estos falsos obsequios nunca llenarán el tanque de amor del joven solitario, ni a fin de cuentas quitarán la culpa del padre que se mantiene al margen.

Este es para mí un buen momento para volver a lo que expresé al principio de nuestra charla acerca de los cinco lenguajes del amor. Los jóvenes necesitan recibir el amor de sus padres en cada uno de los cinco lenguajes del amor. El mensaje de este libro no es hablar solo el lenguaje del amor primario del joven y pasar por alto los otros cuatro. Lo que trato de decir es que el lenguaje del amor primario del joven le hablará de manera más profunda y llenará con más rapidez su tanque de amor. Aun así, también deberá complementarse hablando los otros cuatro lenguajes. Una vez que el joven reciba suficiente amor en su lenguaje del amor primario, los otros cuatro lenguajes del amor adquirirán más importancia. Por otro lado, si los padres pasan por alto el lenguaje del amor primario del joven, es muy probable que los otros cuatro no llenen su tanque de amor.

Si el lenguaje del amor primario de tu hijo es recibir regalos, los principios de este capítulo serán muy importantes para ti. En muchas formas, este es el más difícil de los lenguajes del amor. En realidad, pocos padres hablan este lenguaje con fluidez. Muchos improvisan en sus esfuerzos de comunicar su amor dando regalos a los hijos. Si tú tienes la más mínima sospecha de que el lenguaje de amor primario de tu hijo adolescente es el de los regalos, no solo te sugiero que vuelvas a leer este capítulo, sino que lo discutas a fondo con tu cónyuge y que juntos evalúen sus anteriores normas de dar regalos.

Qué dicen los jóvenes

Al identificar tus debilidades en tus patrones de dar regalos e implementar algunas de las sugerencias positivas que aparecen en este capítulo, aprenderás cómo hablar con eficiencia este lenguaje. En el próximo capítulo te explicaré cómo puedes descubrir el lenguaje del amor primario de tu hijo. Aunque, antes, escucha lo que dicen los jóvenes que muestran que su lenguaje del amor primario es recibir regalos.

A Michelle, de quince años de edad, le preguntaron cómo sabía que sus padres la amaban. Sin titubear, señaló su blusa, su falda y sus zapatos. Entonces dijo: «Todo lo que tengo me lo dieron ellos. Para mí, esto es amor. No solo me dieron lo que necesitaba, sino mucho más. En realidad, comparto cosas con mis amigas cuyos padres no están en condiciones de afrontar esos gastos».

Silvia está cursando el último año del instituto. Hablando de sus padres, dijo: «Miro por toda mi habitación y veo constantes recordatorios del amor de mis padres. Los libros, la computadora, los muebles, la ropa, todo me lo han dado mis padres en los últimos años. Todavía recuerdo la noche en que me regalaron la computadora. Mi padre ya la había conectado y mi mamá la había envuelto en un papel dorado». Cuando corté la cinta, en la pantalla de la computadora se podía leer: «Feliz cumpleaños, Silvia. Te amamos».

Ricardo, de catorce años de edad, dijo: «Creo que sé que mis padres me aman mucho porque me dan mucho. A menudo me sorprenden con cosas que ellos saben que me gustaría tener. No es solo lo que me dan, sino la forma en que lo hacen. Mis padres le dan gran importancia al hecho de dar regalos, y ni siquiera tiene que ser mi cumpleaños».

Jeffrey tiene diecisiete años de edad y está orgulloso de tener su automóvil. Lo explicó así: «Ese automóvil me lo dio toda mi familia. Mi padre y yo lo compramos a la mitad, pero todo lo demás lo recibí como un regalo. Las alfombras del piso me las regaló mi hermana festejando la compra del auto. Mamá y papá me regalaron el estéreo cuando cumplí diecisiete años. Los tapacubos me los regaló mamá, me dio uno cada semana durante cuatro semanas, siempre en una noche diferente, para que fuera una sorpresa para mí».

Sergio tiene quince años de edad y está en octavo grado. Tuvo muchos problemas de salud y perdió muchos días de clases. «Yo sé que tengo muchos problemas. La mayoría de los muchachos de mi edad juegan pelota y todas esas cosas. En la escuela, tengo un año de atraso con relación a la mayoría de los muchachos de mi edad. Sin embargo, en mi opinión, soy el muchacho más feliz del mundo. Mis padres se aman entre sí, me aman a mí y aman a mi hermana. Siempre están sorprendiéndome con cosas. Yo soy un fanático de la informática, pero de alguna manera mi papá descubre un programa nuevo antes que yo. Cuando veo una vela encendida sobre la mesa, sé que después de la cena habrá una celebración. Por lo general, papá encontró un nuevo programa para mí, por lo que tenemos una fiesta y lo celebramos».

Si el lenguaje del amor de tu hijo adolescente es
REGALOS:

Cuando se trata de dar regalos, a muchos padres hay que recordarles que el regalo equivale tanto al amor detrás de darlo como el regalo mismo. La creatividad es más importante que el dinero cuando se trata de regalos para tu adolescente.

> ➤ *Selecciona presentes que se ajusten a los intereses de tu adolescente, escogiendo regalos que se perciban apropiados para el joven.*

> ➤ *Cuando salgan de compras, dales a tus jóvenes una «asignación» fija que pagarás por un artículo que seleccionen.*

> ➤ *Mantén una pequeña colección de regalos económicos empaquetados para tus jóvenes. Luego, dáselos uno a uno a medida que sientas que hay una necesidad.*

> ➤ *Cuando estés lejos de casa, lleva caramelos o chicles que puedas obsequiar como pequeños regalos.*

> ➤ *Haz una comida especial que sepas que le gusta a tu adolescente, llévalo a un restaurante especial o prepárale su postre favorito.*

> ➤ *Comienza una colección de cajas de regalos singulares y papeles de envolver que pueda usarse para empaquetar hasta los presentes más sencillos.*

> ➤ *Cuando estés fuera de casa, envía por correo un pequeño paquete para tu adolescente con su nombre en letras grandes.*

➢ Mantén una «bolsa de regalo» de pequeños presentes económicos de los que tu adolescente puede escoger por hacer algo positivo. Estos regalos pueden incluir también «cupones» para privilegios especiales, tales como permitirles a tres amigos que se queden en casa ese fin de semana o escoger el lugar donde la familia coma la próxima vez que salgan.

➢ Dales a tus jóvenes una «canción», ya sea una que hicieras tú o una especial que seleccionaras porque hace que te acuerdes de ellos.

➢ Crea una búsqueda de un regalo que incluya un mapa y pistas a lo largo del camino hacia la sorpresa principal.

➢ Oculta un pequeño regalo en el bolsillo del abrigo de tu adolescente con una nota alentadora.

➢ Si estás separado de tus jóvenes unos días, deja un pequeño paquete para cada día con un regalo especial y una nota que les recuerde lo mucho que los amas.

➢ En lugar de gastar dinero en un regalo mayor para un cumpleaños, celebra una gran fiesta de cumpleaños con sus amigos, alentando a cada persona a traer un regalo o una tarjeta.

➢ Considera un regalo que dure, tales como un árbol que puedan plantar juntos, un juego de mesa que puedan jugar los dos en el futuro o un cuadro que pueda colgar en su habitación.

➢ Compra un anillo o un collar que use tu adolescente que sea solo tuyo.

➢ Para el cumpleaños o Navidad, compren juntos un regalo especial que incluya la opinión de tu adolescente en el proceso. Este regalo especial que añade la participación personal en la decisión puede crear un regalo muy significativo.

➢ Durante la temporada de vacaciones por Navidad, compren juntos un regalo para algún necesitado, en asociación con programas que entregan regalos a niños pobres, el Ejército de Salvación o una organización similar.

➢ Da pistas que conduzcan hacia un próximo regalo especial. Una «cuenta regresiva» de las notas tales como: «Solo faltan cuatro días para el día del presente», ayudará a crear una inmensa expectación y una tremenda cantidad de amor para los que disfrutan en especial los regalos.

➢ Envía flores o caramelos que se entregarán en la escuela con una nota que reconozca un logro académico o extracurricular.

Capítulo 8

Descubre el lenguaje
del amor primario
de tu joven

«No sé cómo descubrir su lenguaje del amor primario», dijo Cristina acerca de su hija de catorce años
de edad, Keila. «Parece que cambia cada día. Lo que le gus-
tó ayer lo rechaza hoy. Parece tan cambiante de humor que
nunca sé qué esperar de ella».

El lenguaje del amor primario de los jóvenes no se descubre con tanta facilidad como en los niños pequeños. Nuestros jóvenes, al igual que Keila, están pasando por un estado
de transición radical. Cuando una persona se encuentra en
un estado de transición, y las cosas en su mundo exterior
están cambiando mientras su mundo interior de ideas, sentimientos y deseos se encuentran en un estado de desequilibrio, responde de maneras diferentes en situaciones distintas.

El desafío

Los jóvenes temperamentales

La mayoría de los jóvenes se pasan varios años en este estado de desequilibrio. A veces, esta inestabilidad emocional es más intensa que en otras ocasiones; por eso observamos con frecuencia que es difícil saber cómo pueden responder ante una situación dada. Como adultos, damos por sentado que si un compañero de trabajo respondió de manera positiva el mes pasado a mi palmadita en la espalda, tendrá una respuesta similar este mes. Mientras que esto casi siempre es cierto entre los adultos, no es así con los jóvenes. Su respuesta está bajo la influencia de su estado de ánimo, que fluctúa varias veces al día. La expresión de amor que aceptan después del desayuno quizá sea la que rechacen después de la cena.

Dado que el joven se encuentra en un período de transición, sus actitudes cambian con rapidez, a menudo impulsadas por sus emociones cambiantes. Los deseos fluctúan también en gran medida. Ayer, la cosa más importante del mundo era conseguir una marca específica de zapatos de baloncesto. Tu hijo adolescente insistió tanto que dejaste tus planes para la noche y te fuiste al centro comercial. Dos días más tarde, tu joven se va para la cancha de baloncesto con un par de zapatos viejos muy usados, y tú te quedas moviendo la cabeza murmurando: «No entiendo a este muchacho». La experiencia de Cristina con Keila refleja la típica frustración de relacionarse con una adolescente normal, la cual quizá no parezca tan normal.

Jóvenes independientes

Además de los fluctuantes estados de ánimo, deseos y comportamientos, el sentimiento de independencia en desarrollo es otra razón para que los padres encuentren difícil determinar el lenguaje del amor primario de los jóvenes. Nos referimos varias veces a esta realidad en los capítulos anteriores. El proceso normal durante la adolescencia es esta «independencia» de los padres y establecer una identidad personal. La palabra *adolescente* en sí misma significa «escaparse». Ya Keila no desea que la conozcan como la hija de Cristina. Está tratando de establecer una identidad aparte de la de su madre. La obtención de la independencia es un paso hacia el desarrollo de esta identidad propia.

Debido a que la identidad personal también es un proceso, Keila está tratando de decidir si quiere que la conozcan como «Keila, la estrella del baloncesto; Keila, la estudiante que está en el cuadro de honor; Keila, la buena amiga; Keila, la chica de los cabellos rubios cortos o Keila, la bailarina». Dado que no ha determinado cuál o cuántas de estas identidades desea, a menudo se mueve entre cualquiera de esas características que la distinguen. Cuando piensa de sí misma como Keila, la estrella del baloncesto, quizá no desee tiempo de calidad con su madre. Sin embargo, cuando piensa en Keila, la buena amiga, podrá tener muy buena respuesta al tiempo de calidad. De esta manera, su emergente independencia y el sentimiento de identidad propia en desarrollo hacen muy difícil la tarea de determinar su lenguaje del amor primario.

Jóvenes distanciados o enojados

A veces parece que el joven retrocede ante todas las expresiones de amor. Tú le dices una palabra de afirmación y te contesta: «No te pongas sentimental» o «Me estás avergonzando». Tratas de abrazarlo y te dispara los dedos como un cacto lleno de espinas. Le haces un regalo y no recibes más que un mecánico: «Gracias». Le preguntas si lo puedes invitar a cenar afuera y te responde: «Voy a cenar con mis amigos». Le preguntas si quiere que le cosas el botón de la chaqueta y te responde: «No necesito botones». Pruebas con los cinco lenguajes del amor y te rechazan.

En ciertas ocasiones, el joven se aleja del amor de los padres debido a enojos sin resolver entre ellos y el joven. (Analizaremos esto en los capítulos 9 y 10). Sin embargo, la mayoría de las veces, su rechazo a todas las expresiones de amor de los padres se puede explicar en relación con su humor cambiante, sus pensamientos y deseos, su incipiente independencia y el desarrollo de su identidad propia. Dicho en pocas palabras, el joven solo se comporta como un joven.

Por fortuna, los jóvenes tienen momentos de lucidez y responden a las expresiones de amor de los padres. No todo está perdido. Tú *puedes* descubrir cuál es el lenguaje del amor primario de tu hijo adolescente.

¿Ha cambiado su lenguaje del amor primario?

Supongo que muchos de los padres que leen este libro también leyeron mi libro *Los cinco lenguajes del amor de los niños*. Quizá cuando tu hijo era pequeño, identificaste su lenguaje del amor primario y lo hablaste con fluidez por varios años. Ahora te preguntas: «¿Ha cambiado su lenguaje del amor?». La buena noticia es que dicho lenguaje no cambió cuando se convirtió en adolescente. Sé que algunos de ustedes quizá digan: «Pero yo hago las mismas cosas que hacía cuando era un niño y ahora no responde». Lo comprendo y voy a referirme a esa realidad en un momento. Sin embargo, antes quiero afirmarte que el lenguaje del amor primario no cambia cuando el niño se convierte en un joven.

¿Por qué los jóvenes parecen cambiar su lenguaje del amor primario?

Existen varias razones por las que los padres a veces creen que cambió el lenguaje del amor primario de su hijo adolescente. *En primer lugar, el joven quizá se esté alejando del lenguaje del amor que antes parecía llenar su tanque de amor*. Esta resistencia se puede explicar por las razones que hemos analizado: estados de ánimo cambiantes, pensamientos y deseos, su incipiente independencia y el desarrollo de su identidad propia. Es más, tal vez se aparte por un tiempo, no solo de su lenguaje del amor primario, sino de todas las expresiones de amor.

Existe una segunda razón por la que es probable que pienses que cambió el lenguaje del amor primario del joven con respecto al de su niñez. *Cuando una persona está recibiendo suficiente de su lenguaje del amor primario, su lenguaje de amor secundario se torna más importante.* Jared, de quince años de edad, se inclina al toque físico. Sus padres aprendieron cuando Jared tenía diez años que su lenguaje del amor primario era el toque físico. Ambos padres encontraron fácil hablar ese lenguaje, por lo que lo hablaron desde que el muchacho era un niño. En estos últimos años, Jared se quejó: «¿Sabes? Me esfuerzo en el trabajo por aquí, pero nadie lo aprecia siquiera». Jared está pidiendo palabras de afirmación. Esta no es la primera vez que sus padres escuchan esta queja. Se preguntan si ha cambiado su lenguaje del amor. La realidad es que para Jared, las palabras de afirmación son su segundo lenguaje del amor. Si sus padres desean satisfacer la necesidad de amor del joven, deberán decirle más palabras de afirmación mientras siguen hablando su lenguaje del amor primario: el toque físico.

La tercera posibilidad es que en un principio los padres malinterpretaran el lenguaje del amor primario del niño. Esto no es extraño porque los padres tienden a ver a sus hijos a través de sus propios ojos en lugar de los ojos del niño. Es fácil pensar que como nuestro lenguaje es el toque físico, también lo será el del niño. Tenemos la tendencia a creer lo que queremos, en vez de lo que es verdadero desde la perspectiva del niño. Mientras los padres le expresaban a su hijo su amor en los cinco lenguajes, el niño recibía suficiente de su lenguaje primario y su tanque de amor permanecía lleno. Sin embargo, en los años de la adolescencia, debido a que los padres se sintieron rechazados, dejaron de hablar uno o más lenguajes del amor mientras continuaban enfocándose en el que creían que era su lenguaje primario. En este caso, el lenguaje del amor primario del joven no ha cambiado. El problema era un diagnóstico indebido.

El momento de aprender un nuevo dialecto

Ahora bien, ¿qué pasa con el padre que dice: «Está bien, pero yo hago las mismas cosas que hacía cuando era niño y ahora no me está respondiendo»? Esta fue la experiencia de Patricia.

—Desde hace mucho tiempo, sabía que el lenguaje del amor primario de Tony eran las palabras de afirmación. Siempre lo apoyo con palabras, pero ahora que tiene catorce años, me dice: "Mamá, no digas eso. Mamá no sigas diciendo eso. Mamá, no quiero oír eso". Esto es muy confuso para mí —me dijo ella.

—Dime algunas de las palabras de afirmación que le dijiste a Tony —le pedí a Patricia.

—Le digo cosas como: "Eres el mejor. Estoy muy orgullosa de ti. Eres muy inteligente. Eres muy bien parecido". Las cosas que siempre digo.

Aquí radica el problema: Patricia continúa diciendo las mismas palabras que siempre le había dicho a su hijo. Raras veces los jóvenes desean escuchar el mismo dialecto de su niñez. Dado que esas palabras las escuchaban cuando eran niños, las asocian con la niñez. Están tratando de independizarse y no quieren que los traten como niños.

Los padres que deseen que sus hijos se sientan amados deben aprender nuevos dialectos. Le sugerí a Patricia que eliminara los dialectos que usó durante años y que experimentara con nuevas expresiones verbales de amor, utilizando más palabras adultas tales como: «Admiro la firme posición que adoptaste por ese muchacho que criticaron en la escuela... Aprecio tu arduo trabajo en el césped... Confío en ti porque sé que respetas los derechos de los demás». Estas declaraciones expresan una alta consideración hacia el joven, pero no tienen el mismo sentido infantil. También le sugerí que comenzara a llamarlo Antonio en lugar de Tony. Me miró sorprendida y me dijo:

—¿Sabe? Tony me dijo lo mismo. Es difícil decirle Antonio cuando toda la vida le dije Tony.

Sabía que Patricia tenía ardua tarea por delante, pero confiaba en que iba a poder hacer los cambios necesarios.

Rogelio también me mostró la necesidad de aprender nuevos dialectos cuando me contó acerca de las nuevas respuestas de su hijo como un adolescente. «Por largo tiempo supe que el lenguaje del amor primario de Alexis eran los actos de servicio», me dijo Rogelio. «Cuando era más chico, me traía sus juguetes para que se los reparara. Creo que pensaba que yo arreglaba cualquier cosa. Cuando se marchaba con un juguete reparado o una tarea de la escuela terminada, por el brillo de sus ojos podía ver que se sentía amado. Sin embargo, desde que Alexis se convirtió en un joven, me doy cuenta que ya no me pide que lo ayude. El otro día estaba trabajando en su bicicleta. Cuando me ofrecí para ayudarlo, me dijo: "Gracias, papá, pero puedo hacerlo solo". Raras veces me pide que lo ayude con sus tareas escolares. Ya no me siento unido a él y me pregunto si él se siente unido a mí».

Si el lenguaje del amor primario de Alexis son los actos de servicio, es probable que no esté sintiendo el amor de su padre igual que antes. No obstante, es obvio que ya no busca en Rogelio lo que buscaba de niño. Aprendió a hacer cosas solo, lo cual alimenta su emergente independencia y su identidad propia que está madurando.

Rogelio debe aprender a hablar nuevos dialectos de actos de servicio. Le sugerí que buscara cosas que Alexis no sepa hacer y se ofreciera enseñarle. Es obvio que Alexis desea hacer solo las cosas. Esto aumenta su sentido de madurez. Si Rogelio le ofrece a su hijo enseñarle cómo limpiar un carburador, cambiar las bujías, realinear los frenos, construir un estante para libros o cualquier otra cosa por la que muestre interés, tal vez descubra que Alexis está dispuesto a recibir esa clase de actos de servicio. Su relación emocional con Alexis iría en aumento. Y Alexis se sentiría seguro con el amor de su padre.

El aprendizaje de nuevos dialectos quizá sea difícil. Todos somos criaturas de costumbres. Continuar expresando nuestro amor a los hijos de la misma manera en que lo hacíamos cuando eran niños, es muy natural. Nos parece cómodo. Aprender nuevos dialectos significa esfuerzo y tiempo, pero si deseamos que nuestros jóvenes se sientan amados, debemos estar dispuestos a emplear esas energías para aprender nuevos dialectos de su lenguaje del amor primario.

Descubre el lenguaje del amor
primario del joven

Si este libro es tu primer contacto con el concepto del lenguaje del amor, no buscaste el lenguaje del amor primario de tu hijo cuando era un niño y ahora que es un joven no tienes ninguna pista acerca de cuál es su lenguaje del amor primario, te sugeriré tres pasos que debes seguir. En primer lugar, haz preguntas; en segundo lugar, haz observaciones; y, en tercer lugar, experimenta.

1. Haz preguntas

Si deseas saber lo que está pasando en la mente de tu adolescente, tienes que hacer preguntas. «Olvídelo», me dijo un padre. «No importa cuál sea la pregunta, siempre recibo una de estas tres respuestas: "No sé"; "Está bien" o "Lo que sea". Estas tres respuestas se usan para explicarlo todo, cualquier cosa y nada». Comprendí la frustración de ese padre. Es verdad que a veces los jóvenes *gruñen* en vez de hablar, pero la realidad es que la única manera de saber a ciencia cierta lo que piensan y sienten es cuando optan por revelar estos pensamientos y sentimientos, así que no te rindas.

Los jóvenes son más propensos a revelar lo que les pasa si se les hacen preguntas. No muchos de ellos inician una conversación diciendo: «Déjame sentarme aquí y decirte lo que pienso y siento». Por otro lado, es más probable que te digan: «Déjame decirte lo que quiero». Los jóvenes son más libres para expresar sus deseos que sus pensamientos y emociones. Con frecuencia, se encuentran encerrados en su mente hasta que los padres formulen la pregunta adecuada.

En tus esfuerzos por descubrir el lenguaje del amor primario de tu hijo, las preguntas pueden ser tus mejores aliadas. Andrea le dice a Karen, su hija de quince años de edad: «Leí algunos libros acerca de la crianza de los hijos. Me doy cuenta de que no soy una madre perfecta. Mis intenciones fueron buenas, pero a veces hago y digo cosas que te lastiman. Por otro lado, no siempre estoy segura de que sientas que estoy a tu disposición cuando me necesitas. Quiero hacerte una pregunta seria. *Desde tu perspectiva, ¿qué podría mejorar nuestra relación?*».

La respuesta de Karen fue una que Andrea recordará siempre. «Mamá, si en verdad deseas saberlo, te lo diré, pero no te enojes conmigo. Cuando trato de hablar contigo, nunca siento que tengo toda tu atención. Siempre estás bordando, leyendo un libro, revisando las facturas, mirando televisión, lavando la ropa o haciendo cualquier otra cosa.

»Siempre estás haciendo algo. Siento que te estoy molestando cuando trato de hablar contigo. Desearía que algunas veces estuvieras sentada hablando conmigo sin hacer otra cosa».

Andrea lo preguntó y lo supo. La respuesta a su pregunta reveló el lenguaje del amor primario de Karen, su mayor anhelo era por tiempo de calidad, por una atención total de su madre.

Marcos, el esposo de Andrea, le hizo una pregunta diferente a su hijo de dieciséis años de edad, William, pero se encontró con la misma franqueza que mostró Karen. Una noche, mientras llevaba a su hijo a un encuentro de atletismo, Marcos comenzó a decir:

—Hace tiempo que pienso en la necesidad de hacer algunos cambios en mi vida. He pensado de manera más específica en cómo ser un mejor esposo para tu madre y un mejor padre para ti y Karen. Me gustaría saber lo que piensas, así que quiero hacerte una pregunta. *Si pudieras cambiar algo en mí, ¿qué cambiarías?*

William pensó al respecto por un tiempo que a Marcos le pareció una eternidad, pero al final dijo:

—De muchas formas eres un buen padre. Aprecio lo mucho que trabajas y las cosas que me has dado. Sin embargo, a veces siento como que no te agrado. No importa cuánto me esfuerce, todo lo que consigo de ti son las críticas. Sé que quieres que ponga todo de mi parte, pero cuando me criticas a cada momento, siento deseos de darme por vencido.

Por fortuna, Marcos fue sincero al hacerle la pregunta y estaba dispuesto a escuchar. Le respondió:

—Lo que oigo es que tú dices que te critico demasiado y con frecuencia no expreso mi aprecio por lo mucho que te esfuerzas.

—Sí, no digo que nunca me critiques, papá, pero de vez en cuando sería bueno saber que hice algo que te agradó —le respondió William.

En su interior, Marcos todavía no se había recuperado del impacto por las declaraciones de William, por lo que solo dijo:

—Me alegro que me lo dijeras, lo voy a pensar y me ocuparé de eso —dijo y, después, extendió el brazo y palmeó la espalda de su hijo mientras entraban al estacionamiento del campo deportivo.

Toda la noche, la palabra *crítica* se mantuvo dando vueltas en la mente de Marcos. No era consciente de que había criticado tanto a William. En realidad, no lo veía como una crítica. *Sí, yo corrijo a William*, se dijo. *Le señalé las partes que se olvidó al lavar el automóvil. Y le recordé que el deshecho de reciclado debía llevarlo a la calle, ¿pero crítica?* Marcos hablaba consigo mismo mientras él y William observaban el juego. *Sí, la crítica. Eso es lo que oye William, crítica. Que nunca me deja conforme; que lo que hace nunca está bien hecho.* Marcos casi se olvida de que él hizo la pregunta con la esperanza de descubrir alguna pista acerca del lenguaje del amor primario de William.

De repente, tuvo la vaga intuición de que William le reveló su lenguaje del amor: palabras de afirmación. Deseaba que lo apreciaran. *Lo que hice*, se dijo Marcos, *fue decirle palabras negativas, de crítica en lugar de palabras positivas de afirmación. No era de extrañarse, entonces, que a veces sintiera que William no deseaba estar conmigo.* Marcos tomó la decisión de hablar con Andrea y pedirle que lo ayudara a darse cuenta de los momentos en que le diera palabras de crítica a William y que lo ayudara a aprender la manera de afirmarlo con palabras. Marcos sintió que se le humedecían los ojos. Se los limpió, y cuando la multitud a su alrededor comenzó a gritar, se volvió hacia William y le dijo:

—Te quiero mucho. Disfruto mucho cuando estoy contigo.

—Gracias, papá —le respondió William sonriendo y dándole una palmadita en la espalda a su padre.

Con una sola pregunta, Marcos descubrió el lenguaje del amor primario de su hijo adolescente.

Existen otras preguntas que pueden hacer los padres y que logran estimular una información del joven revelando su lenguaje del amor. «¿Quién dirías que es tu mejor amigo?» Cuando el adolescente responde: «Pablo», entonces le preguntas: «¿Qué hace Pablo para que sientas que es tu mejor amigo?». Tu adolescente responde: «Me escucha cuando hablo y trata de comprender». Tu hijo acaba de revelar que el tiempo de calidad es su lenguaje del amor primario.

Tú podrías preguntarle a tu hija: «Si quisieras demostrarle a tu abuela que en verdad la amas, ¿qué harías?». Preguntas como estas pueden revelar el lenguaje del amor de la joven. También crean el clima para una comunicación posterior entre los padres y el adolescente.

No te sugiero que le expliques los cinco lenguajes del amor a tu hijo adolescente y que después le preguntes: «Bien, entonces, ¿cuál es tu lenguaje del amor primario?». Ante todo, una pregunta semejante quizá parezca que estás jugando con tus hijos. Recuerda que el joven busca autenticidad y sinceridad. No está jugando. Segundo, si el joven en verdad comprende el concepto del lenguaje del amor, puede llegar a usarlo como una manera de manipular tu comportamiento. ¿Qué padre no le escuchó decir a su hijo: «Si me quisieras, tú harías...»? En raras ocasiones, lo que pide el joven revela su lenguaje del amor primario, sino que lo más probable es que se trate de un esfuerzo para satisfacer un deseo momentáneo. Una vez que el padre lo concede, muy pocas veces el joven se siente amado. Casi cualquier pregunta es mejor que esta: «¿Cuál es tu lenguaje del amor primario?»

2. Haz observaciones

Observa con detenimiento el comportamiento de tu adolescente. Busca las maneras en que expresa amor o aprecio por otros. Haz anotaciones acerca de lo que observas. Si descubres que tu adolescente le dio un regalo a alguien cinco veces durante el mes pasado, es muy probable que su lenguaje del amor primario sea el de los regalos. La mayoría de las personas tiene la tendencia de hablar su propio lenguaje del amor. Hacen por los demás lo que quisieran que les hicieran a ellos. No obstante, esto no siempre es cierto. Por ejemplo, a veces un joven hará regalos como expresiones de amor porque su padre puso énfasis en dar regalos. Recuerda las palabras de su padre: «Hijo, si deseas hacer feliz a una mujer, regálale flores». Por lo tanto, no da regalos debido a que ese sea su propio lenguaje del amor, sino porque aprendió a hablar el lenguaje de su padre.

Observa también las quejas de tu hijo adolescente. De lo que una persona se queja es un indicio de su lenguaje del amor primario. Esto se vio antes en la respuesta de William a su padre cuando dijo: «Sin embargo, a veces siento como que no te agrado. No importa cuánto me esfuerce, todo lo que consigo de ti son las críticas. Sé que quieres que ponga todo de mi parte, pero cuando me criticas a cada momento, siento deseos de darme por vencido». La queja de William revela que su lenguaje del amor son las palabras de afirmación. No solo se quejaba de la crítica del padre, sino también de que raras veces lo elogiaba.

Por lo general, cuando los jóvenes se quejan, los padres se ponen a la defensiva. El joven dice: «Tú no tienes derecho de ir a mi cuarto y cambiar las cosas de un lado para otro. Ahora no encuentro nada. No respetas mis cosas personales. Eso no está bien». Muchos padres responden: «Si limpiaras tu habitación, no tendría que entrar a ella. Y como tú no la limpias, entro y lo hago». La conversación se convierte ahora en un auténtico debate, o se acaba y ambos se retiran en silencio.

No obstante, si el padre escucha las quejas del hijo, descubrirá que estas siguen un cierto patrón. Esa no es la primera vez que se queja de que alguien «mueve sus cosas». Puede ser que su lenguaje del amor primario es los regalos. Ten en cuenta que casi todo lo que había en su habitación eran regalos. Para ese hijo hay un lugar especial para cada regalo, y cuando alguien los cambia de lugar, es como si le movieran las expresiones de amor (también puede percibirse como un ataque a su incipiente identidad propia o independencia).

Es importante buscar patrones de quejas. Cuando varias de estas caen dentro de la misma categoría, es probable que revelen el lenguaje del amor primario del joven. Observa las siguientes quejas: «Tú nunca me ayudas con mis tareas de la escuela. Por eso tengo tan malas notas... Si me llevaras al juego, haría amigos y no tendría que estar solo en casa todo el tiempo... No pude limpiar detrás del escritorio porque tú no estabas para ayudarme a moverlo... Si me arreglaras mi bicicleta, podría usarla para ir a la escuela». Es probable que el lenguaje del amor de este joven sean los actos de servicio. Con cada una de las quejas le está pidiendo al padre que haga algo por él.

Además, asegúrate de observar las peticiones del joven. Con frecuencia, lo que pide una persona indica su lenguaje del amor primario. Reina le dice a su madre: «Mamá, ¿podemos ir tú y yo esta tarde al centro comercial? Deseo enseñarte algunas flores que descubrí cerca del lago». Reina está pidiendo tiempo de calidad. Si a menudo pide realizar actividades en las que madre e hija estén solas, su lenguaje del amor primario es el tiempo de calidad. En forma parecida, cuando Pedro, de trece años de edad, pregunta: «Papá, ¿cuándo iremos de *camping* otra vez» o «¿Cuándo vamos a pescar?» o «¿Podemos jugar a la pelota ahora?», está revelando que su lenguaje del amor primario es el tiempo de calidad.

Si los padres observan de qué manera expresa el joven su amor y aprecio por otros, de qué se queja casi siempre y qué pide con mayor frecuencia, es probable que descubran su lenguaje del amor primario.

3. Experimenta

La tercera forma de descubrir el lenguaje del amor primario del joven está en experimentar mediante el enfoque en uno de los cinco lenguajes del amor cada semana y observando la respuesta del joven. Pasa una semana dándole más *toques físicos* que lo normal. Busca la manera de acercarte a él varias veces al día. A la semana siguiente, aléjate del toque físico y bríndale *palabras de afirmación*. Emplea tiempo cada día para buscar nuevas expresiones de afirmación que le dirás en la noche.

La semana siguiente, trata de hacer todos los *actos de servicio* que puedas por tu hijo adolescente, sobre todo las cosas que sabes que quisiera que le hagas. Prepara una comida especial. Plancha esa camisa tan difícil de planchar. Ayúdalo un poco más con el álgebra. Baña al perro de tu hijo adolescente (con una actitud positiva). Haz tantas cosas como puedas para tu hijo o tu hija.

La próxima semana, haz un esfuerzo para darle *tiempo de calidad* al joven. Salgan a caminar juntos, jueguen a la pelota. Si te pide que hagas algo que lleva tiempo, hazlo. Hagan cosas *juntos* tan a menudo como sea posible. Haz con tu hijo todas esas cosas que te pidió. Tengan muchas conversaciones profundas mientras que el joven te lo permita. Préstale toda tu atención.

Durante la última semana, concéntrate en *los regalos*. De una lista que hayas hecho, compra algunas de las cosas clave que te pidió tu hijo adolescente. Envuélvelas en un llamativo papel y dáselas delante de otros miembros de la familia. Haz que esto sea algo importante. Celebra una fiesta todas las noches.

En el transcurso de la semana en que estés hablando el lenguaje del amor primario de tu adolescente, podrás observar una diferencia en el semblante de tu hijo y en su actitud hacia ti. El tanque de amor se está llenando y les responde a los padres de una manera más afectuosa de lo habitual. Es probable que se pregunte qué te está pasando porque te comportas de una forma diferente. No tienes que dar muchas explicaciones. Solo dile que estás tratando de ser un mejor padre.

Otro experimento es darle a elegir entre dos opciones y llevar un registro de sus elecciones. Por ejemplo, un padre le dice a su hijo de trece años de edad: «Esta tarde tengo dos horas libres. ¿Te gustaría que volemos juntos tu cometa o vamos a la tienda para conseguir las baterías para tu nueva cámara?». La elección está entre un regalo y un tiempo de calidad. El padre hace lo que el hijo le pide y mantiene un registro acerca del regalo o el tiempo de calidad que eligió. Tres o cuatro días después, el padre le da otra opción: «Como tú y yo seremos los únicos en casa esta noche, ¿te gustaría que comamos fuera (tiempo de calidad) o que te prepare tu pizza favorita (acto de servicio)». A la semana siguiente, el padre dice: «Si te sintieras desanimado y quisiera hacerte sentir mejor, ¿qué preferirías? ¿Que te escriba una nota recordándote todas las cosas positivas que has hecho o que te dé un fuerte abrazo?». La elección está entre palabras de afirmación y toque físico.

Al llevar un registro de las elecciones del joven, es probable que estas caigan en un patrón que te revelará el lenguaje del amor primario del joven. Sé que algunas de esas cosas parecen trabajosas y, lo que es más probable, fuera de la rutina normal, pero vale la pena. Ajusta tu experimento a tu propio nivel de comodidad y haz el intento.

Una vez que descubres el lenguaje del amor primario de tu hijo adolescente, desearás aprender tantos dialectos (diferentes maneras de hablar este lenguaje) como te sea posible. Además, desearás hablar ese lenguaje del amor con regularidad, tomando en cuenta que el joven quizá a veces se reprima hasta de su lenguaje del amor primario. Respeta sus deseos. Nunca fuerces expresiones de amor a un joven poco dispuesto. Por ejemplo, si sabes que el lenguaje del amor primario de tu hijo es el toque físico, pero cuando le pones un brazo por la espalda se aparta con brusquedad, ese no es el momento de darle un fuerte abrazo. Es el tiempo de retroceder y respetar que en este momento el adolescente no desea que lo toquen. Trata de no tomar las cosas como algo personal.

Al día siguiente, prueba una táctica diferente. Cuando el joven se encuentre de humor para un toque físico, hazlo. Si hablas el lenguaje del amor primario del joven tantas veces como te lo permitan, su tanque de amor estará lleno. No obstante, si te alejas del toque físico debido a que no te gusta que te rechacen, con el tiempo el tanque de amor estará vació y el joven se resentirá contigo. Para amar con eficacia a un joven, los padres deben hablar con regularidad el lenguaje del amor primario de su hijo adolescente y en cualquier dialecto que le comunique amor.

Habla los cinco lenguajes

Los beneficios para tu hijo adolescente

Déjame enfatizar lo que dije antes. No sugiero que *solo* hables el lenguaje del amor primario de tu adolescente. Los jóvenes necesitan recibir amor en los cinco lenguajes y aprender a hablarlos todos. La mejor manera de aprender será viendo el ejemplo en sus padres. Lo que te sugiero son fuertes dosis del lenguaje del amor primario y hablar los otros cuatro con tanta frecuencia como sea posible. Si está claro el lenguaje del amor secundario del joven, los padres le darán también grandes dosis de ese lenguaje. A medida que los padres hablen los cinco lenguajes del amor con el adolescente, él está aprendiendo cómo hablarlos con los demás.

Esto es de suma importancia para las relaciones futuras del joven. Más adelante, el adolescente tendrá vecinos, compañeros de trabajo, amigos, novia y, lo más probable, un cónyuge, y después hijos a los cuales necesitará expresarles amor y aprecio. Si los jóvenes aprenden a hablar los cinco lenguajes del amor, se enriquecerán en gran medida sus relaciones con las personas. En cambio, si se limitan a hablar solo uno o dos, disminuirán su potencial de relaciones. Existirán ciertas personas con las que no se relacionarán de manera emocional. Es probable que esas personas sean importantes, hasta pueden ser personas con las que desearían tener una relación significativa y duradera. El joven que aprende a hablar con fluidez los cinco lenguajes del amor tendrá una decisiva ventaja en todas sus relaciones futuras.

Esto puede llegar a ser un tremendo desafío para los padres que no han aprendido a hablar los cinco lenguajes del amor. Te sugiero que vuelvas a leer los capítulos sobre los cinco lenguajes, en especial los que te resulten difíciles de hablar. Ten en cuenta las ideas de cómo hablar ese lenguaje en particular y practícalo no solo con tu hijo, sino también con los otros miembros de la familia. Con el tiempo, aprenderás a hablar cada uno de estos lenguajes del amor. Pocas cosas son más gratificantes que expresarse amor los unos a los otros en un lenguaje que satisfaga sus necesidades por amor emocional.

Los beneficios para tu matrimonio

En sus esfuerzos por amar con más eficacia a sus adolescentes, algunas parejas descubrieron el renacimiento de su propio matrimonio. Nunca es demasiado tarde para aprender (o volver a aprender) cómo hablar el lenguaje del amor primario de tu cónyuge. Las parejas que aprenden a hablar el lenguaje del amor primario del otro, han visto un cambio radical en el clima emocional de su matrimonio en un corto período.

Un esposo me dijo: «Doctor Chapman, hace treinta y tres años que estamos casados. Los últimos veinticinco fueron muy desdichados. Un amigo me dio un ejemplar de su libro *Los cinco lenguajes del amor*. Cuando lo leí, me di cuenta de muchas cosas. Supe que en todos estos años no había hablado el lenguaje de mi esposa ni ella había hablado el mío. Le comenté a mi esposa sobre el libro, lo discutimos y nos comprometimos a hablar cada uno el lenguaje del amor primario del otro. Si alguien me hubiera dicho que mi relación con mi esposa cambiaría en dos meses, nunca lo hubiera creído. Sin embargo, en dos meses, yo tenía sentimientos amorosos hacia ella y ella hacia mí. Nuestro matrimonio cambió por completo. Estamos ansiosos por contárselo a nuestros hijos casados».

Dado que el amor es nuestra necesidad emocional más básica, cuando otra persona satisface esa necesidad, sentimos afectuosos sentimientos hacia ella. El clima emocional del matrimonio y la vida familiar puede ser mucho mejor cuando sus miembros aprenden y hablan entre sí el lenguaje del amor primario.

Capítulo 9

EL AMOR Y LA IRA: PRIMERA PARTE
Rompamos los patrones destructivos

Los jóvenes se enojan con los padres y los padres se enojan con los jóvenes. No creo que esto sea una sorpresa para nadie. Tanto los padres como los adolescentes se pueden decir y hacer cosas los unos a los otros que los hieran en lo más profundo. Ambrose Bierce dijo una vez: «Habla cuando estés enojado y pronunciarás el mejor discurso que lamentarás toda tu vida».

Casi todos los padres y los jóvenes han dado algunos de esta clase de discurso que describiera Bierce. Quisiéramos recoger esas palabras y deshacer la dolorosa acción. *Una ira mal controlada está detrás de muchas relaciones rotas entre padres e hijos.*

¿Cómo se relaciona todo esto con el amor? En la mente de la mayoría de las personas, el amor y la ira son antónimos, simplemente no pueden ir de la mano. En realidad, resultan las caras opuestas de la misma moneda. El amor busca el bien de la otra persona en cualquier relación y, de la misma manera, la ira bien dirigida procura el bien de la otra persona. Experimentamos ira cuando nos encontramos con lo que percibimos como un mal comportamiento por parte de otros. Los padres se enojan con los jóvenes cuando les hacen o dicen algo que creen irresponsable. Los jóvenes se enojan con los padres cuando el comportamiento de los padres se considera injusto o egoísta.

El propósito de la ira es motivarnos a actuar de manera amorosa, es decir, hacer algo para tratar que el joven o el padre se vuelvan hacia el buen camino. Es lamentable, pero muchos de nosotros no hemos aprendido nunca cómo actuar de semejantes maneras afectuosas y terminamos procediendo de modo destructivo. A veces en nuestra reacción ante la ira terminamos empeorando las cosas. El propósito de este capítulo es doble: ayudar a los padres a que controlen su ira de forma afectuosa y darles maneras prácticas de enseñarles a sus hijos a controlarla en forma positiva.

Yo, mi hijo adolescente y la ira

Es probable que no logremos enseñarles a nuestros jóvenes lo que no han aprendido de nosotros mismos. Muchos padres quizá se comparen con Misael, un agricultor que cultivaba papas en una finca de Idaho, quien dijera una vez: «Nunca sentí una ira tan intensa hasta que me casé. Y nunca experimenté una ira súper intensa hasta que tuve hijos adolescentes». Aunque experimentamos ira en todas las esferas de la vida, algunas de las más intensas las sentimos hacia miembros de nuestra familia y los hijos adolescentes en particular.

Por qué nos enojan los jóvenes

¿Por qué a menudo experimentamos más ira hacia nuestros adolescentes que hacia nuestros hijos pequeños? Esto se debe sobre todo a los cambios que tienen lugar en el interior del joven, los cuales ya analizamos en capítulos anteriores. El adolescente tiene una mayor capacidad para razonar y pensar de manera crítica acerca de asuntos que le permiten cuestionar nuestro criterio de una manera que no hizo cuando era niño. A este crecimiento intelectual lo acompaña el empuje hacia una independencia e identidad propia que no solo pueden conducir al joven a cuestionar nuestra opinión, sino también a optar por la desobediencia. No solo piensa por sí mismo; ahora decide por sí mismo. Esto a menudo pone al joven en conflicto con sus padres y estimula la ira de ellos, cosa que nunca pasó cuando era pequeño.

El padre ve el comportamiento de su hijo como provocativo, rebelde o irresponsable, y razona: *Esto no es bueno para mi hijo [hija]. Está arruinando su vida. Este es un patrón de conducta que no puedo permitir que continúe.* La ira impulsa a los padres a proceder. Es lamentable, pero si los padres no se dan cuenta que están tratando ahora con un joven en lugar de un niño, su manera de actuar empeorará la situación.

Por qué nosotros debemos cambiar primero

Cuando el joven no cumple de buena gana la petición de alguno de los padres de que cambie su forma de actuar, a menudo el padre recurre a darle órdenes más severas. «Hazlo o si no ya verás», le dice en voz alta. Dado que no quiere ser un niño, el joven elige el «ya verás», y entonces la batalla entre ambos sube a otro nivel. Antes que termine la batalla, se han enfrascado en una discusión de ásperas palabras de crítica el uno al otro como los soldados enemigos que se lanzan granadas. Ambos abandonan heridos el campo de batalla, sintiéndose rechazados y faltos de amor. La situación empeoró muchísimo debido a la ira descontrolada. Las explosiones verbales y el maltrato físico por parte de los padres nunca producen resultados positivos.

En más de treinta años de consejero de matrimonios y familias, a menudo he llorado cuando los jóvenes me cuentan sobre las dolorosas palabras y el comportamiento destructivo de padres que no pueden controlar su ira. Lo más trágico es que muchos son los jóvenes adultos que recibieron maltratos en su adolescencia, y ahora tratan a sus hijos de la misma manera que sus padres lo hicieron con ellos. Nunca olvidaré a Eric, de diecisiete años de edad, quien dijo: «Doctor Chapman, yo pensaba que mi padre me amaba, pero ahora sé que no es así. Solo piensa en sí mismo. Si hago todo lo que quiere y de la manera que quiere, todo está bien. Sin embargo, ¿cómo puedo madurar si no tengo el derecho de pensar y tomar decisiones por mi cuenta? A veces deseo que él se muera o morirme yo. De cualquier forma, terminaría el sufrimiento».

Los patrones de ira descontrolada se pasan a menudo de una generación a otra. Estos patrones deben romperse. No puedo expresarte cuánto me importa este problema. Como padres, debemos dominar nuestra ira y aprender a controlarla de una manera responsable y positiva. De otra forma, pondremos en peligro todos nuestros buenos esfuerzos para educar a nuestros hijos. El adolescente que recibió maltrato verbal o físico por un padre iracundo, no recordará los actos de servicio, las palabras de afirmación, el tiempo de calidad, los regalos y los toques físicos que recibió durante su infancia. Todo lo que recordará serán las cortantes palabras de represión y condena y los gritos de sus padres. No sentirán amor, solo un doloroso rechazo.

Si reconoces que controlas mal tu ira, te insto a que leas con mucho cuidado este capítulo y adoptes los difíciles pasos que son necesarios para traer sanidad a la relación padre-adolescente.

Los patrones negativos de conducta que arrastres del pasado *pueden* romperse. No necesitamos ser esclavos de la ira descontrolada. Si estamos dispuestos, podemos cambiar los patrones destructivos en acciones amorosas.

Rompamos nuestros patrones destructivos

Te sugeriré los siguientes pasos para romper con esos patrones de conducta y establecer patrones amorosos a fin de controlar la ira.

1. Admite la verdad

Antes que todo, debemos admitir la verdad. No cambiaremos de dirección hasta que no admitamos que vamos por el rumbo equivocado. Admítelo ante ti, ante Dios y ante los miembros de tu familia. «Me comporté mal debido a mi ira. Muy a menudo pierdo el control, hago y digo cosas que no son apropiadas. Mis palabras no fueron amables y de seguro que no son amorosas. Fueron destructivas e hirientes. Y con la ayuda de Dios, quiero cambiar». No vaciles en traer a Dios dentro del proceso. Necesitas toda la ayuda que te sea posible.

Escribe las palabras anteriores en una hoja de papel. Modifícalas si deseas expresarlas con tus propias palabras. Luego, léelas en voz alta y reconoce la dolorosa verdad... «No he controlado bien mi ira». Después admítelo ante Dios, confiesa tu mal comportamiento y pídele su perdón.

Entonces, una noche cuando esté reunida toda la familia, diles que deseas comunicarles algo. Saca tu papel y léelo. Diles que lo admitiste ante ti, ante Dios y ahora lo estás admitiendo delante de ellos. Diles que deseas cambiar de verdad. Quizá quieras decir algo como esto: «Durante las próximas semanas, voy a trabajar en esto. No obstante, si pierdo los estribos con alguno de ustedes y empiezo a gritar y a chillar, me van a ayudar si se ponen las manos en las orejas, salen de la habitación, y si prefieren, dar un paseo alrededor de la manzana. Les aseguro que para cuando regresen, estaré controlado y no empezaré de nuevo a decir palabras ásperas. Les pediré que me perdonen y seguiremos adelante desde allí. Puede ser que me lleve un poco de tiempo, pero con la ayuda de Dios, voy a cambiar». Una vez que haces esa declaración, estás en camino hacia un cambio positivo.

2. Desarrolla una estrategia

Ahora estás listo para el segundo paso: Desarrolla una estrategia eficaz a fin de romper con los patrones destructivos. Admitiste que lo que hiciste en el pasado no es aceptable. Así que, ¿cómo romperás con esos patrones negativos? Ya has iniciado una estrategia cuando les pediste a tu esposa y tus hijos que salieran de la habitación si comenzabas a «perder el control». Cada vez que eso suceda en el futuro, te acordarás que debes confesar tu falta. Hay algo humillante en confesar una falta. El hecho en sí de la confesión te motiva a cambiar el comportamiento en el futuro.

Entonces, ¿qué puedes hacer para controlar tu ira antes de que estalles? Algunas veces, todo lo que se necesita es una «pausa en la acción». Conocí a un hombre llamado Raúl y a su esposa en una conferencia para matrimonios en Spokane; él reconoció que a menudo «estallaba y les decía cosas hirientes» a su esposa y a sus hijos. Le di algunas ideas prácticas sobre cómo «detener el flujo» de palabras iracundas y cómo podría canalizar su ira de una manera más positiva. Dos años más tarde, vi a Raúl en otro seminario para matrimonios, esta vez en Seattle. Su «mejora con la ira» era muy alentadora.

«Bueno, ¿conoce la idea de contar hasta cien antes de decir algo? Yo he estado haciendo eso», dijo. «Cuando me enojo, empiezo a contar y me pongo a caminar como usted ha sugerido. He caminado bajo la lluvia, he caminado en la nieve y he caminado bajo el sol, contando en voz alta. Si la gente me escuchaba, es probable que pensara que estaba loco. Sin embargo, lo loco era lo que hacía antes. Estaba destruyendo a mi esposa y a mis hijos. Caminar y contar me da tiempo para tranquilizarme y darle un enfoque más positivo a mi ira».

Raúl encontró una estrategia para romper con sus patrones destructivos de abuso verbal. Sustituyó sus antiguos patrones destructivos con una nueva estrategia. Existen muchísimas estrategias muy prácticas aparte de contar hasta cien. Santiago me dijo: «Cuando me enojo, me subo a mi bicicleta y solo comienzo a pasear. Monto en bicicleta hasta que me calmo. A veces lo hago por varios kilómetros». Amelia me dijo: «Cuando me enojo con mi esposo, solo le digo: "Discúlpame, tengo que ir al parque". Subo a mi automóvil, conduzco hasta el parque, doy un paseo o me siento en un banco hasta que pase el tiempo suficiente como para calmarme. Mi esposo está de acuerdo en que eso es mucho mejor que lo que acostumbraba a hacer antes».

Brenda me dijo: «Mi esposo y yo nos pusimos de acuerdo en que cuando nos enojemos, nos tomemos un "descanso" y uno de los dos salga de la habitación. Acordamos que a las cinco horas regresemos y nos demos una oportunidad de discutir el asunto. Si nos da cólera de nuevo, establecemos por segunda vez un intervalo. Nos hemos puesto de acuerdo en que es mejor tomar un descanso que destruirnos el uno al otro con palabras». Mientras tanto, cuando Asela se enojaba con alguno de la familia, lo primero que hacía era regar sus flores. «El primer verano que hice eso, por poco ahogo a mis petunias, pero fue mejor que ahogar a mi familia con palabras iracundas».

Todas estas personas encontraron una estrategia para sustituir su comportamiento destructivo con una actividad que les permite controlarse.

3. Analiza tu ira y considera opciones

El tercer paso es analizar tu ira y considerar opciones. Quizá sientas ira después de contar hasta cien[1], o hasta quinientos, pero sabes que estarás lo suficiente calmado como para hacer preguntas acerca de tu ira. *¿Por qué estoy enojado? ¿Qué hizo mal la otra persona? ¿La estoy juzgando sin conocer todos los hechos? ¿Conozco en verdad sus motivos? ¿Se ha portado mal mi hijo adolescente o estoy muy sensible? ¿Son mis expectativas demasiado altas para el nivel de desarrollo de mi adolescente?* (A veces, los padres se enojan con sus jóvenes solo porque se comportan como tales).

Dedica algún tiempo para pensar en la situación; entonces, puedes decidir qué acción podría ser constructiva. Entre muchas de tus opciones, solo dos representan respuestas positivas a tu ira. Una es liberar la ira («soltarla»), dándote cuenta de que es tu problema, no su problema. Quizá tu problema se deba a una mala actitud, mucho estrés, falta de sueño, mal genio o cualquier número de otras razones.

Cualquiera que sea la razón, reconoce que la ira es tu problema y soluciónala. Puedes decir en voz alta o para ti: «Mi ira revela mi egoísmo. Por lo tanto, decido liberar mi ira reconociendo que está distorsionada. Ningún miembro de mi familia me ha hecho nada malo: solo estoy irritado por su comportamiento». A veces, es útil declararle tus conclusiones a Dios en forma de una oración. «Querido Dios, reconozco que mi ira no tiene una razón de ser. Soy demasiado egocéntrico y muy exigente con mi familia. Perdóname por mi actitud equivocada, libero mi ira ante ti. Ayúdame a ser amoroso con mi familia. Amén». Tomaste la decisión de liberar tu ira y confesaste lo que crees que son tus propias faltas.

Por otra parte, quizá tu ira sea válida. Tal vez alguno de la familia te hizo algo malo. Tienes el «derecho» de estar enojado. Contaste hasta quinientos, saliste a caminar, analizaste tu enojo y sabes que este es un asunto que debe discutirse. En realidad, no puedes pasarlo por alto. Se cometió algo malo; te hirieron y se debe resolver el asunto. Entonces, la segunda respuesta positiva es referirse al problema hablando con el familiar. Sin embargo, antes de que inicies una conversación con tu cónyuge o tu adolescente, es útil pensar en cómo te vas a enfrentar con la situación.

Asegúrate de reconocer con sinceridad lo que está pasando con tu hijo adolescente. Explícale que estás enojado, asegúrale que no vas a estallar y reconoce la necesidad de procesar el asunto en cuestión. Si no es un buen momento para hablar, establece un tiempo para hacerlo.

4. Entabla una conversación con el miembro de la familia

El cuarto paso en realidad es entablar una conversación con el miembro de la familia. Expón el asunto ante la persona a fin de que se pueda discutir. Trata de elegir un momento en el que los dos estén solos, no delante de otros miembros de la familia. Esto podrá significar que deberás esperar unas horas para el momento y lugar adecuados. Si insistes y dices: «Debemos hablar de esto ahora mismo», estás saboteando la conversación antes de que comience siquiera.

Una vez que encuentras el momento y el lugar, te sugiero que digas algo así: «Deseo hablar de mis sentimientos contigo porque aprecio nuestra relación. Sé que malinterpreté la situación. Sin embargo, quiero decirte lo que vi y cómo me sentí. Después me gustaría que me dijeras cuál es tu opinión. Quizá pasé algo por alto y necesito tu ayuda para comprenderlo».

Mientras presentas tus preocupaciones, sé lo más específico posible. Habla de lo que escuchaste, lo que viste, cómo lo interpretaste, cuáles son tus sentimientos y por qué estás molesto. Limita tu presentación a este único caso. No vuelvas atrás ni menciones casos similares del pasado. Hacerlo de esta manera sería abrumar a la otra persona con un sentido de condenación. Es probable que contraataque como un acto de autodefensa y la conversación se convierta en un altercado. Casi todos podemos lidiar con un incidente, pero nos abrumamos cuando todos nuestros fracasos del pasado desfilan ante nosotros.

Después que hables de tus inquietudes sobre esta infracción en particular, dile a tu familiar: «Creo que escuchaste mis preocupaciones. Una vez más te digo que me doy cuenta que malinterpreté algo. Por eso te pido, por favor, que me digas lo que piensas de la situación». Una declaración así le facilita a la otra persona ser sincera y franca contigo. Mientras te dice su opinión, evita «meterte en el medio». Si hace una declaración y tú saltas y le dices: «Eso no es verdad», estás creando una batalla en vez de trabajar por un tratado de paz.

Cuando llamas mentiroso a un miembro de tu familia, estimulas fuertes sentimientos negativos dentro de esa persona. En su lugar, escucha con atención lo que te dice. Utiliza preguntas que desarrollen más comprensión, tales como: «¿Estás diciendo que...?» o «Estoy escuchando que dices...». De esa manera tratas de que la otra persona te cuente más y señala tus esfuerzos en comprender sus pensamientos y sentimientos acerca del asunto.

Si en verdad estás en desacuerdo con lo que opina la otra persona, es oportuno decir: «Tal parece que estamos viendo esto de manera muy diferente. Supongo que se deba a que somos dos personas distintas. ¿Qué podemos aprender de esto para que las cosas mejoren para los dos en el futuro?». Es probable que este acercamiento nos conduzca a una solución positiva. No obstante, si insistes en que tu punto de vista es el adecuado y que la otra persona está equivocada, tú ganaste y ella perdió, pero no se llegó a ninguna solución. La distancia entre ambos será mayor que nunca.

Por otra parte, si insistes en buscar una solución y aprender algo positivo de la experiencia, ambos saldrán mejor que antes. Tu ira se procesó y los resultados son positivos. Esta es la clase de tratamiento positivo de la ira que establece un modelo para enseñarle a tu adolescente la manera de controlarla.

Dos habilidades clave de la relación: El amor y la ira

Es obvio que no podemos esperar hasta que seamos capaces de controlar nuestra ira a la perfección a fin de comenzar a enseñar a nuestros jóvenes, la mayoría de nosotros estaría esperando muchísimo tiempo. En realidad, algunos padres no se dan cuenta que tienen un problema con la ira hasta que ven su propio comportamiento reflejado en sus hijos. Cuando veas que tus hijos adolescentes te gritan y chillan enojados, la pregunta lógica es: «¿Dónde aprendieron eso?». Es probable que estén copiando el ejemplo de alguno de los padres. Ese pensamiento temible de que «mis hijos pueden tratar de imitarme» es el que motiva a muchos padres a comenzar a cambiar sus propios patrones del control de la ira. A menudo debemos aprender la manera de controlar la ira de una manera constructiva junto con nuestros hijos.

Dos de las habilidades más importantes de la relación que puede aprender un joven son cómo expresar amor y cómo procesar su ira. Ambas están relacionadas. Si el joven se siente amado, tendrá una mejor oportunidad para aprender a controlar su ira de manera positiva. Sin embargo, si el tanque de amor del joven está vacío, es casi seguro que controlará su ira en forma inadecuada. Por eso es tan importante que los padres aprendan cuál es el lenguaje del amor primario de sus jóvenes y lo hablen con regularidad.

Es lamentable, pero un tanque de amor lleno no significa que el joven sabrá de forma automática cómo controlar su ira. El control positivo de la ira es una habilidad que se debe aprender. Los padres que aman a sus hijos adolescentes están casi siempre en la mejor posición de enseñarles estas destrezas. Por lo tanto, ¿cuáles son los elementos importantes que debe conocer un padre para tener éxito en este aspecto?

1. Comienza donde están los jóvenes

Lo primero y más fundamental, *el padre debe comenzar donde se encuentra el joven ahora mismo*. En el momento en que el hijo alcanza los años de la adolescencia, ya ha desarrollado métodos de respuesta a la ira. Como me dijo hace poco una madre: «Doctor Chapman, ¿cómo logra que un adolescente hable de su ira? Cuando mi hija de quince años se enoja, se encierra en sí misma. Y si le pregunto: "¿Qué pasa?". Se niega a contestar. No sé cómo puedo ayudarla si no me habla del asunto». Otra madre dijo: «Yo tengo el problema opuesto. Cuando mi hija se enoja, todo el mundo se entera. Estalla, grita y chilla, y a veces hace escenas como una niña de dos años con rabieta». Esas madres son testigos de los dos extremos de una misma situación. La mayoría de los jóvenes se inclina por uno de esos métodos destructivos: implosión o explosión.

Empleo la palabra *implosión* para el joven silencioso, pues cuando la ira se guarda dentro y no se enfrenta, devorará su espíritu interior. Recuerda que la ira se estimula cuando se percibe que el padre o cualquier otra persona lo trataron mal. Ese sentimiento de que lo maltratan, si no se trata con el padre o con la persona que lo maltrató, a menudo lleva a sentimientos de resentimiento, soledad, aislamiento y, por último, a la depresión. La implosión puede conducir también a un comportamiento pasivo-agresivo. El joven es pasivo en su exterior, se niega a lidiar con la ira, pero expresa su creciente resentimiento involucrándose en comportamientos que con seguridad herirán a la persona que provocó su ira, con frecuencia a uno de los padres o a sí mismo. El comportamiento pasivo-agresivo puede involucrar cosas tan diversas como desinterés en la escuela o los deportes, consumo de estupefacientes o volverse sexualmente activo, los cuales son expresiones agresivas de su ira contra el padre. A veces, después de meses de depresión, estos jóvenes con su ira contenida hacen erupción en un comportamiento violento.

Por otro lado, muchos jóvenes presentan patrones explosivos de control de su ira. Cuando el padre hace o dice algo que percibe como erróneo, responde a viva voz, con palabras ásperas, a veces hasta con maldiciones que expresan su desagrado respecto a lo que hizo o dejó de hacer el padre. Algunos también arrojan botellas, quiebran lapiceros, conducen vehículos a una velocidad suicida, dejan caer platos «por accidente», pasan las cortadoras de césped por encima de las mangueras de riego y demuestran su ira en otras formas físicamente destructivas. Si estos patrones destructivos no se cambian, serán los jóvenes que en un par de años maltratarán de manera verbal y física a sus cónyuges y a sus hijos.

No todos los jóvenes llegan a los extremos que describimos en los dos párrafos anteriores, pero casi todos se inclinan en una de estas dos direcciones: implosión o explosión. Pocos son los jóvenes que aprenden a controlar su ira de una manera más madura y productiva como la que mencionamos en este capítulo. Para algunos padres, la tarea de enseñar a sus hijos un control apropiado de su ira es una tarea temible. El primer paso es ubicar los patrones que existen. Tú no tienes la probabilidad de guiarlo hacia patrones fijos de control de la ira hasta que no sepas dónde se encuentra en la actualidad. Por eso, les sugiero a los padres que observen a sus hijos cuando están enojados y lleven un registro de la forma en que expresan esa ira hacia ellos o hacia otros. Dos meses de observación te mostrarán dónde se encuentra tu hijo en el desarrollo de aptitudes positivas a fin de controlar su ira.

Ese es el primer paso para que los padres se conviertan en un agente de cambios positivos. Como veremos en el capítulo siguiente, otros tres pasos ayudarán a los padres a prestarles ayuda a sus hijos con el propósito de que aprendan a controlar su ira.

Capítulo 10

EL AMOR Y LA IRA: SEGUNDA PARTE
Forja caminos constructivos

Tomás se me aproximó después que di una conferencia sobre la ira. Me di cuenta de las lágrimas en sus ojos mientras me decía: «Yo fallé. Esta noche me dí cuenta por primera vez que fui la causa de que mi hija se apartara de mí en silencio. Antes, cuando se enojaba conmigo, le decía lo tonta que era. Le decía que necesitaba crecer, que no debía ser tan sensible. Ahora me doy cuenta de que la aparté de mí. En los últimos seis meses casi no ha hablado conmigo».

¿Cómo ayudamos a nuestros jóvenes cuando tienen una implosión de ira, se alejan por completo y no desean comunicarse con nosotros? Una vez que reconocemos dónde se encuentra nuestro hijo en su ira, ya sea manteniéndola en su interior (implosión) o vomitándola (explosión), podemos ayudarle. Este capítulo se refiere a los pasos en curso a fin de ayudar a tu adolescente a desarrollar aptitudes para un control positivo de la ira.

2. La dura tarea de escuchar

Una vez que identificas el defectuoso método de tu hijo para lidiar con su ira (vimos esto en el punto #1 del capítulo anterior), deberías dar el siguiente paso de ayudarle a que aprenda sanas habilidades en el control de su ira: *Ahora debes hacer la dura tarea de escuchar a los iracundos jóvenes*. Puedo asegurarte que esto no será fácil.

En breve, nos referiremos al problema de los jóvenes implosivos (los que se alejan); de alguna manera, este es el mayor desafío. Sin embargo, empecemos escuchando al adolescente explosivo. Con este es que tengo la mayor experiencia personal como padre. Nuestro hijo era un *explosivo*.

Cómo escuchas palabras violentas y explosivas

Soy un consejero matrimonial y familiar. Me prepararon para escuchar, pero les aseguro que no fue una tarea fácil escuchar las iracundas expresiones provenientes de la boca de mi hijo. La «dura tarea» de escuchar quizá parezca demasiado fácil. En realidad, fue una tarea colosal escuchar a mi hijo adolescente explosivo. Con todo, estaba convencido de que la única manera de influir de manera positiva en mi iracundo adolescente era escuchando sus preocupaciones sin importar la aspereza con que se pronunciaran. El poema que se encuentra al final de este capítulo, escrito por mi hijo muchos años después, me confirmó que escuchar no fue en vano.

Sigo pensando que debemos escuchar las inquietudes de nuestros jóvenes sin importar lo ásperas que suenen. ¿Por qué es tan importante escuchar las expresiones de ira de los jóvenes? Porque la ira no se procesa a menos que se encauce. Los padres no pueden tratar esas inquietudes hasta que no las escuchen. Empecemos por el principio. ¿Por qué se enoja el adolescente? Porque ocurrió algo que percibe como injusto, tonto o inhumano. De acuerdo, quizá la percepción del joven esté distorsionada, pero a sus ojos se ha cometido algo malo. (El joven se enoja por la misma razón que se enoja el adulto: la percepción de algo indebido). Así que cuando un joven que siente ira la expresa de forma verbal, e incluso grita, los padres deberían agradecerlo. Esto se debe a que si escuchan, hay una buena posibilidad de que aprendan a conocer lo que está pasando en la mente y en el espíritu del adolescente. Esta información es esencial si los padres quieren ayudar al adolescente a procesar su ira.

El padre debe descubrir por qué el adolescente está enojado: ¿Qué cosa indebida ocurrió según la opinión del joven? ¿Qué cometió el padre que parece injusto? Por supuesto, ¿qué acto de traición cometió el padre? Si el padre no descubre esta importante información y resuelve este asunto con el joven, la ira del mismo se acumulará en su interior y las explosivas palabras se habrán pronunciado en vano. Por otra parte, si el padre escucha las inquietudes del joven y va hasta la raíz del asunto, puede obtener una respuesta inteligente.

La pérdida de nuestra calma

La dificultad es que casi todos nosotros como padres de hijos adolescentes respondemos de forma negativa a las palabras explosivas de nuestros hijos antes que escuchemos sus inquietudes. Nos enojamos por la manera en que nos hablan y a menudo perdemos la calma y les gritamos. El padre dice: «Cállate y vete a tu habitación. No vas a hablar así conmigo». De esta manera, el padre detiene el flujo de la comunicación y elimina la posibilidad de descubrir la causa de la ira del joven. La casa quedará tranquila, pero la ira hierve tanto dentro del padre como del adolescente, ira que no se irá hasta que al fin no se procese más adelante.

Esto es como ponerle una tapa en la ira embotellada dentro del joven. Ahora el adolescente está doblemente enojado.

Siente ira por su anterior inquietud y también por la forma en que lo trató el padre. El padre ha complicado el problema en lugar de enseñarle al adolescente cómo controlar la ira de manera positiva.

El padre sabio se concentrará en lo que el joven está diciendo, no en la forma en que lo dice. Lo importante en ese momento es descubrir la fuente de su enojo. El joven es el único que nos puede dar esa información. Si grita, es que está tratando de decirte algo. El padre sabio cambiará a la posición de escuchar. Te sugiero que busques papel y lápiz y comiences a registrar lo que le escuches decir al adolescente. Esto te ayudará a dirigir tu atención al mensaje que te envían, en lugar de la manera en que se dice. ¿Qué considera injusto el adolescente? No te defiendas. Este no es el momento de pelear; este es el tiempo para escuchar. La negociación o la pelea quizá vengan después, pero por ahora estamos acopiando la información que será necesaria a fin de lograr un futuro tratado de paz con nuestros hijos adolescentes.

La segunda ronda para escuchar

Cuando el joven termina con su explosión inicial de iracundas palabras, dile lo que crees que escuchaste y permite que aclare los conceptos. Tú pudieras decir: «Lo que creo que escuché es que estás enojado debido a que yo... ¿Es esto lo que estás diciendo?». Esa declaración le indicará al joven que estás escuchando y deseas oír más. Sin duda, el joven te complacerá y te dará más información. Podrá ser con la misma intensidad o quizá esta se reduzca algo, pero te seguirá diciendo el motivo de su enojo.

Sigue escribiendo lo que escuches. Rechaza la tentación de defenderte. Recuerda que estás en la segunda ronda para escuchar.

Cuando el joven se calme, repite de nuevo lo que consideras que está diciendo y asegúrate otra vez de que estás recibiendo el mensaje completo. Después de la tercera ronda de escucharlo, el joven sentirá que tú lo has tomado en serio. Se sorprenderá debido a que tomaste notas en verdad y le prestaste toda tu atención. Cuando el joven siente que en realidad escuchaste sus inquietudes, entonces y solo entonces, estarás listo para dar el tercer paso. No puedo destacar lo suficiente la importancia de escuchar con atención a tu adolescente cuando esté enojado.

Cómo lidias con el adolescente silencioso

¿Qué pasa si la ira de tu adolescente es implosiva en lugar de explosiva? De alguna manera, el joven silencioso es aun más difícil de ayudar. Su rechazo a expresar cosas que le preocupan, esos asuntos que estimulan su ira, deja al padre sin fuerzas. Es decir, el padre es incapaz de responder a lo que ocurre dentro de la mente del joven hasta que aprenda a conocer sus pensamientos y sentimientos. Es por eso que, en algunos casos, el joven utiliza el tratamiento silencioso.

El silencio y el poder

Cuando el padre controla demasiado la vida del joven, tomando por él todas las decisiones, el adolescente se sentirá impotente. Es incapaz de desarrollar su independencia e identidad propia y cree que el silencio es la única manera de conseguir una ventaja sobre sus padres. Con su silencio, tiene el control, al menos por el momento. Posee algo que los padres desean y él se niega a darles.

Cuando el padre se alarma y afligido se queja a otro padre, u otros adultos involucrados, que el adolescente no desea hablar, o cuando el padre estalla en palabras y dice en voz alta: «No te puedo ayudar si no me dices cuál es el problema», el joven está ganando la batalla. Esto es precisamente lo que él quiere: Estar fuera de su control. Está cansado de su control paternal; quiere ser independiente. Por el momento, el silencio es la única manera con la que puede establecer esta independencia.

Los padres de jóvenes silenciosos necesitan hacerse estas duras preguntas: ¿Estoy controlando demasiado a mi hijo? ¿Le estoy dando la suficiente libertad como para que piense y tome decisiones por su cuenta? ¿Le permito que sea un adolescente o lo trato como a un niño?

Para el padre demasiado controlador, el mejor método es comunicar el siguiente mensaje: «Sé que a veces me inmiscuyo demasiado en tu vida. Sé que ahora eres un adolescente y no deseas decirme todos tus pensamientos y sentimientos y eso está bien. Sin embargo, cuando quieras hablar, deseo que sepas que estoy a tu disposición. Estoy dispuesto a escuchar cuando quieras hablar». Luego, dale muestras de amor al joven usando su lenguaje del amor primario. Tal declaración, acompañada de una expresión de amor, crea una atmósfera en la que el joven siente reconocimiento. Si el padre mantiene esa posición, casi puedo garantizar que el adolescente comenzará a sincerarse cuando esté enojado con el padre.

Otra razón del porqué algunos adolescentes escogen el silencio cuando están enojados es que han aprendido por experiencia que cuando le explican al padre el motivo de su ira, este explotará. Esos adolescentes, cansados de anteriores explosiones, optan por guardar silencio en lugar de enfrentar la diatriba de las palabras condenatorias del padre. Se han sentido avergonzados, humillados y condenados por las palabras del padre. No desean pasar de nuevo por eso. El método más fácil es cerrarse y negarse a decir el motivo de su enojo.

Los padres de estos jóvenes no serán nunca capaces de sacarles ni una palabra a sus hijos. Sus esfuerzos se considerarán fastidiosos y empujarán aun más al joven dentro del silencio. El padre debe confesar sus pasados errores. Echar abajo el muro del comportamiento negativo es el primer paso para crear una atmósfera donde el joven hable de nuevo sobre sus iras.

El momento para confesar

Esto es lo que Tomás decidió hacer. Fue más allá de sus lágrimas de arrepentimiento para realizar alguna humillante aunque sanadora acción delante de su hija, Teresa. Después me admitió: «He fallado», y me contó su plan. «Esta noche vuelvo a casa y le confieso mis errores. Quizá me dé otra oportunidad». Me pidió mi ayuda para hacer una confesión a fin de que sus emociones no lo guiaran por completo.

He aquí la declaración que hicimos juntos. Algo así podría ayudar a cualquier padre que esté tratando de terminar con el tratamiento silencioso y se encuentre dispuesto a confesar su propia responsabilidad.

«Teresa, ¿tendrías algunos minutos para contarte algo que en verdad es importante para mí? Si no es el momento oportuno, estoy dispuesto a esperar». Una vez conseguido el permiso de Teresa, Tomás procedería. «La otra noche fui a una reunión donde el orador habló acerca de la ira. Y yo me di cuenta que te he estado tratando mal. Cuando tú venías a mí con tus inquietudes, a menudo he sido muy insensible y te he interrumpido. Recuerdo sobre todo las veces que te he dicho que eras tonta y que tenías que crecer y no ser tan sensible. Me doy cuenta ahora que esto fue muy inmaduro de mi parte. Tú eras la madura cuando me contabas tus problemas y yo lamento lo que te hice sentir.

»Deseo que sepas que cuando en el futuro estés enojada conmigo, quiero ser un oyente. Trataré de escuchar tus inquietudes y responder en una forma positiva. Sé que a veces te has molestado conmigo y estoy seguro que esto sucederá también en el futuro. Si me dices por qué estás molesta, haré lo posible por escucharte. Quiero tratar de respetar tus sentimientos y lidiaremos juntos con el asunto. ¿Está bien?».

Le dije a Tomás que quizá su hija no tendría ninguna respuesta verbal a su discurso. Le aconsejé que no la presionara a que hablara en ese momento. Y le pedí que le diera una muestra de amor, usando su lenguaje del amor primario. El paso que dio Tomás esa noche con su hija fue el primero para restaurar la posibilidad de que ella le expresara su enojo.

Cuando los jóvenes se dan cuenta de que no hay problemas en comunicarles su ira a sus padres, lo harán así. Sin embargo, cuando se sientan amenazados, intimidados, humillados, avergonzados o maltratados, muchos elegirán la ruta del alejamiento silencioso. El objetivo del padre de un adolescente silencioso es crear la atmósfera emocional donde el joven se sienta libre para hablar de su enojo. Cuando el adolescente silencioso comience a hablar de nuevo, el padre debe hacer la dura tarea de escuchar, tal como lo mencionamos con anterioridad.

3. Afirma que sus sentimientos de enojo son válidos

El tercer paso para enseñarles a tus jóvenes una respuesta positiva hacia la ira, después que identificaste el defectuoso método que emplean para lidiar con la ira y haber escuchado de manera apropiada sus expresiones de ira, es afirmar la validez de su enojo. Puedo escuchar los pensamientos de algunos padres: «Espere un momento. A menudo creo que la ira de mis adolescentes no es válida. Creo que han malinterpretado mis acciones. A veces ni tienen claros los hechos. ¿Cómo puedo apoyar su enojo cuando no estoy de acuerdo con su punto de vista?».

Me alegro que me lo hayas preguntado porque aquí es donde muchos padres cometen serios errores. Confunden los hechos con los sentimientos. El resultado es que los padres entran a discutir los hechos con los jóvenes, y los sentimientos se pasan por alto. Si la discusión se torna acalorada, estimula aun más sentimientos que también se obvian.

Los sentimientos que se pasan por alto no son buenos constructores de relaciones positivas entre padres y jóvenes (de ahí que el tercer paso sea tan importante). Si tú no comprendes cómo apoyar los iracundos sentimientos de tu hijo adolescente, nunca serás capaz de enseñarle a controlar su ira de manera positiva. Tómate una taza de café o haz lo que tengas que hacer para estar del todo alerta, pues lo que voy a decirte es de *suma* importancia.

Cuando estás enojado, esto se debe a que crees que sucedió algo malo. De otra manera, no te hubieras enojado.

De acuerdo, tu visión de la situación quizá no sea la acertada, pero si no apoyo tu derecho a estar enojado, es probable que tú no seas receptivo a mi presentación de los hechos tal como los veo yo. Mi apoyo a tu derecho de estar enojado es lo que crea el clima emocional en el que tú escuchas mi punto de vista.

Por lo general, a una de las mejores maneras de ser capaz de apoyar con sinceridad las emociones de otra persona se le llama *empatía*: poniéndote en los zapatos del otro y tratando de ver el mundo a través de sus ojos. Para el padre, significa volver a ser adolescente por un momento, recordando las inseguridades, los cambios de estados de ánimo, el deseo de independencia y de identidad propia, la importancia de que sus compañeros lo acepten y la desesperada necesidad de amor y comprensión por parte de sus padres. El padre que no procura sentir empatía por su adolescente, tendrá dificultades en apoyar sus sentimientos de ira.

César demostró el poder de la empatía cuando me dijo: «Es asombroso lo que ocurrió cuando probé con la empatía. Mi hija estaba enojada conmigo porque le había quitado sus privilegios de conducir por una semana. Estaba gritando por lo injusto que era y por lo avergonzada que iba a estar cuando les dijera a sus amigos que esta semana no los llevaría a la escuela porque su padre le había quitado sus derechos sobre el automóvil. En el pasado, yo habría discutido con ella y le habría dicho que debería estar contenta que solo se lo quitaba por una semana. Le hubiera dicho que sus amigos se buscaran a otro que los llevara y que ella merecía sentirse avergonzada. Esto habría creado más ira en su interior. Me habría gritado cosas feas. Yo hubiera dicho unas pocas palabras más y después habría salido de la habitación dejándola llorando. Esto ocurrió más veces de lo que desearía admitir. Sin embargo, después de escuchar su conferencia sobre la empatía, me puse en los zapatos de ella y recordé lo duro que era perder los derechos de conducir por una semana.

»Yo no tuve un automóvil cuando tenía su edad, pero recuerdo la vez en que mi padre me quitó mi licencia de conducir por dos semanas y no me permitió manejar el automóvil de la familia. Recuerdo lo enojado que me sentí. Es asombroso que cuando traté de ver el mundo a través de sus ojos, pude entender sus emociones». César prosiguió: «Así que le dije: "Querida, comprendo porque estás enojada conmigo. Y puedo comprender lo molesto que sería no poder llevar a tus amigos a la escuela. Si yo fuera un joven, y una vez lo fui, también me sentiría enojado y molesto. Aun así, déjame decirte cómo me siento como padre.

»Habíamos convenido que si te ponían una multa por exceso de velocidad, ibas a perder tus privilegios de conducir por una semana la primera vez. Y si volvía a suceder por segunda vez dentro del año, lo perderías por dos semanas. Ahora, tú conoces las reglas; todos nos hemos comprometido a respetar las consecuencias. Si yo no te obligara a cumplir con las consecuencias, sería un mal padre porque la realidad de la vida es que, cuando rompemos las reglas, debemos sufrir las consecuencias. Yo te quiero mucho y por eso debo reiterar las reglas. No obstante, me identifico mucho contigo por lo que estás sintiendo en este momento".

»Le di un abrazo y salí de la habitación», dijo César con lágrimas en los ojos. «Sin embargo, por primera vez sentí que había actuado de forma positiva respecto a la ira de mi hija».

Una declaración semejante de empatía de parte de un padre no quita los sentimientos de enojo de un joven, pero suaviza su ira. Cuando el padre se identifica con el enojo del adolescente y apoya su existencia en lugar de discutir con él, se calma la ira del joven porque lo trataron con dignidad y no lo ridiculizaron. Está claro que el segundo paso (escuchar al joven) es un prerrequisito para el tercer paso (apoyar la ira del adolescente). Los padres no pueden sentir sincera empatía por la ira del adolescente si antes no escucharon su punto de vista acerca de la situación.

La hija adolescente de Marie estaba enojada con ella porque no le iba a comprar otra ropa que «necesitaba». Era la tercera «compra necesaria» que su hija le había pedido en varias semanas; mamá ya le había comprado las primeras dos. Aunque esta vez no. El presupuesto simplemente no lo permitía, explicó Marie. Cuando su hija comenzó a echar fuera de sí palabras llenas de ira acusando a su madre de no quererla, Marie escuchó a su hija (en lugar de su patrón habitual de represalias). Tomó su cuaderno de notas y registró las inquietudes clave que le expresaba su hija. Luego, en vez de discutirlas, le dijo a Nicole: «Creo entender y ver por qué estás tan enojada conmigo. Si yo estuviera en tu lugar, es probable que me enojaría también con mi madre». Una declaración semejante de empatía no habría sido posible si antes Marie no hubiera prestado atención a las inquietudes de Nicole. El escuchar crea la posibilidad de la empatía.

4. Explica tu punto de vista y busca la solución

Cuando se ha escuchado al joven a conciencia y, luego, ha recibido una declaración de empatía respecto a su ira y otros sentimientos, tú puedes dar el paso final del procesamiento de la ira con mayor facilidad: La explicación de tu punto de vista y la búsqueda de la solución.

Ahora, y solo ahora, está listo el padre para expresarle al joven su propio punto de vista. Si el padre lo hace antes de seguir los tres primeros pasos, el resultado sería una prolongada discusión con el joven que terminaría típicamente con ásperas y cortantes palabras que el padre lamentaría más tarde. Si escuchaste con atención y apoyaste el enojo del joven, él escuchara tu punto de vista. Es probable que no esté de acuerdo contigo, pero te escuchará y se podrá resolver el asunto.

En la situación de Marie, después de haber expresado su comprensión y apoyo hacia los sentimientos de Nicole, dijo: «Si tuviera recursos ilimitados, te compraría la ropa. Sin embargo, no los tengo. El asunto es que en las últimas dos semanas te he comprado dos vestidos que querías también. Siempre hay límites para lo que podemos comprar y nosotras llegamos al límite». A lo mejor Nicole no está muy feliz con su decisión. Es probable que siga optando por estar enojada, pero en el fondo sabe que su madre tiene razón. Debido a que su madre la escuchó con atención y apoyó sus sentimientos, la joven no estará sentada por ahí llena de amargura hacia su madre. No obstante, imagínate que cuando Nicole le pidió el vestido a Marie esta hubiera explotado con un: «No te compraré otro vestido. Te he comprado dos en las últimas dos semanas y eso basta. Tú crees que debes tenerlo todo. Es increíble que seas tan egocéntrica. ¿No crees que el resto de la familia también necesita ropa?». Nicole se hubiera sentido rechazada con semejante respuesta y casi con certeza hubiera sentido amargura en su corazón hacia su madre.

Algunas veces tienen razón... y algunas veces no la tienen

En ocasiones, cuando los padres escuchan las inquietudes de sus hijos, se dan cuenta que tienen razón. Elizabeth dijo: «Nunca olvidaré el día en que mi hija Cristina se enojó conmigo porque entré en su habitación y le ordené su escritorio. Me dijo con firmes palabras que estaba enojada conmigo, que yo había violado su espacio, que no tenía el derecho de entrar así en su habitación y desordenar las cosas sobre su escritorio, que yo había botado algunas cosas que eran importantes, y que si lo volvía a hacer, se iría de la casa. Allí me di cuenta de la manera tan profunda que la había lastimado y cómo se sentía respecto al asunto. Pude haber argumentado que tenía el derecho de entrar en su habitación y hacer todo lo que se me diera la gana. Pude haber dicho que si ella hubiera ordenado su escritorio, no lo tendría que haber hecho yo. Sin embargo, en su lugar, la escuché.

»Creo que ese fue el día en el que por primera vez me di cuenta que mi hija de diecisiete años de edad se estaba transformando en una joven adulta, que ya no la podía seguir tratando como a una niña. Por lo cual le dije: "Lo siento. Me doy cuenta ahora que lo que hice estuvo mal. En realidad, estaba tratando de ordenar tu escritorio, pero entiendo lo que estás diciendo y entiendo que no tenía el derecho de botarte algunas de tus cosas. En realidad, no tenía el derecho de ordenarte tu escritorio. Si me perdonas, te prometo que no lo volveré a hacer"».

Debido a que los padres no somos perfectos, a menudo cometemos errores, los cuales a su vez provocan ira en nuestros jóvenes. Si les prestamos atención a los mismos y somos sinceros, reconoceremos nuestro propio mal comportamiento. La confesión y la petición de perdón siempre forman el acercamiento más positivo cuando nos percatamos que hemos obrado mal con nuestros hijos adolescentes. La mayoría de los jóvenes perdonará a sus padres si les piden perdón con sinceridad.

Por otra parte, a menudo el padre tendrá una perspectiva del todo diferente a la del joven. Esta perspectiva se debe expresar con franqueza y libertad de una manera amable, pero firme. Juan escuchó con atención cuando su hijo Jacob vertió su ira contra el padre. Jacob estaba enojado porque su padre no le prestaba el dinero para pagar el seguro de su automóvil. Cuando Jacob cumplió dieciséis años de edad, Juan le compró un auto con el trato de que Jacob pagaría la gasolina, el cambio de aceite y el seguro. Esto ocurrió hace un año y medio. El pago del seguro vencía cada seis meses. Jacob hizo los dos primeros pagos sin problema, pero ahora se encontraba escaso de dinero y sentía que su padre debía prestárselo a fin de seguir conduciendo el auto. Jacob sabía que su padre tenía mucho dinero; no sería un problema para él hacerle este pago.

Juan escuchó con atención lo que dijo Jacob, tomando apuntes mientras él hablaba. Luego respondió:

—¿Entonces tú crees que yo debería darte el préstamo porque tengo mucho dinero y porque eso no me afectaría?

—Así es —le contestó Jacob—. No es nada para ti; pero es una gran cosa para mí. Y si no me prestas ese dinero, no podré conducir el auto al menos por dos semanas.

Juan volvió a prestarle atención a Jacob cuando explicaba sus razones. Luego, dijo:

—Comprendo por qué quieres que yo haga eso. Sé que será un gran inconveniente para ti no conducir tu auto por dos semanas. Sin embargo, quisiera decirte mi punto de vista. Como padre, tengo la responsabilidad de ayudarte a aprender la manera de administrar tu dinero. Al principio acordamos que tú pagarías la gasolina, el cambio de aceite y el seguro. Hace seis meses que sabías que iba a vencer el pago del seguro. En lugar de ahorrar el dinero, lo gastaste. Esa fue tu decisión. Está bien. No me quejo de cómo gastaste el dinero. Y puesto que optaste por eso, no tienes el dinero suficiente para pagar el seguro.

»Creo que no te haría un favor si te salvo de esta situación —continuó el padre de Jacob—. Considero que es una gran lección para ti respecto a aprender a manejar el dinero. Durante las próximas dos semanas, estoy dispuesto a prestarte mi propio automóvil cuando pueda y te llevaré a donde tengas que ir cuando no pueda prestártelo. Así que no te prestaré el dinero para el seguro. Creo que fallaría como padre si lo hiciera. ¿Comprendes lo que estoy diciendo?

—Creo que sé —murmuró Jacob bajando la cabeza.

No estaba contento, pero entendía lo que le decía su padre. Estaba dispuesto a aceptarlo porque su padre lo escuchó con atención, apoyó sus inquietudes y le expresó su comprensión.

Nuestra meta siempre será ayudar a nuestros hijos adolescentes a procesar su ira hacia el punto de la solución. Una de las peores cosas que pueden suceder es la ira sin resolver dentro del corazón y la mente de nuestros jóvenes. La ira sin resolver produce sentimientos de amargura y resentimiento. El joven se siente rechazado y sin amor. La ira sin resolver del joven hace casi imposible que sea capaz de recibir expresiones de amor de sus padres. Muchos padres se frustran ante el rechazo del joven en aceptar su amor y, entonces, lo tratan con más firmeza, solo para recibir más rechazo. Si el padre desea tener éxito en expresarle amor a su adolescente, deberá tratar con su ira irresoluta. Si la misma se ha almacenado por un tiempo, el padre deberá crear un clima en el que el adolescente se sienta libre de expresar los asuntos por los que se encendió su ira.

El reconocimiento de los fracasos pasados quizá sea una parte de la creación de este medio. Por ejemplo, puedes decir: «Me doy cuenta que en el pasado no siempre te escuché cuando estabas enojado conmigo. A veces he dicho cosas muy hirientes y críticas que lamento mucho. Sé que no he sido un padre perfecto, y quisiera trabajar en mis fallas. Si estuvieras dispuesto, me gustaría que tuviéramos una conversación alguna vez, en la que me dijeras con absoluta franqueza dónde te he herido. Sé que una conversación así quizá sea dolorosa para ti y para mí, pero quiero que sepas que estoy dispuesto a escucharte».

Las declaraciones como estas abren la puerta a la posibilidad de que el joven revele la ira guardada en su interior y le dé al padre la posibilidad de procesar el asunto. Si al final el adolescente no responde a semejante franqueza paternal, quizá sea necesaria una ayuda profesional. Si el adolescente no está dispuesto a ir a terapia, el padre podrá mostrar su propia sinceridad al ir él a la terapia. Es probable que al final el joven esté dispuesto a unirse al proceso de terapia.

Enseñarle a tu adolescente a aceptar su enojo y procesarlo de una manera positiva es una de las mayores contribuciones que podrás hacer a la vida emocional, social y espiritual de tu adolescente. Aprenderá a procesar su enojo por experiencia. Comenzamos desde donde se encuentre el joven y ayudamos a nuestro hijo a procesar su ira aun si eso involucra tener que escuchar sus gritos iniciales. Después les enseñaremos mejores métodos para expresar la ira. Sin embargo, nunca debemos permitir que el lenguaje del joven nos impida escuchar su mensaje.

El poema de la siguiente página me lo escribió mi hijo cuando tenía unos veinte años de edad. Esa es una de las razones por las que creo en el poder sanador de escuchar la ira de un adolescente.

Papá

Tú escuchaste el método del pasado oscuro.
Esto fue lo que me diste.
Tenías oídos para oír
la explosiva sinfonía de mi juventud,
palabras como cuchillos, sílabas como tijeras,
cortando el aire.
Los demás se alejaban.
Tú te quedabas,
y escuchabas.

Cuando ponía el grito en el cielo, chillando como escopeta,
las llamas ardían con rapidez,
desgarrando las abiertas alas de los ángeles,
tú esperabas,
remendando las alas,
y continuábamos de alguna forma.
Al siguiente día
a la siguiente cena
a la siguiente bomba.

Y cuando corría por un abrigo,
por un refugio
por protección,
tú te quedabas afuera en el campo de batalla
expuesto al fuego de todos lados.
Arriesgaste tu vida
cuando me tuviste.
Arriesgaste tu vida escuchando
el método del pasado oscuro.

Derek Chapman

Capítulo 11

El amor y el deseo de independencia

Miguel y Laura solicitaron una consulta con el médico de la familia en la que expresaron sus preocupaciones en cuanto a su hijo de trece años de edad, Samuel.

—Su personalidad ha cambiado —comenzó Miguel—. Es muy imprevisible.

—Nunca fue rebelde —agregó Laura—, pero ahora cuestiona casi todo lo que decimos. Y su lenguaje ha cambiado. La mitad de las veces no entendemos lo que nos dice en realidad. Hace un par de semanas, me dijo unas palabrotas. Samuel jamás había dicho eso.

—Tenemos el temor que Samuel tenga algún problema neurológico —dijo Miguel.

—Quizá un tumor cerebral —añadió Laura—. Quisiéramos saber si desea examinarlo y decirnos lo que usted piensa.

El médico estuvo de acuerdo y dos semanas más tarde llegó Samuel para un examen médico. Después de pasar un examen físico, incluyendo una tomografía axial computerizada, el médico les informó a Miguel y a Laura que Samuel era un adolescente perfectamente normal. No existían problemas neurológicos. Lo que en realidad experimentaba eran señales del desarrollo normal de un adolescente. Miguel y Laura se sintieron aliviados y confusos. Aliviados de que no existieran problemas físicos, pero confusos en cuanto a cómo tendrían que responder a esta intimidante etapa del desarrollo de Samuel. Sabían que no podían pasar por alto su comportamiento.

Miguel y Laura sufrían el trauma normal de los padres cuyos hijos se transforman de repente en jóvenes. Las cosas se pusieron patas arriba. Lo que antes daba resultados, de repente dejó de darlo, y el niño al que creían conocer tan bien, de pronto se convirtió en un extraño.

Hemos hablado sobre la incipiente independencia y el deseo de identidad propia. Y, en este capítulo, deseamos concentrarnos en los cambios que típicamente ocurren durante este período del desarrollo de los jóvenes. Cuando los padres conocen las maneras mediante las cuales sus adolescentes expresan su independencia y búsqueda de identidad propia, pueden aprender mejores maneras de apoyarlos y expresarles amor. Y sin duda serán capaces de hablar con más eficacia el lenguaje del amor de los adolescentes.

La necesidad por independencia... y amor

¿Conoces los dos períodos en los que los padres tienen con frecuencia intensos conflictos con sus hijos? Los investigadores dicen que el primero ocurre durante lo que casi siempre se le llama los «terribles dos», el segundo es alrededor del momento de la pubertad. Estos dos períodos están unidos por un lazo en común: *la independencia*. Durante esos terribles dos, el niño lucha por demostrar independencia física de sus padres. Las pequeñas piernas los llevan a lugares que sus padres no pueden ver y las pequeñas manos hacen cosas que frustran muchísimo a los padres. ¿Qué padre no tiene historias acerca de árboles pintados en el empapelado de la pared con el lápiz labial de la mamá, talco derramado sobre la alfombra del dormitorio, cajones abiertos y desordenados y así sucesivamente?

Ahora, salta de los «terribles dos» hasta el comienzo de la pubertad, la segunda etapa del intenso conflicto entre padres e hijos. Estos conflictos siguen girando en torno a la independencia. Por supuesto, el joven se encuentra en una muy avanzada etapa de la vida, por lo cual los trastornos que provoca y las reglas que quiebra son de una consecuencia mucho mayor como lo es la intensidad del conflicto padre-adolescente. De acuerdo a los expertos Steinberg y Levine, las buenas noticias son que «los enfrentamientos entre padres e hijos casi siempre llegan a su punto máximo en el octavo o noveno grado, luego disminuyen»[1].

En ambas de estas frustrantes etapas del desarrollo del niño, es útil que los padres sepan lo que deben esperar y posean alguna estrategia a fin de responder de una manera positiva. Nuestra preocupación aquí, por supuesto, es para la segunda etapa, durante los primeros años de la adolescencia.

En primer lugar, echemos un vistazo a los patrones de conducta más comunes que puedes esperar. La necesidad de independencia del adolescente se expresará en muchos frentes. Junto con su necesidad de independencia, el joven seguirá necesitando el amor de los padres. No obstante, a menudo los padres interpretan el movimiento del adolescente hacia la independencia como una indicación que ya no desea más el afecto paterno. Este es un serio error.

Nuestra meta estriba en animar la independencia del adolescente y al mismo tiempo satisfacer su necesidad de amor. Por lo general, las características de comportamiento que acompañan a la búsqueda de independencia del adolescente se agrupan alrededor de las siguientes esferas.

El deseo por el espacio personal

El joven quiere ser parte de la familia, pero al mismo tiempo desea estar independiente de la familia. Con frecuencia esto se expresa en su necesidad de un espacio físico personal. Los jóvenes no desean que los vean en público con sus padres. Eso es muy cierto cuando creen que pueden tropezarse con sus amigos. Esto no se debe a que no quieran estar contigo, sino que quieren parecer mayores y más independientes. «Déjame en el estacionamiento y en dos horas me reuniré contigo en el auto».

La madre que creía que salía de compras con su hija adolescente, quizá se sienta muy frustrada por la actitud de la joven. No obstante, si la mamá entiende la necesidad de independencia de la joven, respetará la petición y demostrará amor a su hija adolescente, usando su lenguaje del amor primario cuando salgan del auto. La joven se sentirá amada e independiente. Es probable que los padres que expresen su dolor o enojo por la petición del hijo adolescente precipite una batalla verbal con el mismo, y este se aleje sintiéndose controlado y sin el afecto de sus padres.

Al permitir que el joven se siente con sus amigos en lugar de hacerlo con su familia en el teatro o en la iglesia, si se acompaña con una expresión de amor, se afirma la independencia del joven y se satisface su necesidad de amor. Si en ocasiones se le permite al joven quedarse en casa o ir a cenar con un amigo mientras el resto de la familia va a un restaurante, sirve para el mismo propósito.

Su propio cuarto

A menudo los jóvenes piden su propio cuarto. Es probable que durante los primeros doce años de su vida estuvieran contentos en compartir una misma habitación con un hermano menor, pero ten la seguridad que en sus años de adolescente, de haber alguna manera posible, se buscarán su propio espacio. Están dispuestos a mudarse al desván o al sótano; hasta elegirán un extremo del vestíbulo o del pasillo debajo de las escaleras, en cualquier lado, con tal de tener su propio lugar. Los padres con frecuencia encuentran frustrantes estas peticiones. Lo que pide el adolescente no le parece razonable al padre. ¿Por qué desea dormir en un húmedo sótano cuando tiene una hermosa habitación con un hermano menor? La respuesta yace en la necesidad de ser independiente.

Sugiero que dentro de lo posible los padres cumplan con la petición del hijo adolescente. Una vez provisto el lugar, ¡el joven deseará decorarlo de acuerdo con su propio gusto (este es el momento en que el padre estará contento que el espacio del adolescente esté en el sótano)! Con toda seguridad, el joven elegirá colores, formas y materiales que tú no hubieras elegido. La razón de nuevo es la independencia.

La provisión del espacio privado y la libertad de decorarlo según sus deseos, si va acompañado de importantes muestras de amor por parte de los padres, fomentará la independencia del adolescente y mantendrá lleno su tanque de amor. No obstante, si la concesión de un espacio privado y la libertad de decorarlo a su gusto vienen acompañados de semanas de discusiones acerca de la estupidez de hacerlo, el adolescente pierde su autoestima y se erige un muro emocional entre el joven y los padres aun cuando al final estos accedan a sus requerimientos.

Su propio automóvil

Los jóvenes desean sus propias ruedas. En nuestra pudiente cultura occidental, casi todos los jóvenes desean poseer sus propios vehículos en cuanto obtienen su licencia de conducir. Repito, la tendencia es hacia la independencia. «Si tengo mi propio automóvil, puedo ir solo a la escuela, a los encuentros de natación, a las actividades de la iglesia y al centro comercial. Te ahorrará mucho tiempo». (La mayoría de los padres encuentran atrayente esto).

Pocas cosas infunden al joven un mayor sentimiento de independencia y poder que conducir su propio auto. En el siguiente capítulo, revisaremos el asunto del automóvil en su relación con toda la cuestión de la responsabilidad del adolescente que viene con la libertad. Discutiremos el tema de quién paga el automóvil y cuáles son las expectativas de responsabilidad del conductor adolescente. Sin embargo, por el momento, estamos hablando de fomentar la necesidad del adolescente de ser independiente mientras al mismo tiempo se le expresa amor.

Dando por sentado que el padre es capaz desde el punto de vista financiero y el adolescente es responsable de manera razonable, este es un campo en el que el padre puede expresar su confianza en el joven y, al mismo tiempo, fomentar su independencia. Recuerda que dar regalos es uno de los cinco lenguajes del amor. Aun si no es el lenguaje del amor primario de tu adolescente, es un gran regalo el hecho de que posibilites que el joven tenga su automóvil. Si este puede conducirlo y sentir que lo aman, confían en él y se siente independiente, el padre le ha ayudado a dar otro paso hacia su adultez.

El deseo por espacio emocional

Los jóvenes necesitan un espacio emocional. En sus primeros años, tu hijo te habrá contado todo, lo que sucedió en la escuela, el sueño que tuvo la noche pasada, lo difícil que eran los deberes escolares en casa, etc., pero en los años de su adolescencia, es probable que se sienta desconectado. Cuando le preguntas al adolescente qué sucedió en la escuela, tal vez te responda: «Nada» o «Siempre lo mismo». Cuando le preguntas a tu hija adolescente acerca de alguna de sus amigas, es probable que te acuse de curiosa. Esto no significa que esté encubriendo alguna mala conducta. Una forma en que los jóvenes establecen su independencia emocional es guardando para sí sus pensamientos y sentimientos. Los padres deberían respetar este deseo de parte de los jóvenes. Al fin y al cabo, ¿les expresas a ellos tus pensamientos y sentimientos? Espero que no.

Una parte del significado de ser un adulto es que elegimos cuándo y qué decirles a los demás. Tu adolescente se encuentra en el proceso de volverse adulto. «Yo sé que a veces no deseas hablarme de tus pensamientos y sentimientos, y entiendo que eso está bien. Aun así, cuando tú desees hablar, quiero que sepas que siempre estaré a tu disposición». Estas son las palabras de un padre sabio que ha aprendido el valor de darle al adolescente su espacio emocional.

Otra manera con la que los hijos adolescentes expresan su necesidad de un espacio emocional es alejándose de las demostraciones de amor que recibían antes. No te sorprendas cuando tu hija rechace tus esfuerzos en ayudarla a hacer algo. Por años, tus actos de servicio se tomaron como expresiones de amor. Ahora ella desea hacerlo por su cuenta, y puede que lo haga de una manera muy diferente a la tuya. A veces no se trata de que el adolescente no necesite tu ayuda. El asunto es que no desea que le recuerden que necesita tu ayuda. Desea ser independiente. En lugar de presionar sobre la cuestión, el padre sabio retrocederá y dirá: «Si necesitas mi ayuda, dímelo». Palabras como estas, pronunciadas con una significativa mirada llena de amor, dejan en los hijos adolescentes sentimientos de independencia y amor, y crea una atmósfera en la que te podrán pedir tu ayuda.

Tu hija de trece años de edad quizá se aparte de tus abrazos, no porque no desee el toque físico, sino porque tú lo hacías cuando era una niña. Ahora va rumbo a convertirse en adulta y no quiere que la traten como una niña. El padre sabio buscará nuevas formas de expresar el toque físico que el adolescente aceptará con beneplácito.

Cuando le das instrucciones a tu adolescente acerca de cómo responder a un pariente que va a visitarlos al otro día, prepárate a verlo haciendo exactamente lo opuesto a lo que le pediste. Semejantes peticiones a menudo les parecen pueriles y falsas. Cuando le des palabras de afirmación, asegúrate que tus palabras sean sinceras. Si el adolescente siente que estás tratando de manipular sus propios sentimientos hablándole con amabilidad, las rechazará por insinceras.

Detrás de todo esto se encuentra el deseo del adolescente por su espacio emocional. Quieren que los amen, pero no desean que los ahoguen como en la niñez. Por eso es tan importante que al expresarle amor al adolescente se aprenda nuevos dialectos de los lenguajes de su amor.

El deseo por independencia social

Prefiere a los amigos en vez de su familia
El adolescente no solo desea su espacio físico y emocional, también desea su independencia social de los padres. Este deseo de independencia social se expresa en numerosas facetas. Con frecuencia los jóvenes prefieren a sus amigos en vez de su familia. La familia siempre ha hecho cosas como familia. Ahora el adolescente ya no quiere ir con su familia. Tú planeas un picnic para el sábado por la tarde. El jueves por la noche les comunicas tus planes a tus hijos y el adolescente dice:

—No cuenten conmigo.

—¿Qué quieres decir con eso de "No cuenten conmigo"? —respondes como padre—. Tú eres parte de la familia.

—Ya lo sé, pero ya tengo otros planes —contesta el adolescente—. Voy a salir con mis amigos.

—Entonces diles que hubo un cambio en los planes —dice papá—. Esta es una salida en familia y es importante que estés presente.

—Pero no quiero estar presente —dice el adolescente.

Esta es la primera ronda de una batalla importante si el padre no se da cuenta enseguida que está tratando con un adolescente, no con un niño.

Los padres quizá obliguen a los hijos a participar de las salidas en familia. Una vez que estén allí, es probable que lo pasen bien. No obstante, si los padres emplean las mismas tácticas con un adolescente, pasarán el picnic toda la tarde y la noche con un viajero maldispuesto. No cambiará de actitud ni disfrutará del paseo. Ejercerá su independencia en contra de su coerción.

En mi opinión, es un método mucho mejor permitir que el adolescente no los acompañe, sobre todo si se lo comunicaste tan tarde. No quiero decir que el adolescente nunca tenga que ir con la familia. En actividades que en tu opinión son de suma importancia la presencia del adolescente, deberás conseguir que asista. Aun así, estas ocasiones se deben anunciar con bastante anticipación; esto no solo le da al adolescente el tiempo cronológico, sino también el emocional a fin de prepararse para esa actividad. Los padres también deben explicar el porqué sienten que es tan importante para el joven que asista a la actividad. Si los jóvenes sienten que su programa e intereses se han tenido en cuenta, es probable que se unan a la familia con una actitud positiva. Por otra parte, los jóvenes necesitan hacer algunas cosas fuera del círculo familiar para establecer así su independencia.

El padre que se dé cuenta del valor de la independencia del joven, la fomentará al estar de acuerdo en permitir que este tenga reuniones sociales fuera de la familia y acompañará este apoyo con expresiones de amor más que con discusiones. El padre que discute con el adolescente y luego cede con desgano no ha fomentado la independencia ni tampoco ha expresado amor. El deseo del joven de estar con sus amigos no es un rechazo hacia sus padres; es una evidencia de que su horizonte social se está ampliando más allá de su familia.

Al reflexionarlo, la mayoría de los padres se dará cuenta que eso es justo lo que ellos esperaban que ocurriera. ¿Qué padres quisieran mantener a sus jóvenes atados socialmente a ellos para siempre? En los años de la adolescencia es que surge la independencia social. Los padres sabios ayudarán a sus hijos a crear un fundamento positivo para experiencias sociales posteriores más allá de la familia.

Toca su propia música

Los jóvenes elegirán su propia música. No hay nada más central en la cultura del adolescente que la música. Yo no voy a ser tan tonto de sugerir el tipo de música que va a escuchar tu hijo adolescente. Si te digo lo que en este momento es popular, te aseguro que algo lo habrá suplantado en el momento en el que leas este capítulo. Lo que sí te puedo decir es que la música que elegirá tu adolescente no será la que disfrutas tú. ¿Cómo puedo estar tan seguro de esto? La respuesta se encuentra en una palabra: independencia. El adolescente quiere ser distinto a ti.

Si tú has expuesto a tus hijos a través de su niñez a lo que consideras que es la buena música, no temas. Esa música continuará influyendo en tu adolescente durante toda su vida. La música tiene una forma de tocar el corazón y el alma de un hombre. La influencia de la buena música nunca desaparece, pero en esta época tu hijo está pasando por la fase de la vida de adolescente. Este es el momento de establecer la independencia. Ten la seguridad que su elección musical recibirá la influencia de su independencia en ciernes.

En los años previos a la adolescencia y en los primeros años de la misma, los padres necesitan establecer claras pautas acerca de lo que es aceptable o no respecto a las letras de las canciones. Por ejemplo, las letras que expresan muertes, brutalidad y experiencias sexuales perversas como un comportamiento normal no debieran considerarse música apropiada para los jóvenes. Al adolescente se le debe advertir que la compra de este tipo de música tendrá como resultado la confiscación de los padres y su destrucción sin devolución financiera. Con estos límites impuestos, creo que los padres pueden permitir que sus jóvenes tengan libertad de elección, sabiendo que explorarán varios estilos musicales. La mayoría de la música que bajan de la Internet y los discos compactos poseen ahora una clasificación que indican la naturaleza de su contenido (tal como su lenguaje, temas sexuales o violentos). Este es un buen momento para ayudar a tus jóvenes a comenzar su evaluación (y a sentar reglas razonables).

El padre que critica la elección musical del adolescente estará criticando de manera indirecta al mismo. Si esta crítica continúa, el adolescente creerá que su padre no lo quiere. No obstante, si el padre apoya su libertad de elección y continúa expresándole su amor en el lenguaje del amor primario del adolescente, se fomentará el sentimiento de independencia del joven y satisfará su necesidad de amor. Te sugiero que leas las letras de las canciones de tu hijo. (Digo leas porque sin duda no serás capaz de entender las palabras si las escuchas). Trata de aprender todo lo posible sobre el autor y los músicos que escriben y cantan la música que eligió tu hijo. Destaca las cosas que te gustan de la letra y las cosas positivas de quienes la ejecutan. Escucha mientras tu adolescente decide expresar sus propias impresiones.

Si adoptas ese método positivo hacia su música, a veces podrás decir: «Como tú sabes, es un poco penoso que esta canción, en general tan positiva, tenga estas frases que parecen tan destructivas. ¿Qué opinas de esto?». Dado que él sabe que no criticaste su música, sino que pronunciaste comentarios positivos sobre la misma, se sentirá inclinado a escuchar tus críticas y hasta puede que esté de acuerdo contigo. Aun cuando no esté de acuerdo, habrás plantado una semilla de interrogación en su mente. Si a alguno de los ídolos musicales de tu adolescente lo arrestaran por consumo de drogas, sobredosis o se divorcia de su cónyuge, sé comprensivo, no un juez. Expresa tu dolor y preocupación por esa persona y tristeza por la situación. Sientes empatía por las emociones de tu adolescente y el mismo se sentirá afirmado. Recuerda que él ya está pensando con lógica; sacará sus propias conclusiones. Tú no necesitas predicarle un sermón. Si el joven siente tu apoyo emocional, se sentirá amado.

Hablan un lenguaje diferente y usan ropas diferentes

Los jóvenes hablarán un lenguaje diferente. Cuando tu hijo llegue a la adolescencia, aprenderá un nuevo lenguaje. Por favor, no trates de aprenderlo (eso sería embarazoso para cada uno de los involucrados). Todo el propósito es tener un lenguaje que no entiendan los padres. ¿Por qué esto es tan importante? La respuesta es la independencia social. El adolescente está poniendo distancia entre él y los padres, y el lenguaje es uno de los medios de lograrlo. Si tratas de entender ese lenguaje de los jóvenes, harás fracasar todo su motivo. Los padres que sean sabios aceptarán el nuevo lenguaje de sus hijos como una evidencia de que están creciendo. Es perfectamente válido que los padres digan de vez en cuando: «¿Me podrías explicar esto en español?». No obstante, si la respuesta es negativa, el padre no deberá presionar sobre este asunto.

Los jóvenes comprenden el lenguaje de los demás, pero se supone que los padres no. El adolescente se está conectando con los que tienen su misma edad. Está estableciendo relaciones sociales fuera de la familia y este nuevo dialecto es una parte de estas relaciones. El padre sabio no se burla de este nuevo lenguaje, sino que en su lugar le permite al joven esta nueva expresión de independencia social y continúa amando al adolescente.

Los jóvenes también tienen un código diferente para vestirse. No te puedo decir cómo se vestirá tu adolescente; sí te puedo decir que será diferente a como te vistes tú. A este nuevo vestuario lo acompañarán cortes de cabello y colores que no has visto nunca antes. Sus accesorios incluirán colores de esmaltes de uña que encontrarás estrafalarios y sus joyas quizá se usen en lugares que tú nunca te hubieras imaginado. Si el padre se «sale de sus casillas» y acusa al adolescente por todo esto, el joven se apartará. Si el padre está ejerciendo un control excesivo y exige que el adolescente vuelva a la normalidad, quizá lo haga en presencia de los padres (vale decir, vestirse como cuando tenía once años) , pero lo hará con gran resentimiento. Y cuando los padres no están cerca, el adolescente volverá a ser adolescente.

Es útil que los padres vean el papel de la vestimenta en el amplio escenario social. La vestimenta la dicta, en primer lugar, la cultura. Si lo dudas, pregúntate: «¿Por qué uso este estilo de ropa?». Es muy probable que sea porque en tu círculo social la gente usa ropa similar. Observa las personas que trabajan contigo, viven en tu comunidad, asisten a tu iglesia e interactúan contigo en tus reuniones sociales. Es probable que todos se vistan de forma similar. Los jóvenes siguen el mismo principio. Solo que se están identificando con la cultura del adolescente.

Los padres que crean una guerra mundial por la ropa del hijo adolescente están peleando una batalla inútil que torna un fenómeno normal de desarrollo en un asunto divisorio entre el padre y el adolescente. Tales batallas no modificarán las ideas del adolescente ni les ofrecerán recompensas positivas a los padres.

Los padres sabios expresan sus opiniones, si deben hacerlo, pero ceden y le dan al adolescente la libertad de desarrollar una independencia social. Mientras tanto, continúan llenando el tanque de amor del joven hablando su lenguaje del amor primario y salpicando con los otros cuatro cada vez que sea posible.

El deseo por independencia intelectual

Antes hablamos sobre el desarrollo de las capacidades intelectuales del adolescente. El joven comienza a pensar de manera más abstracta, lógica y global. Está probando sus propias creencias. Está observando cosas que antes aceptaba sin preguntar y ahora está aplicando la prueba de la razón y la lógica. Esto a menudo significa el cuestionamiento de las creencias de sus padres, así como la de sus maestros u otros adultos importantes de su vida. Estos cuestionamientos tienden a concentrarse en tres esferas importantes: valores, creencias morales y creencias religiosas.

Valores

El adolescente se asegura de cuestionar los valores de sus padres. ¿Qué es lo importante en la vida? A menudo observa las discrepancias entre los valores que declaran sus padres y los que demuestran. El padre que afirma que lo más importante en la vida son las relaciones familiares, pero en realidad se deja absorber tanto por su trabajo que tiene poco tiempo para la misma, sabrá que su adolescente verá esa contradicción. La madre que dice que la fidelidad en el matrimonio es importante, pero termina teniendo un amorío con un hombre en su trabajo, su hija adolescente la verá más bien como una hipócrita. «Pero tú dijiste...» es con frecuencia una parte de la andanada de palabras del adolescente hacia el padre cuyas acciones no concuerdan con sus valores declarados.

Aun si los padres son fieles a sus valores, el joven tarde o temprano cuestionará estos valores. El adolescente deberá responderse lo que es importante en la vida. *Mis padres me dijeron que conseguir un título universitario es la cosa más importante para mi futuro. Sin embargo, no estoy seguro de esto. Algunas de las personas más inteligentes que he conocido no fueron a la universidad y algunas de las personas más acaudaladas del mundo tampoco pisaron una universidad. ¿Cómo tengo la certeza que la universidad es lo mejor para mí?* Así razona el adolescente.

Los padres que deseen ser una parte de influencia en el proceso de razonamiento de sus jóvenes deberán pasar del monólogo al diálogo, de los sermones a la conversación, del dogmatismo a la exploración, del control a la influencia. Los jóvenes necesitan y desean el comentario de sus padres en estos aspectos importantes de sus vidas, pero no las recibirán si el padre los trata como a un niño. En la niñez, el padre le decía al niño lo que era bueno y se esperaba que el niño lo creyera. Esto ya deja de ser así cuando el niño entra en la adolescencia. El adolescente quiere saber el porqué. ¿Dónde está la evidencia?

Si los padres están dispuestos a entrar en el mundo del diálogo, de pensar de manera crítica en sus propios valores, de expresar razones y con todo ser receptivos con las opiniones del joven, este aceptará los comentarios paternos y así recibirá la influencia de los valores de sus padres. No obstante, si los padres mantienen la postura de: «Es cierto porque digo que es cierto», habrán perdido toda la influencia sobre la elección de valores del adolescente.

El método de los padres que quieren ser una parte en la influencia de los valores de su hijo adolescente, podría ser así: «La razón es que siempre he pensado que era importante... ¿Tiene esto sentido para ti? ¿Qué sientes al respecto?».

Las conversaciones numerosas, cada una volviendo a donde se quedaron en la anterior, pero no de manera arbitraria ni en forma dogmática, es el proceso de interacción paternal que le permite independencia intelectual al adolescente y al mismo tiempo le otorga el beneficio de los pensamientos de los padres.

Cuando ese diálogo abierto está acompañado por importantes expresiones de amor, el padre fomenta la independencia intelectual y satisface las necesidades por el amor emocional del hijo adolescente. El padre que dice: «Yo respeto tu derecho de elegir tus propios valores. Tú has visto mi vida. Yo conozco mis puntos fuertes y mis puntos débiles. Creo que eres muy inteligente y en mi corazón siento que tomarás sabias decisiones», está hablando el lenguaje del amor de las palabras de afirmación mientras estimula la independencia intelectual del adolescente.

Creencias morales

Mientras los valores responden a la pregunta «¿Qué es importante?», la moral responde la pregunta «¿Qué es lo bueno?». El hombre es por naturaleza una criatura moral. Las creencias acerca de lo bueno y lo malo han penetrado todas las culturas humanas. Pienso que se debe a que el hombre se creó a imagen de un Dios personal y moral, cuya imagen se refleja en el hombre. Cualquiera que sea nuestra creencia acerca del origen de la moral, la realidad cultural es que todas las personas poseen creencias morales. Tus jóvenes no solo se cuestionarán tus valores, sino también tu moral. Repito, no solo examinarán tus palabras, sino tus acciones.

Si declaras que es bueno obedecer la ley civil, el adolescente querrá saber por qué quiebras las reglas de velocidad de tránsito. Si dices que es bueno decir la verdad, el joven te preguntará: «¿Por qué le mentiste a la persona del otro lado del teléfono diciéndole que papá no estaba en casa?». Si dices que es bueno ser amable con los demás, el adolescente te preguntará por qué trataste de esa manera abusiva al empleado de la tienda. Si dices que el racismo no es bueno, el joven querrá saber por qué en el centro comercial caminaste con paso vivo por el lugar evitando un contacto visual con personas de otro grupo étnico que se acercaban.

Todo esto puede ser demasiado molesto para los padres que aprendieron a vivir con sus incoherencias. Molestos o no, nuestros jóvenes persistirán en señalarnos esas contradicciones morales.

Más allá de esto, nuestros jóvenes nos cuestionarán nuestras creencias morales tanto como nuestras acciones. Se harán a sí mismos, y a nosotros, estas duras preguntas: Si el asesinato es malo, ¿el aborto no es un asesinato? Si la violencia que termina en la destrucción de la vida humana es mala, ¿por qué nos entretenemos con las versiones de violencia de Hollywood? Si la monogamia sexual es lo ideal, ¿por qué miles de adultos han elegido parejas sexuales en serie? ¿Está bien o está mal tomar determinaciones según el consenso de la sociedad? ¿O existe una ley natural, moral, que trasciende las opiniones sociales? Estos son los profundos asuntos con los que luchan nuestros hijos adolescentes.

La mayoría de los padres encuentran preocupante que sus jóvenes revivan estos viejos e indefinidos asuntos morales. No obstante, si como padres nos negamos a hablar de las preocupaciones morales de nuestros jóvenes, los dejamos a merced de la influencia de sus compañeros y otros adultos que estén dispuestos a discutir estos asuntos. Si no estamos dispuestos a admitir nuestras incoherencias entre creencia y práctica, nuestros jóvenes dejarán de respetar nuestras opiniones.

No necesitamos ser moralmente perfectos para influir en nuestros jóvenes, pero necesitamos ser moralmente auténticos. «Me doy cuenta que no siempre he vivido de acuerdo a mis creencias en esa esfera, pero sigo creyendo que esto es bueno y que lo que he hecho está mal». Semejantes declaraciones, hechas por padres sinceros, restauran el respeto de los jóvenes en la autenticidad de sus padres. Los padres que se ponen a la defensiva en cuanto a sus propias creencias morales cuando los jóvenes hacen preguntas indagatorias, volverán a impulsarlos a cualquier otro lado a fin de buscar comentarios sobre asuntos morales. Los padres que reciben con beneplácito las preguntas morales de los jóvenes, que están dispuestos a hablar acerca de sus propias creencias y prácticas, que están preparados para escuchar puntos de vista contrarios y dar razones de sus propias creencias morales, son capaces de mantener abierto el camino al diálogo e influir así de manera positiva en las decisiones morales de sus hijos adolescentes.

Después de estas discusiones acerca de asuntos morales, asegúrate de dar afirmaciones de tu amor emocional. Esto mantendrá lleno el tanque de amor de tu adolescente y creará una atmósfera en la que se sentirá libre de regresar para un diálogo adicional.

Creencias religiosas

Mientras que los valores responden la pregunta «¿Qué es importante?» y la moral «¿Qué es lo bueno?», la religión procura responder la pregunta «¿Qué es verdad?». Los sistemas de creencias religiosas son el esfuerzo del hombre para descubrir la verdad sobre el universo material y no material. ¿Cómo explicamos nuestra propia existencia y la existencia del universo? ¿Existe detrás del mundo material una realidad espiritual? ¿Por qué la creencia en seres espirituales es común a toda la humanidad? Es decir, ¿por qué a través de la historia el género humano en todas las culturas ha creído en un mundo espiritual? ¿Hay evidencia de que existe este mundo? Y si así fuera, ¿cuál es la naturaleza de este mundo? ¿Existe Dios? ¿Y el mundo es su creación? Si es así, ¿se puede conocer a Dios?

Estas son las preguntas que hacen los jóvenes. Son preguntas que a veces han estado dormidas por años en los corazones y las mentes de sus padres. Existen preguntas que quizá nunca les contestaran sus propios padres como es debido.

Sea cual fueren sus creencias o no creencias religiosas, en algún momento tus jóvenes lucharán con esos asuntos.

Estos son los interrogantes que los humanos siempre se han planteado, y los jóvenes son humanos (sé que algunas veces es difícil de creer, pero lo son). El hombre es incurablemente religioso. El físico francés, Blaise Pascal, dijo una vez: «Existe un vacío con la forma de Dios en cada corazón humano»[2]. San Agustín dijo: «Tú nos has hecho para ti, y el corazón del hombre está inquieto hasta que encuentra su descanso en ti»[3].

Tu adolescente está inquieto. Quiere cuestionar tus creencias religiosas. Quiere examinar la manera en que tú aplicas tus creencias en la vida cotidiana. Repito, si encuentra incoherencias, es probable que te enfrente con ellas. Si te pones a la defensiva y te niegas a hablar sobre cuestiones religiosas, tu adolescente recurrirá a sus compañeros y a otros adultos. Y no dejará de hacer preguntas religiosas.

Quizá tu adolescente explore también otras creencias religiosas y hasta rechace aspectos de tu propia religión. La mayoría de los padres encuentra esto demasiado preocupante. A decir verdad, es un paso necesario para que tu adolescente desarrolle sus propias creencias religiosas. En realidad, los padres deberían estar más preocupados si el adolescente simplemente adopta la religión de sus padres sin pensarlo con seriedad. Esto indica que para el joven, y quizá para los padres, la religión sea una simple fachada cultural que sirve más para propósitos sociales que para las profundas cuestiones del significado de la vida.

Cuando el adolescente anuncia que no irá más a misa, a la sinagoga, a la Escuela Dominical o a la mezquita, está llamando la atención como una persona independiente de sus padres. Y está expresando un deseo de independencia intelectual. Es reconfortante para los padres saber que una investigación ha demostrado que «a pesar de que el rechazo de la religión por parte del joven quizá sea drástico, raras veces es permanente»[4].

A casi todos los padres les resulta difícil reaccionar con calma cuando sus hijos adolescentes hablan de rechazar su religión, pero las exageradas reacciones de los padres pueden cerrar la puerta al diálogo. Recuerda, el adolescente está estableciendo su independencia no solo en las otras esferas que analizamos, sino también en el campo intelectual, el cual incluye los valores morales y las creencias religiosas. Esto es solo una parte del amplio proceso del adolescente de cuestionar y explorar. Es más una expresión de independencia intelectual que un rechazo de la religión. Si los padres tienen esto en mente, es probable que sean menos severos a la hora de juzgar las ideas religiosas actuales del adolescente.

Un mejor método es escuchar las ideas del adolescente. Permítele expresar con libertad por qué encuentras tan interesante o satisfactoria esta creencia religiosa. Comenta tus propias ideas acerca del asunto, pero de una manera imparcial. Exprésale tu satisfacción de que él esté pensando en estas cosas. Si quiere en verdad ser osado, pídale su opinión sobre lo bien que usted ha vivido con sus propias creencias religiosas. Así logrará descubrir por qué el adolescente busca en otra dirección.

Este no es un momento para dogmatismos, aunque tengas profundas convicciones religiosas. Es el momento de animarlo a que haga investigaciones. Si estás profundamente convencido de la validez de tus propias creencias religiosas, que lo que crees en verdad se ajusta a la realidad del mundo, deberías tener el suficiente grado de confianza para que tu adolescente explorador, si es sincero, termine al final con creencias similares a las tuyas. Si, por otra parte, tus convicciones religiosas no están arraigadas de manera muy profunda en ti y no estás tan seguro de si en verdad concuerdan con la realidad fundamental, quizá debas entusiasmarte de que tu adolescente esté en esa búsqueda. Tal vez logre descubrir lo que no pudiste hacer tú.

El hecho es que tu adolescente está explorando ideas religiosas. La pregunta es: «¿Deseas formar parte de esta investigación y amar a tu adolescente durante este proceso?». Si la respuesta es sí, debes cambiar de nuevo del monólogo al diálogo y crear una atmósfera para una abierta y franca discusión acerca de temas religiosos. Debes darle al adolescente el derecho de tener pensamientos distintos a los tuyos. Debes estar dispuesto a expresar tu evidencia y a escuchar la evidencia contraria. Debes reconocer que tu adolescente está en un proceso y debes darle tiempo para procesar las creencias religiosas.

Si haces esto, llenando todo el tiempo el tanque de amor emocional del joven, este se sentirá amado y desarrollará su independencia intelectual. Desarrollará sus convicciones religiosas por las que vivirá y tú habrás sido una positiva influencia durante esa búsqueda.

Nuestros jóvenes necesitan decidir por su cuenta

Es obvio que en estas esferas (valores, moral y religión), nuestros jóvenes tomarán decisiones. Destacar la mayoría de los conflictos entre padres y jóvenes es la cuestión básica en cuanto al derecho de los mismos a tomar decisiones independientes. Si el padre reconoce este derecho del pensamiento independiente y que las decisiones del adolescente están en proceso y está dispuesto a invertir su tiempo y a crear una atmósfera para un diálogo importante en un entorno afectuoso, el adolescente continuará «conectado» a la influencia paternal.

No obstante, si los padres dibujan líneas en la arena, lanzan proclamas dogmáticas acerca de lo que los jóvenes deben creer y hacer, establecerán relaciones de antagonismo con sus hijos adolescentes. Miles de padres han transitado por esos caminos y han tenido desavenencias con sus jóvenes. En cambio, estos se volvieron hacia sus grupos de compañeros (a veces grupos muy destructivos) y a otros adultos (a veces malvados, que están dispuestos a mostrar aceptación y amor superficial a cambio de favores, placeres y gratificación propia).

Recuerda que los jóvenes ejercerán su independencia. Es parte del proceso de convertirse en adultos. Los padres sabios reconocen esto como una etapa del desarrollo por la que deben pasar los jóvenes y procurarán cooperar en vez de dificultar el desarrollo de sus hijos adolescentes. Es de suma importancia que le expreses tu amor al adolescente durante este volátil proceso. Si eres capaz de promover la independencia de tu adolescente de la manera sugerida en este capítulo mientras mantienes lleno su tanque de amor, el joven crecerá hasta convertirse en un adulto responsable, descubrirá su lugar en la sociedad y hará su contribución al mundo.

Es muy probable que los padres que fracasen en esta crítica etapa se enemisten con sus jóvenes durante años y los vean luchando con la búsqueda de su lugar en el mundo. Uno de los mayores regalos que los padres les pueden dar a sus adolescentes es al crearles una atmósfera en la que estos desarrollen su independencia social, intelectual y emocional.

En este momento, sé que algunos quizá se pregunten: «Entonces, ¿qué me dice respecto a los límites? ¿Qué pasará con las responsabilidades?». Me alegro que hayan hecho estas preguntas. Revelan que comprenden las implicaciones de lo que dije en este capítulo. Y eso nos lleva al capítulo 12, donde deseo analizar estos temas concretos. Es más, les pido que lean y estudien juntos los capítulos 11 y 12. Son dos ruedas de un mismo carro: *la independencia y la responsabilidad.*

Capítulo 12

El amor y la necesidad de responsabilidad

El padre de Miguel compró un auto viejo en el que Miguel y él trabajaron juntos durante varios fines de semana. Cuando Miguel recibió su licencia de conducir, su padre le enseñó algunos puntos concretos sobre la conducción. Primero, practicaron por el día; más tarde, Miguel practicó conduciendo de noche. Un fin de semana su padre y él fueron a un campamento y Miguel condujo hasta allí. Todo estuvo bien hasta que al final Miguel recibió su licencia de conducir.

¡Eh, soy libre!, se dijo Miguel. *Ya papá no tiene que venir conmigo.* Comenzó a soñar con conducir a cualquier parte que quisiera, cuando quisiera y como quisiera. Miguel no comprendió cuando su padre le insistió en que existían reglas sobre cuándo, dónde y cómo conduciría el automóvil.

Lo que Miguel estaba a punto de aprender era que la libertad y la responsabilidad eran dos caras opuestas de la misma moneda: una nunca existe sin la otra. Esto siempre es cierto en el mundo del adulto y el adolescente también tiene que aprender esta realidad. A los adultos se les concede la libertad de vivir en una casa siempre y cuando cumplan con su responsabilidad de efectuar los pagos mensuales de la hipoteca. La compañía de electricidad le permite consumir energía eléctrica mientras el cliente asuma la responsabilidad de pagar las facturas mensuales. Todo en la vida está organizado alrededor de los principios de libertad y responsabilidad. Ninguno de los dos se aparta mucho del otro. Por supuesto, el adolescente no conoce esa realidad. Es una parte de su crianza ayudar al joven a que lo descubra.

Así como el padre amoroso anima la independencia del adolescente, también el amor paternal significa enseñarle a asumir la responsabilidad por su propio comportamiento. La independencia sin responsabilidad es el camino hacia una baja autoestima, hacia la actividad sin importancia y, al final, hacia el aburrimiento y la depresión. No ganamos una sensación de autoestima por el hecho de ser independientes. Nuestro valor proviene de asumir las responsabilidades. La independencia y la responsabilidad pavimentan el camino hacia un maduro estado de adulto. El adolescente que aprende a tener la responsabilidad por sus propios actos mientras desarrolla su independencia e identidad propia poseerá una buena autoestima, logrará valiosos objetivos y hará una importante contribución al mundo que lo rodea. Los jóvenes que no aprenden a tener responsabilidad serán jóvenes problemáticos y, al final, adultos problemáticos.

El papel de las leyes (límites)

La responsabilidad requiere límites. Todas las sociedades humanas tienen sus límites a las que casi siempre se les llaman leyes. Sin límites sociales, la sociedad se autodestruiría. Si cada uno solo hace lo que a sus ojos es bueno, el resultado sería caótico. Cuando la mayoría de las personas se atienen a las leyes, es decir, son ciudadanos responsables, florece la sociedad. Cuando una importante cantidad de individuos opta por transitar a través de sus propios caminos y vivir de manera irresponsable, la sociedad sufre las consecuencias negativas. Nuestra propia sociedad occidental está experimentando los resultados de esa clase de vida que tienen muchos jóvenes y adultos. Esto se revela en la cantidad de asesinatos, violaciones, robos y otros crímenes violentos que se cometen a diario. No solo el individuo es el que sufre por su comportamiento irresponsable, sino que la sociedad sufre también a la larga.

En el entorno familiar, los padres tienen la responsabilidad de establecer reglas o límites y procurar que el adolescente viva de manera responsable dentro de esos límites. La idea de que los jóvenes se rebelan si los padres fijan límites no es valedera. Es más, las investigaciones indican que «la mayoría de los jóvenes sienten que sus padres son razonables y pacientes con ellos la mayor parte del tiempo. Más de la mitad admitió: "Cuando mis padres son estrictos, siento que tienen razón, aun cuando me enoje"»[1].

Lawrence Steinberg, profesor de psicología de la Universidad Temple, observó: «El motivo de la rebelión de los jóvenes no es la imposición de la autoridad, sino el uso arbitrario del poder, con poca explicación de las reglas y sin participar en la toma de decisiones»[2]. El problema no es la autoridad paterna; el problema son los padres que expresan su autoridad de una manera dictatorial y poco amorosa. Cuando tu hijo era pequeño, podías fijar reglas arbitrarias y rara vez él iba a cuestionar tu derecho de proceder así, aunque las hubiera desobedecido. Sin embargo, los jóvenes cuestionarán si tus reglas son buenas. Cuestionarán si tus reglas se crearon para el beneficio del joven o solo para el beneficio de tus propios caprichos. «Hazlo porque yo lo digo» ya no da resultado con los jóvenes. Si continúas con semejante método dictatorial, te aseguro que tu hijo adolescente se rebelará.

Establece reglas *con* tu hijo adolescente

Debido a que el joven está desarrollando su independencia, necesita ser parte de la creación de las reglas y el establecimiento de las consecuencias. Los padres sabios traerán a sus jóvenes dentro del círculo de la toma de decisiones, permitiéndoles expresar sus ideas en cuanto a las reglas justas y dignas. Los padres deberían comentarles las razones de sus propias ideas y demostrar por qué piensan que esa regla es beneficiosa para el joven. Los que procedan de esta manera crearán una atmósfera que fomenta la independencia del adolescente, mientras que al mismo tiempo se le enseña que no hay libertad sin responsabilidad.

En tales «foros familiares» abiertos, los padres y los jóvenes pueden reunirse y los padres pueden seguir siendo la autoridad. Los padres tendrán la última palabra, pero serán más sabios cuando conozcan los pensamientos y los sentimientos del joven respecto al asunto. Y si el mismo tuvo voz y voto en confeccionar la regla, es más probable que crea que la regla es justa y menos probable que se rebele en su contra. Estudios han demostrado que «los jóvenes cuyos padres están dispuestos a que participen de una discusión son más afectuosos y respetuosos, y es más probable que digan que desean ser como sus padres, que los jóvenes cuyos padres insisten en tener siempre la razón»[3].

Los padres no solo tienen la responsabilidad de establecer límites, sino también de implementar las consecuencias cuando se violan estas reglas. Repito, si los jóvenes participaron en la decisión de cuáles serían las consecuencias, con mayor probabilidad creerán que son justas y con menor probabilidad se rebelarán en su contra cuando los padres implementen las consecuencias. Como padres, debemos recordar que nuestra meta en criar jóvenes no, es ganar una discusión, sino enseñarles a nuestros jóvenes a ser responsables mientras se independizan. El principio es: «Si eres capaz de aceptar la responsabilidad, puedes tener la libertad. Si no eres capaz de aceptar la responsabilidad, no estás preparado para la libertad». Cuando nuestros jóvenes comprenden que los dos siempre van juntos, aprenderán una gran lección que no solo les será útil en su adolescencia, sino también durante el resto de sus vidas.

La importancia del amor

Si este proceso de la independencia del adolescente y su responsabilidad debe avanzar con suavidad, los padres deben ayudarlo con el adecuado lenguaje del amor. Cuando los jóvenes sienten que sus padres lo aman, cuando sienten en lo más hondo que sus padres tienen en mente su bienestar, que las reglas se crearon y se llevan a cabo solo para el beneficio del adolescente, es más probable que emerjan la independencia y la responsabilidad. Mantén lleno el tanque de amor de tu adolescente y su rebelión solo será esporádica y temporal. Por otra parte, si tu adolescente no se siente amado, si ve que las reglas son arbitrarias y egoístas, y le parece que a ti te preocupa más tu propia reputación y éxito que su bienestar, casi con seguridad se rebelará contra las reglas y contra ti como el ejecutor de sus consecuencias.

Recuerda, los esfuerzos en controlar a los jóvenes a través de la coerción casi siempre fracasan. La coerción es incapaz de lograr lo que el amor tiene por objeto crear, o sea, los sentimientos de un respeto positivo hacia los padres. El amor es en verdad el arma más poderosa para el bien en el mundo. Los padres que tienen presente esto y hacen conscientes esfuerzos a fin de continuar expresando amor emocional al adolescente, darán el primer y más importante paso en enseñarle responsabilidad mientras fomentan su independencia.

Steinberg, un reconocido experto en jóvenes, dijo: «Cuando los padres retroceden porque creen que el adolescente ya no quiere ni necesita su afecto, el joven se siente abandonado. Tan trillado como pueda parecer, el amor es la cosa más importante que le puedes dar a tu adolescente»[4]. Cuando le das amor emocional al joven, eso crea un clima en el que ambos pueden cooperar con la naciente independencia y al mismo tiempo insistir en un comportamiento responsable. Una vez expresado esto, estamos listos para examinar el proceso de establecer e implementar las reglas para los jóvenes.

Un foro familiar especial

Debería ser obvio a estas alturas que cualquiera que fuera la regla establecida cuando tu adolescente era un niño, no puede traerse de forma arbitraria a la adolescencia. El joven se encuentra en una etapa diferente de su vida; esta pide que se reconsideren y reformen las reglas. Los padres que solo tratan de «deslizarse» dentro de los años de la adolescencia sin reflexionar, conversar, ni prestar atención a las reglas familiares, pronto verán cómo se rebela su adolescente. Los padres activos reunirán a la familia en un foro familiar, reconociendo ante el adolescente que él ahora es joven y que esto llama a reconsiderar las reglas de la familia a fin de permitir más libertad y responsabilidad.

El padre que reconoce esta realidad antes que el adolescente se dé cuenta de ello obtendrá el respeto y la atención del mismo. A los jóvenes les interesa tener más libertad y más responsabilidad. Este será un foro familiar al que asistirán contentos.

En el apéndice #2 encontrarán algunas sugerencias para tener este foro familiar y un ejemplo de una introducción que explica su propósito. Al tener iniciativa y llamar a este foro familiar antes que el adolescente se empiece a quejar por las reglas infantiles que imperan en la familia, es una estrategia de gran sabiduría. El adolescente al que sus padres sorprenden con la guardia baja al anunciarle su naciente independencia y responsabilidad es mucho más probable que sea un pacífico participante de semejante foro familiar en el que el joven ha estado insistiendo durante seis meses para que tal foro se lleve a cabo.

No obstante, si tu adolescente tiene quince años y tú nunca tuviste un foro así, nunca es demasiado tarde para sorprenderlo tomando la iniciativa a fin de examinar las reglas.

Algunas reglas acerca de las reglas

Antes, permíteme sugerirte tres pautas a fin de crear reglas que harán que todo el proceso sea más razonable y útil. Después de esto, te presentaré tres pautas para establecer las consecuencias durante tal foro.

1. Las reglas deben ser tan pocas como sea posible

Para escribir dieciséis páginas de reglas familiares no solo hará falta mucho tiempo, sino que es probable que se pasen por alto. Esta es una etapa de la vida donde menos es mejor. Demasiadas reglas abruman al adolescente, no las recordarán, crearán una pesadilla a los padres para hacerlas cumplir y harán la vida demasiado rígida. Los jóvenes necesitan un poco de espacio para la espontaneidad y la despreocupación. Demasiadas reglas hacen que el adolescente se vuelva paranoico y temeroso.

¿Cuáles son las cuestiones importantes de verdad? Por lo general, la respuesta a esta pregunta girará en torno a evitar las cosas que desde el punto de vista físico, emocional o social perjudiquen el bienestar del adolescente y a estimular las que fomenten el logro de metas dignas por parte del adolescente. Vivir con responsabilidad es decirles «no» a las cosas que destruyen y «sí» a las que construyen.

Las reglas deben apuntar en dirección a este objetivo. Más adelante en este capítulo veremos varios campos de responsabilidad de la adolescencia y procuraremos aplicar este principio. El objetivo de las reglas no es regular cada instante de la vida del joven. Es proveer importantes límites dentro de los cuales el adolescente puede hacer elecciones. Recuerda, Dios solo vino con diez reglas, llamadas los Diez Mandamientos[5]. Y Jesús las resumió en dos[6]. Dado que no eres tan sabio como Dios, es probable que tengas algunas más que diez. Te aseguro que tu adolescente tratará de ser un poco más como Jesús.

2. Las reglas deben ser lo más claras posible

Las reglas ambiguas crean confusión tanto para el joven como para el padre. «Regresa a casa a una hora razonable», sin duda el joven la interpretará distinto al padre. «Llega a la casa a las diez y media de la noche» es claro. Tal vez el joven quiebre la regla, pero no existe confusión en lo que indica la regla. «Nunca conduzcas a más de cinco kilómetros por encima de la velocidad máxima indicada». Cualquiera lo bastante inteligente como para conducir no tendrá dificultades en comprender esta regla (quizá sea difícil de seguirla, pero no es difícil entenderla).

Cuando una regla es clara, el joven se da cuenta cuando la viola. Es posible que trate de encubrir su error. Hasta quizá discuta que no sucedió. Incluso, es probable que razone por qué ocurrió. Aun así, el joven sabe que se violó la regla. No obstante, si la regla es ambigua, el adolescente sin falta discutirá acerca del juicio del padre respecto a si se violó o no la regla. Las reglas indefinidas son un escenario de discusiones. Con certeza los jóvenes subirán al escenario y harán una magnífica representación. Las reglas claras impiden semejante farsa.

3. Las reglas deben ser lo más justas posible

Digo «posible» porque ninguno de nosotros es perfecto en nuestro punto de vista acerca de lo que es justo. Tú y tu adolescente podrán estar en desacuerdo respecto a la justicia de una regla. Mediante un diálogo abierto, procurando comprender el punto de vista contrario, tú y tu adolescente serán capaces de llegar a un consenso en cuanto a lo que es justo. No cedas cuando estás convencido de que tu regla es lo mejor para los intereses del adolescente, pero ten la disposición a ceder cuando sientas que al hacerlo no será en detrimento del bienestar del joven.

Para el adolescente, la justicia es *muy* importante. Como decíamos antes, el adolescente está luchando con los valores, la moral, la lógica y las razones. Si se viola el sentimiento de justicia del joven, este experimentará ira. Si el padre corta la discusión y de forma arbitraria desaprueba la regla y se niega a tratar con la ira del adolescente, este se sentirá rechazado y estará resentido después con el padre.

Cada esfuerzo deberá hacerse para escuchar las inquietudes del joven en cuanto a la imparcialidad al crear las reglas. Si el adolescente está de acuerdo en que la regla es justa, es probable que no se rebele cuando el padre la aplique. Lo cual nos conduce al asunto de las consecuencias.

Algunas reglas acerca de las consecuencias

Las reglas sin consecuencias no solo son inútiles, sino que también son confusas. Los jóvenes no respetarán a los padres que no procuran con amor, aunque con firmeza, la implementación de las reglas de permitir que el joven sufra las consecuencias cuando se quebrantan. El sufrimiento de las consecuencias es una importante realidad en la vida de un adulto. Si no pago la cuota de la hipoteca, el mes siguiente pagaré recargos financieros. Si durante tres meses no hago los pagos de la hipoteca, me echan a la calle. Si excedo el límite de velocidad y me ponen una multa, no solo debo pagar la multa, sino que aumentará mi póliza de seguro. Las consecuencias quizá sean duras, pero fomentan la vida con responsabilidad. Una luz azul que destella en la oscuridad hará que los conductores quiten el pie del acelerador. El temor a pagar las consecuencias los motiva para seguir las reglas.

He aquí tres pautas para formular e implementar las consecuencias.

1. Las consecuencias deben establecerse antes de la violación

La mayoría de las leyes sociales incorporan este concepto. La cantidad de honorarios adicionales que debo pagar cuando no cumplo con mis pagos de la hipoteca ya se estipularon antes de mi falta de pago. El banco o entidad hipotecaria no decide de forma arbitraria una «penalización» después que yo haya violado mi contrato de pagos. En la mayoría de los estados y las ciudades, la penalización se fija antes de que ocurra la violación. Si estamos preparando a nuestros jóvenes para el mundo adulto, ¿no sería lógico aplicar este principio cuando aún son adolescentes?

Estoy asombrado por la cantidad de padres que he encontrado por todo el país a quienes nunca se les había ocurrido esta idea. Esperan a que el adolescente viole la regla; entonces, a menudo con enojo, establecen las consecuencias. La naturaleza de estas consecuencias se determina con frecuencia por el estado emocional del padre en ese momento. Las posibilidades que el adolescente esté de acuerdo en que las consecuencias sean justas son casi nulas. Por otra parte, si los padres están de buen humor, es probable que después de todo no haya consecuencias. Es obvio que el adolescente está confundido ante este método arbitrario de fijar consecuencias.

Les sugiero que las consecuencias de una violación se fijen en el momento de establecer las reglas, y que el adolescente forme parte de este proceso. Si el joven ha formado parte en la formulación de la regla, ¿por qué no puede ser parte de la determinación de las consecuencias? Ya hemos observado que el joven tiene una aguda inquietud respecto a la justicia. Cuando se le permite ser parte del establecimiento de las consecuencias, se les ayuda a desarrollar su juicio moral. A menudo los jóvenes son más severos con ellos mismos que el padre. Quizá pienses que una semana sin conducir el automóvil sería una justa consecuencia de violar una regla determinada. Es probable que el joven llegue a sugerir dos. Lo importante es estar de acuerdo en una consecuencia que el adolescente acepta como justa.

El valor de estar de acuerdo sobre predeterminadas consecuencias es que cuando ocurre la violación, tanto el padre como el adolescente ya saben lo que va a suceder. Es posible que el padre no se deje llevar por la ira y el adolescente acepte con mucha más probabilidad la consecuencia dado que formó parte del establecimiento de las consecuencias. Si se determinó con antelación que no se puede jugar a la pelota dentro de la casa y que la primera violación de esto resultará en guardar la pelota dentro del maletero del auto por dos días, y que a la segunda infracción dentro del mismo mes guardar la pelota por una semana entera, es probable que al padre no le haga falta vociferar ni despotricar porque el adolescente esté jugando a la pelota dentro de la casa. Solo interceptará la pelota y la pondrá dentro del maletero del automóvil. De momento, quizá el adolescente se disguste, pero es probable que reconozca que las consecuencias eran justificadas.

Los padres se ahorran un montón de disgustos cuando se fijan las consecuencias antes de que ocurra la violación. Es una situación de beneficio mutuo. Los padres se sentirán menos frustrados y los jóvenes tendrán un mayor sentido de que ha reinado la justicia. Se da otro paso en alcanzar la meta de la responsabilidad del joven.

2. Las consecuencias deben aplicarse con amor

Los padres no deben regocijarse en la aplicación de las consecuencias. El sufrimiento por las consecuencias de hacer algo mal es doloroso tanto en el mundo adulto como en el del adolescente. ¿Qué adulto no se sentiría resentido con el policía que se ríe mientras extiende una multa? Los jóvenes sentirán el mismo resentimiento cuando los padres aparenten sentir placer en aplicar las consecuencias del mal comportamiento del adolescente. Los padres tampoco deben ser bruscos ni fríos a la hora de aplicar las consecuencias. «Yo te lo dije. Si me hubieras escuchado, no estarías en este lío». Semejante declaración podrá aliviar en algo la frustración de los padres, pero no tendrá un efecto positivo en el joven.

Nuestros jóvenes necesitan sentir que los amamos a pesar de que han violado la regla. Necesitan compasión y comprensión, pero no les hacen falta padres que capitulen y alivien las consecuencias.

«Sé que será muy difícil para ti no poder conducir el automóvil esta semana. Desearía no tener que quitarte las llaves. Sin embargo, conoces la regla y las consecuencias de violarla. Puesto que te amo, no me queda otra opción. Debo dejar que sientas el dolor de haber quebrantado una regla». Semejante comprensión y empatía hacia el joven le ayuda a aceptar que las consecuencias son justas y amorosas. El adolescente, aunque disgustado, no se resentirá con el padre que aplica las consecuencias de esta manera tan amable y atenta.

También es apropiado que después de este enfrentamiento se hable el lenguaje del amor primario del adolescente como un gesto final de amor. Por ejemplo, si dicho lenguaje es el toque físico, una palmada en la espalda o un abrazo le dirán mucho mientras te alejas con las llaves en la mano. Si el lenguaje del amor del joven son los actos de servicio, prepararle su postre favorito llenará su tanque de amor a pesar del dolor por haber perdido el derecho del automóvil. Si su lenguaje del amor son las palabras de afirmación, apoyarlo verbalmente antes y después de aplicar las consecuencias le asegurará a él tu amor y hará que las mismas sean más aceptables. Esta es otra ocasión en la que la comprensión del lenguaje del amor primario de tu adolescente es por demás importante. De seguro que es apropiado hablar uno de los restantes lenguajes, pero no será ni remotamente tan eficaz desde el punto de vista emocional como hablar el lenguaje del amor primario de tu hijo adolescente.

3. Las consecuencias se deben aplicar con firmeza

Las consecuencias no deben administrarse según el capricho del padre. Por naturaleza, todos recibimos la influencia de nuestras emociones. Si los padres se sienten bien y están de un humor positivo, con frecuencia se sienten inclinados a pasar por alto la infracción del adolescente respecto a las reglas. En cambio, si los padres están de mal humor o demasiado estresados y quizá enojados con alguien en la oficina, a menudo caerán con dureza sobre el adolescente cuando se viole una regla familiar. Semejante incoherencia provocará enojo, resentimiento y confusión en el corazón del adolescente. Se violó su sentido de la justicia. Se sentirá enojado, y con toda probabilidad, a corto plazo se producirán discusiones y mal comportamiento.

Los padres que fijan las consecuencias antes de la violación, permiten que los jóvenes formen parte de la misma, y quien las aplica con amor tiene más probabilidades de ser firme. El ideal es administrarlas con firmeza, amabilidad y amor. Los padres que lo hacen así cooperarán con la necesidad del adolescente de aprender a asumir sus responsabilidades. El joven, aunque no siempre feliz, será un dispuesto participante del proceso.

El establecimiento de las esferas de responsabilidad

Sin tratar de ser comprensivo, veamos algunas de las esferas de la familia que requieren reglas y sus consecuencias a fin de enseñarle responsabilidad a tu adolescente y fomentar al mismo tiempo su independencia. Establece tus reglas y consecuencias en respuesta a estas dos preguntas: (1) ¿Cuáles son los asuntos importantes que ayudarán a mi adolescente a convertirse en un adulto maduro? (2) ¿Qué peligros se deben evitar y cuáles son las responsabilidades que deben aprenderse? Sí, algunas reglas serán prohibiciones, creadas para mantener alejado al adolescente de palabras o comportamientos que desde el punto de vista físico y emocional quizá sean destructivos para él mismo y para los demás. Sin embargo, se deben designar otras reglas que te ayuden a practicar comportamientos positivos que realcen su propia madurez y enriquezcan las vidas de los que están a su alrededor.

Aquí, entonces, brindamos algunas de las esferas más comunes en las que los padres y los jóvenes necesitarán establecer reglas y consecuencias.

1. Las oportunidades en el hogar

Digo oportunidades en vez de tareas debido a que parece más positivo. En realidad, existen los dos elementos. En una familia sana, cada miembro tiene ciertas tareas que deben realizarse a fin de que la vida siga fluyendo de manera positiva. Sin embargo, estas tareas también representan oportunidades de servicio. En años recientes, nuestra sociedad ha perdido el énfasis del valor de un servicio altruista. No obstante, sigue siendo cierto que quienes son objetos de la mayor honra entre nosotros son los que tienen una actitud de servicio. La persona egocéntrica e interesada quizá tenga éxito en lo financiero, pero raras veces es objeto de una alta estima.

Si los jóvenes deben aprender a servir más allá de la familia, antes tienen que aprender a servirle a la familia. Los jóvenes necesitan verdaderas responsabilidades hogareñas que enriquezcan las vidas de los demás miembros de la familia. Estas diferirán de hogar en hogar, pero podrán ser tareas como cuidar de un hermanito menor, ayudar a preparar la cena, lavar el automóvil de la familia, cuidar de la mascota de la familia, cortar el césped, podar los arbustos, plantar flores, pasarle la aspiradora a los pisos, ordenar las cómodas, quitar el polvo y lavar la ropa. Estas responsabilidades deben cambiar de vez en cuando, a fin de que el joven tenga la oportunidad de aprender nuevas habilidades en diferentes campos del mantenimiento de una casa.

Es importante que el joven se vea a sí mismo como parte de la familia y comprenda que en una familia cada uno tiene una responsabilidad. Como adolescente, está adquiriendo cada vez más habilidades. Esto no solo significa más libertad para hacer cosas fuera del hogar, sino más responsabilidades dentro del mismo. Sin duda, el joven tendrá mayores responsabilidades que su hermano de ocho años. Junto con las mismas vendrá la libertad de quedarse despierto más tiempo, pasar algún tiempo fuera de la familia, etc. En mi opinión, esta libertad debería venir siempre acompañada de responsabilidades apropiadas. Si el adolescente demuestra que es lo bastante maduro como para aceptar con seriedad las responsabilidades, también será lo bastante maduro como para mayores libertades.

En el foro familiar, donde se crean las reglas y se determinan las consecuencias, este principio debe comprenderse con claridad. Dentro de este enfoque, los padres no deben sentirse inclinados a forzar al joven a realizar tareas del hogar, sino que el mismo tendría una oportunidad de demostrar su madurez al aceptar responsabilidades con agrado y ganarse así una mayor libertad. Si elige no realizar las tareas que le asignaron, las consecuencias entonces se fijarían en términos de pérdida de libertades. Por ejemplo, si el adolescente que ya está conduciendo tiene asignada la tarea de lavar el automóvil el sábado al mediodía y la predeterminada consecuencia de no hacerlo es perder los privilegios de conducir por dos días, los padres con sabiduría no estarán encima del adolescente para que lave el auto. Es una decisión, el joven opta por someterse a la responsabilidad y tiene entonces la libertad que la acompaña o decide ser menos maduro y pierde estas libertades. Les aseguro que raras veces el adolescente perderá estas libertades y los padres no desperdiciarán su tiempo y energía impacientándose por si se va a lavar o no el vehículo.

2. Las tareas escolares

¿Cuáles son los asuntos más importantes en la educación del adolescente? Esta es una pregunta que deben responder juntos tú y tu adolescente. La mayoría de los padres sentirán que es imprescindible que se gradúe del colegio secundario. En la cultura occidental, un adolescente sin un diploma de estudios secundarios superiores se verá impedido seriamente de vivir una vida satisfactoria de adulto. Si el padre está de acuerdo, esto se declara prioridad número uno. Entonces, te preguntas: «¿Cuáles son las reglas que le ayudarán a lograr este objetivo?». Por lo general, esto involucra una asistencia regular a la escuela y el total cumplimiento de las tareas asignadas. Casi siempre ambas se reflejan en el boletín de calificaciones que los padres reciben periódicamente. Las reglas podrían ser muy simples: asistencia diaria a la escuela salvo que esté enfermo en su casa o en el hospital, cumplimiento satisfactorio de todas las tareas escolares en la escuela y en casa. Si se viola la regla de asistencia, las consecuencias podrían ser que por cada día de inasistencia a la escuela, el adolescente debe pasar el sábado leyendo un libro y dándole un informe verbal al padre acerca de lo que leyó. No se le permitirá salir de la casa la cantidad de horas normales que ellos debieron estar en la escuela. La mayoría de los jóvenes solo perderá un sábado.

El nivel de la tarea escolar en casa es algo más difícil de juzgar, pero casi siempre se refleja en las notas y en una visita al maestro. Cuando los padres descubren que esas tareas no se están completando y el nivel del adolescente en la escuela es menos que satisfactorio, la consecuencia podría ser que esas tareas se terminen el sábado o el domingo por la tarde aunque el maestro diga que esto no mejorará la nota. El padre supervisará de cerca el cumplimiento de esas tareas «fuera de la puntuación». Estas reglas y sus consecuencias liberan al padre del acoso diario al adolescente para que haga sus tareas. Este opta por asumir la responsabilidad y tener libres los sábados y domingos por la tarde a fin de dedicarse a actividades más placenteras o pierde esa libertad debido a que fue irresponsable.

3. El uso de automóviles

La oportunidad de conducir un automóvil es un privilegio para el joven, no un derecho. Los jóvenes no tienen el derecho de poseer su auto propio ni conducir el de la familia cuando lo desee. Conducir es un privilegio que se gana con un comportamiento responsable. El joven debe comprender con claridad esta realidad mucho antes que tenga la edad para sacar su licencia de conducir. Repito, los jóvenes necesitan comprender la relación entre libertad y responsabilidad. El hecho es que la mayoría de los padres desean que sus jóvenes hagan uso de ese privilegio de conducir un automóvil, pero muchos fallan en conectar ese privilegio con la responsabilidad. Por consiguiente, los jóvenes contemplan la conducción de un vehículo como un derecho inalienable.

¿Cuáles son los puntos clave en un adolescente para conducir un auto? El padre y el adolescente se pondrán de acuerdo en algunos de estos: su seguridad física, la seguridad hacia otros conductores y pasajeros y la obediencia de todas las leyes de tránsito. Estos son conceptos fundamentales. Otros padres y jóvenes podrán acordar acerca de ciertas reglas respecto a que el adolescente ayude a financiar este privilegio al pagar con su asignación o ganancias la gasolina. Otros querrán reglas sobre asegurarse el permiso de los padres respecto a cuándo puede usarse el vehículo y cuándo tiene que estar de regreso el joven. Sobre la base de estos conceptos, se establecerán reglas específicas junto con sus apropiadas consecuencias.

Las siguientes son sugerencias. *Regla*: Obediencia a todas las leyes de tránsito. *Consecuencias*: Si el adolescente recibe una multa por alguna violación de las leyes de tránsito, perderá sus privilegios de conducir por una semana y pagará la infracción con su asignación o ganancias. Si dentro de los tres meses ocurre otra violación, perderá sus privilegios por dos semanas y hará el pago correspondiente. *Regla*: Nunca se permite que un amigo conduzca su automóvil. *Consecuencias de su violación*: Se pierde los privilegios de conducir por dos semanas. Otras reglas se podrán referir a asuntos tales como toques de queda, el pago de los gastos del vehículo, periódica limpieza del vehículo con la aspiradora y su mantenimiento.

4. Administración del dinero

Los problemas de dinero entre padres y jóvenes son comunes. Muchas veces se debe a que los padres no fijaron con claridad las reglas y sus consecuencias. ¿Cuáles son los puntos más importantes respecto al dinero y los jóvenes? La primera realidad es obvia: el dinero es limitado. Pocas familias tienen recursos ilimitados, lo que significa que el adolescente no podrá conseguir todo lo que desee. Un segundo punto importante es que el joven aprenda principios básicos de administración del dinero. Un principio fundamental es este: «Cuando el dinero se terminó, las compras se suspenden hasta que se obtenga más». La violación de este principio por parte de muchos adultos ha sido la fuente de profundos problemas financieros. Por eso, en mi opinión, nunca se les debería dar tarjetas de crédito a los jóvenes. Las tarjetas de crédito alientan a gastar por encima de sus ingresos, y esa manera de gastar es una extremadamente mala práctica como enseñanza para los jóvenes.

En lo fundamental, un joven no aprenderá a administrar su dinero hasta que no tenga dinero para administrar. Esto ha movido a muchos padres a tomar la decisión de darle al adolescente una asignación regular en vez de que este recurra sin cesar al padre pidiendo otros veinte dólares para comprar esto o aquello. Un padre que distribuye diez dólares por aquí y veinte por allá a fin de satisfacer los específicos pedidos del día de los jóvenes, no les está enseñando a administrar el dinero. En mi opinión, un método mucho mejor para los padres y los jóvenes es ponerse de acuerdo en una asignación mensual o semanal. Es necesario que exista una clara comprensión acerca de en qué aspectos asumirá la responsabilidad el adolescente con dicha asignación. Esto puede incluir: ropas, comida, música, gasolina, etc. Por ejemplo, los padres pueden darle al adolescente cien dólares al mes (o veinticinco semanales) de lo cual deberá pagarse todas las comidas fuera de casa, salvo que esté acompañado de un miembro de la familia, toda la gasolina de su vehículo, si está en edad de conducir, y toda su ropa, excepto la que sus padres estén dispuestos a comprarle. (Esto puede establecerse con claridad así: «Nosotros te compraremos toda tu ropa interior, todas tus medias, tres pares de zapatos al año y una chaqueta. Tú tienes la responsabilidad de todo lo demás». Los padres podrán estar dispuestos a comprar ropa adicional para Navidad o los cumpleaños). Un arreglo semejante le otorga al adolescente la capacidad de aprender a administrar el dinero.

Los padres necesitan ser tan realistas como sea posible al fijar la cantidad que se le dará al adolescente. Una vez fijada dicha cantidad, no deberá cambiarse solo porque el adolescente se queje diciendo: «No me alcanza». Si el joven quiere más de lo que puede comprar con la asignación, deberá procurarse los medios necesarios para ganar dinero fuera de la familia. Si no tiene la edad suficiente como para trabajar en un restaurante de comidas rápidas, puede cortar el césped, cuidar niños, repartir periódicos y otros numerosos trabajos al alcance de los jóvenes. Con este acuerdo, el joven no solo aprende la manera de administrar el dinero, sino que aprende también su valor al optar por conseguirse entradas adicionales. No obstante, si los padres transan y le dan al adolescente fondos adicionales cuando se queja, sabotearán el aprendizaje de la responsabilidad financiera. Con la abundancia de Estados Unidos, miles de padres han socavado el bienestar económico de sus jóvenes al suplirles libremente el dinero que les pedían ellos.

Asegúrate de comunicarle a tu adolescente que le estás dando esa asignación porque lo amas y deseas que aprenda a administrar el dinero con responsabilidad. No se lo estás dando debido a las tareas que realiza en casa. Este es un asunto de responsabilidad aislado por completo. Sugiero que no se le permita al adolescente ganar dinero extra de sus padres. Esto confunde el asunto de las esperadas responsabilidades hogareñas. Mucho mejor es permitirle ganarse su dinero fuera de casa. También creo que es un error prestarle dinero al joven. Le enseña a comprar por encima de sus recursos. Esto es enseñarle una lección equivocada.

5. Las citas

El asunto de las citas crea traumas en los corazones de muchos padres. Algunos recuerdan sus propias experiencias respecto a las citas y no desean que sus jóvenes hagan lo mismo que ellos. Algunos padres escuchan y se estremecen con estadísticas como la siguiente, recopilada hace varios años por la *National Comission on Adolescent Sexual Health*:

«Cuando cumplen veinte años de edad, más de las tres cuartas partes de los jóvenes ha tenido relaciones sexuales. Cada año quedan embarazadas un millón de jóvenes; más de medio millón tiene a su hijo; y tres millones de jóvenes adquieren una enfermedad de transmisión sexual»[8]. Estadísticas semejantes animan a algunos padres a prometerse de manera solemne a no permitir jamás que sus jóvenes tengan citas. «Si los puedo mantener alejados del sexo opuesto hasta que tengan veinte años de edad, quizá entonces estén tan maduros como para poder enfrentarlo», razonan los padres. Existe también mucha confusión en cuanto a lo que constituye una cita. Si se considera una cita que un muchacho y una chica salgan a comer una hamburguesa y después pasen tres horas en el asiento trasero del automóvil estimulándose mutuamente en lo sexual, uno podría preguntarse si en verdad los jóvenes deben tener citas. No obstante, si las citas son entre un grupo de jóvenes, chicos y chicas, que salen a comer una hamburguesa y más tarde asisten a un encuentro de béisbol o van a bailar, las citas podrían ser una experiencia positiva en la formación del amor propio del adolescente y en desarrollar aptitudes relacionales necesarias para una madura relación romántica adulta.

No quisiera indicar cuándo debe comenzar a tener citas tu adolescente, aunque Steinberg advierte que las chicas que comienzan en su temprana adolescencia se arriesgan que las atrapen en un «vago sentimiento romántico» y tengan las típicas salidas con muchachos mayores que «quizá las dominen [a las jóvenes] tanto de manera psicológica como física»[9]. Steinberg también indica que las citas tempranas afectan también las relaciones de las jóvenes con otras de su misma edad. Dado que está saliendo con un muchacho mayor, tiende a relacionarse con chicas mayores. Esto quizá le permita ganar la momentánea aceptación de la gente mayor, pero la va a distanciar de muchachas de su misma edad. Como resultado, perderá la valiosa experiencia de relaciones profundas con muchachas de su edad. Después de treinta años de consejero matrimonial y familiar, estoy convencido que la temprana adolescencia es el tiempo en que el adolescente desarrolla amistades con jóvenes del mismo sexo, seguido poco a poco por actividades en grupo que involucran a muchachos y muchachas y, al final de la adolescencia, a citas de pareja. A medida que maduran los jóvenes, se sienten cada vez más cómodos con el sexo opuesto, con mayor confianza en sí mismos y más capaces de manejar las citas y los potenciales romances. Es un serio error pasar por encima de este proceso de desarrollo social y emocional al alentar las citas de pareja en la temprana adolescencia.

Si estás de acuerdo conmigo, el momento de fijar esa imagen en la mente de tu adolescente es a los nueve, diez y once años de edad. Luego, se presentarán los años de la adolescencia sin presiones de citas tempranas, más bien con la expectativa de pasar más tiempo fuera de la familia y con amistades del mismo sexo bajo la supervisión de los padres de esas amistades o de la tuya propia. Esto se anticipará a las actividades en grupo con jóvenes del sexo opuesto y a sentir poca presión por no salir en pareja hasta la avanzada adolescencia.

Es obvio que estoy describiendo lo ideal, y esto no toma en cuenta la variable personalidad de los jóvenes, sus inseguridades, presión de sus pares y otros factores que quizá impulsen al adolescente a buscar un solaz emocional en una romántica relación en los primeros años de su adolescencia. Esta es otra razón del porqué es tan importante el amor de los padres para el joven adolescente. En especial, esto es cierto para el padre del sexo opuesto. Si la adolescente se siente amada por su padre, es menos probable que busque el amor en un adolescente mayor. El adolescente que se siente amado por su madre es menos probable que explote a una jovencita para su propio placer emocional o físico.

Por lo tanto, estás teniendo tu conferencia familiar con tu adolescente de trece años, procurando establecer reglas y consecuencias para su comportamiento de citas. ¿Cuáles son los aspectos principales? Sugiero que la preocupación por la salud física y emocional de tu adolescente debe estar a la cabeza de la lista. Segundo, y quizá de igual importancia, es el sano desarrollo de una madurez emocional y social que va a preparar a tu adolescente para una relación romántica cuando llegue el momento. El objetivo no es reprimir las relaciones del adolescente con jóvenes del sexo opuesto, sino más bien fomentar relaciones saludables que le ayuden a crear un fundamento para las más maduras que vendrán en el futuro.

¿Cuáles son las reglas que promoverán tal madurez social? *Regla*: Durante la temprana adolescencia se alentarán las amistades del mismo sexo con jóvenes de la misma edad. Sin embargo, para que tu adolescente pase una noche con esa amistad, debe antes conocer a la persona y hablar con sus padres. (Esto protege a tu adolescente de que se involucre con alguien cuyos valores y estilo de vida puedan perjudicarle). Toda visita para pasar la noche deberá efectuarse cuando los padres estén en la casa. *Consecuencias de su violación*: No habrá otra visita semejante durante tres meses y quitarás la asignación por un mes. *Regla*: El adolescente goza de libertad de asistir a actividades en grupo donde participan chicos y chicas siempre y cuando sean bajo supervisión adulta y el padre apruebe esas actividades. Los padres se reservan el derecho de decir «no» a cualquier actividad que consideren que sería perjudicial para el bienestar del adolescente. *Consecuencias de su violación*: No habrá actividades en grupo de este tipo por un mes y se le quitará la asignación por una semana.

A medida que el adolescente se hace mayor, habrá cada vez más oportunidades, actividades y relaciones potenciales compitiendo por su atención. Creo que es importante destacar aquí que «el mundo de las citas» al que se enfrenta tu hijo adolescente tiene solo un ligero parecido al que enfrentaste tú cuando eras adolescente.

Aquí es donde llega a ser tan importante que tú y tu hijo adolescente establezcan reglas y consecuencias, mucho antes, que sirvan para los mejores intereses del joven. Aun cuando las cosas son muy diferentes en la actualidad de lo que fueron una generación atrás, los adolescentes todavía tienen las mismas necesidades, inseguridades y anhelos que han tenido siempre.

Por favor, comprende que estas reglas y consecuencias son solo sugerencias. Cada padre y adolescente deben establecer lo que consideren justo y aceptable. Es obvio que cuanto antes se establezcan estas reglas y sus consecuencias, más probable es que el adolescente las vea justas y para su beneficio.

6. El abuso de sustancias: El alcohol y las drogas

Cada vez más jóvenes están consumiendo en mayores cantidades drogas a edades mucho más tempranas. Los resultados son obvios, los jóvenes alcohólicos y drogadictos van en aumento. Nada destruye la independencia con mayor rapidez que la adicción al alcohol y a las drogas. ¿Qué puede hacer un padre para garantizar que su adolescente no se vea envuelto en las drogas y el alcohol? La respuesta: nada. Los padres no pueden seguir a sus hijos las veinticuatro horas del día para asegurarse que no ingieren alcohol ni drogas. Sin embargo, hay cosas que los padres pueden hacer para que el uso de las drogas sea menos probable.

Lo primero y más importante es dar el ejemplo de abstinencia. Los jóvenes que ven a sus padres tomar un trago todas las noches para relajarse tienen más probabilidades de usar y abusar del alcohol. Los jóvenes que observan cómo sus padres les dan un mal uso a los medicamentos bajo prescripción facultativa pueden convertirse con mayor probabilidad en consumidores de drogas. No exagero en este punto el poder del ejemplo de los padres. Una vez que el ejemplo ocupa su lugar, sin embargo, hay otras cosas que los padres pueden hacer para disminuir la posibilidad de que sus jóvenes participen en el uso de las drogas.

Volvamos a nuestro paradigma de reglas y consecuencias. ¿Cuál es la mayor preocupación en cuanto al abuso del alcohol y las drogas? Por lo general, el punto clave es el temor a que el joven se vuelva alcohólico o drogadicto. Sin duda, este es un temor legítimo. La segunda preocupación quizá sea que el adolescente viaje junto a un conductor alcoholizado y se hiera o muera en un accidente automovilístico. La tercera preocupación es que el adolescente se una a otros jóvenes que abusen de las drogas y el alcohol y que en ese estado mental alterado cometan crímenes violentos. Todas estas son preocupaciones muy reales y legítimas.

¿Qué reglas pueden referirse a estas preocupaciones? En el foro familiar, los padres deben, por supuesto, expresar su deseo de que el joven se abstenga del uso de las drogas y el alcohol. Los padres deben explicarle que esto no se debe a una creencia enfermiza, ilógica, religiosa o personal, sino a que está basada en hechos que ellos investigaron profundamente. Sabiendo que el adolescente algún día será un adulto y podrá tomar sus propias decisiones en cuanto al uso del alcohol y las drogas, es bien admisible que los padres insistan que mientras los jóvenes vivan en su casa, la regla es no consumir alcohol ni drogas.

Las consecuencias de su violación deben ser estrictas. Se le debe señalar al joven que la mayoría de las drogas son ilegales y violan las leyes federales. Si al joven lo encuentran con drogas ilegales, no solo sufrirá las consecuencias paternales, sino las judiciales. Un padre sugirió que a la primera infracción le quitaría por un mes los privilegios de conducir. A la segunda infracción, tres meses. A la tercera, se vendería el automóvil que compró el padre y nunca se sustituiría por el del padre. Si los padres administran con firmeza y amor las dos primeras consecuencias, es probable que nunca se venda el automóvil. No obstante, si los padres permiten los dos primeros deslices, puede estar seguro que el adolescente se verá más impulsado hacia el abuso de las drogas.

Mientras explora esta y otras esferas para enseñar a su adolescente un comportamiento responsable, es probable que quiera reevaluar las reglas y las consecuencias con regularidad, a fin de darle al adolescente mayor libertad y responsabilidad a medida que va creciendo, pero nunca separe las dos. Todas las reglas y sus consecuencias deben ser para el bien del adolescente y se deben establecer después de pensarlas mucho y con la debida consideración a los pensamientos y sentimientos del adolescente, pero bajo la cubierta de la amante autoridad paterna. El padre amoroso se preocupa lo suficiente por hacer el duro trabajo de establecer reglas e implementar sus consecuencias.

Capítulo 13

Ama cuando tu joven falla

Daniel era un hombre corpulento con un espeso cabello castaño y una barba bien recortada. Tenía éxito en los negocios y era muy respetado en la comunidad. No obstante, en mi oficina, sus lágrimas mojaban ahora las raíces de su barba.

«No lo puedo creer, Dr. Chapman. Todo parece como un mal sueño. Desearía despertarme y que todo no fuera más que una pesadilla. Sin embargo, sé que esto es la realidad. Además, no sé qué hacer. Deseo hacer bien las cosas, pero en mi estado mental no sé si soy capaz de hacer las cosas como es debido. Una parte de mí desea estrangularlo y preguntarle: "¿Cómo pudiste hacernos esto?". La otra parte de mí desea tomarlo en mis brazos y tenerlo allí para siempre. Mi mujer está tan molesta que ni siquiera pudo acompañarme hoy. Va a regresar mañana y no sabemos cómo actuar».

Las lágrimas de Daniel, su ira, frustración y confusión se concentraban en su hijo de diecinueve años de edad que llamó desde la universidad la noche anterior para informarles a Daniel y a su esposa, Miriam, que había dejado embarazada a una chica y que ella se negaba a abortar. Les dijo que sabía que esta noticia los iba a herir y que sabía que lo que había hecho estaba mal. Sin embargo, necesitaba ayuda y no sabía a dónde más recurrir. Daniel y Miriam se pasaron la noche sin dormir tratando de consolarse el uno al otro, pero no hubo consuelo. Su hijo había fallado y las respuestas no eran fáciles.

Solo los padres que han recibido llamadas telefónicas similares pueden identificarse por completo con Daniel y Miriam. El dolor parecía insoportable. Las emociones se precipitaban por sus cuerpos. Dolor, ira, compasión, pena y profundo amor, la clase de amor que trae más dolor, ira, compasión y pena, se pegaban en sus mentes como calcetines en una lavadora. Tenían la esperanza que cuando saliera el sol en la mañana, todo sería un enorme engaño, pero en sus corazones los padres sabían que tendrían que enfrentar la realidad de sueños rotos.

Los jóvenes fallarán

Mientras recuerdo el dolor de Daniel y de Miriam, me viene a la mente lo que dijo el psicólogo infantil John Rosemond: «Una buena crianza es hacer las cosas bien cuando un hijo las hace mal»[1].

De esto trata este capítulo: la buena respuesta a las malas elecciones de nuestros hijos adolescentes. El hecho es que no podemos evitar que nuestros hijos fracasen; no podemos impedir que nuestros jóvenes fracasen. Nuestros mejores esfuerzos de amarlos y criarlos no garantizan su éxito. Los jóvenes son personas y las personas son libres de tomar decisiones, buenas o malas. Cuando toman malas decisiones, los padres sufren. Esta es la naturaleza de la crianza. Dada nuestra relación, cuando el adolescente fracasa, el resto de la familia percibe las ondas de esa conmoción. Nadie siente de manera más profunda el trauma que los padres de los jóvenes.

No todos los fracasos de los jóvenes son de la misma magnitud. Al igual que los terremotos físicos, hay movimientos sísmicos pequeños y hay sismos de 7,5 grados. Es obvio que las repercusiones de uno no son iguales que las del otro. Alex perdió tres tiros consecutivos, cualquiera de los cuales hubiera sellado la victoria para su equipo, mientras lo observaban sus amigos y sus padres. Alex fracasó, pero su fracaso fue un pequeño temblor comparado con el fracaso del hijo de Daniel y de Miriam, salvo, por supuesto, que hubiera estado esa noche en las gradas el observador de la más importante universidad. Lo cual me lleva a otra observación.

Clases de fracasos

El fracaso de satisfacer nuestras expectativas

No solo existen tres niveles diferentes de fracaso, también existen tres clases de fracasos distintos. Alex ilustró el fracaso de realizar algo de acuerdo con nuestra capacidad o de las expectativas de los padres. Estas clases de fracasos ocurren a cada momento en los campos deportivos, en las artes, en las tareas escolares, en los debates en equipo, etc. Algunos de estos fracasos de desempeño ocurren debido a que los padres o los jóvenes aceptaron expectativas irreales. Si la meta es irreal, el fracaso es inevitable. Los padres deberían comprender desde el principio que no todo jugador puede ganar la medalla de oro. Si los padres solo se dan por satisfechos con la perfección, estarán insatisfechos con su adolescente. Si las metas de desempeño no se obtienen, crearán desaliento.

En actividades competitivas, los padres deben ayudar a su adolescente a replantearse los resultados. Conseguir el segundo puesto en un torneo no es un fracaso. Si hay treinta equipos en la liga, esto significa que su equipo es mejor que veintiocho. Llegar último en un maratón significa que tú eres mejor corredor que las cien mil personas que no intervinieron en la carrera. Si tu hija adolescente tocó clarinete en la banda que se ubicó en décimo lugar entre cien escuelas que compitieron, ¡su banda se ubicó en el percentil noventa! Este es un motivo de celebración, no de lamentarse por la «pobre actuación».

Por supuesto, todos quisieran ganar en cualquier competencia. Sin embargo, el hecho de que solo puede haber un ganador no significa que todos los demás sean perdedores. En nuestra altamente competitiva cultura de «ganar es todo», a menudo los bienintencionados adultos (casi siempre los padres), señalan a los jóvenes como fracasados.

Otra razón por la que algunos jóvenes experimentan fracasos de desempeño es que los han empujado hacia campos en los que tienen poco interés o pocas aptitudes. Debido al interés del padre por el atletismo, el adolescente se ve empujado al escenario del atletismo cuando en realidad quería tocar en la banda. Es probable que el adolescente se hubiera convertido en un excelente trompetista; en su lugar, está «sentado en el banco» sintiéndose como un fracasado en el mundo del atletismo. Empujando a los jóvenes dentro de campos en los que no se interesan es llevarlos al fracaso.

Conocí una vez a un padre que empujó a su hijo a que se convirtiera en médico. Su hijo luchó en la escuela a través de la química orgánica y la física, y después de dos depresiones nerviosas, pudo al fin terminar la escuela de medicina. El día de su graduación, le presentó a su padre su diploma de doctor en medicina y se negó a hacer su residencia. Lo último que escuché fue que estaba trabajando en un restaurante de comida rápida, tratando de decidir lo que quería hacer en su vida. Sin duda, los padres quizá expongan a los jóvenes a sus propios centros de interés, pero no deben tratar de manipularlos para que sigan sus propios deseos cuando los mismos no coinciden con los intereses y las aptitudes del adolescente. Los padres que reconozcan esa tendencia en su interior, deben alquilar y ver la película *La sociedad de los poetas muertos.* Esa historia de un joven estudiante del instituto que no podía conformar a su padre te dejará llorando, pero más sabio.

Fracasos morales

La segunda categoría de los fracasos de los jóvenes es mucho más devastadora, tanto para el adolescente como para los padres. Es la que llamo *fracasos morales*. Estos fracasos ocurren cuando el adolescente viola los códigos morales por los que la familia se ha regido durante años. Desde la más temprana infancia, los padres les comunican sus valores morales a sus hijos. La esperanza de la mayoría de los padres es que en los años de la adolescencia, aunque los jóvenes pongan a prueba estos valores morales, los adopten como suyos. Es obvio que esto no sucede siempre.

Los jóvenes violan los códigos morales de dos maneras. Algunos hacen la consciente elección de rechazar los valores morales de la familia y establecen los propios. Otros, mientras aceptan el sistema de valores de la familia, en la práctica violan sus preceptos. Cualquiera de las dos les crea dolor a los padres y casi siempre al adolescente. Los padres se afligen en verdad cuando su adolescente toma una decisión moral que los padres saben que es equivocada. Reconocen cuáles son las consecuencias que le esperan al adolescente. Y, por lo general, el joven siente el dolor de sus padres o incluso su distanciamiento.

Las consecuencias de los fracasos morales pueden ser a menudo devastadoras para los padres. La mayoría de los padres se ha preguntado en secreto: «¿Qué haría yo si mi hija adolescente me llamara y me dijera: "Estoy embarazada"? ¿O si mi hijo me llamara y me diera la noticia de que su novia está embarazada [la misma noticia que recibieron Daniel y Miriam]? ¿Qué haría si me enterara que mi adolescente esta consumiendo drogas o las distribuye? ¿Qué haría si mi adolescente me dijera que tiene SIDA u otra enfermedad de transmisión sexual? ¿Qué haría si recibiera una llamada del departamento de policía diciéndome que arrestaron a mi adolescente por robo o asalto?».

A decir verdad, estas son preguntas que miles de padres se verán obligados a responder durante los años de la adolescencia de sus hijos.

Trae redención a los fracasos morales de tus hijos adolescentes

En las páginas que quedan de este capítulo deseo sugerir algunas ideas prácticas que ayudaron a otros padres a procesar los fracasos morales de los adolescentes de una manera redentora. Cuando usamos el fracaso de nuestros jóvenes para mostrar compasión y restauración, actuamos como buenos padres, «haciendo bien las cosas cuando [nuestro] hijo las hace mal», como dijo Rosemond.

1. No te culpes

Antes de ayudar a tu adolescente, lidia primero con tu propia respuesta. La primera respuesta de muchos padres cuando sus hijos fracasan es preguntarse: «¿Qué hicimos mal?». Es una pregunta lógica, sobre todo en una sociedad que ha puesto en los últimos años tanto énfasis en el valor de la crianza apropiada. Sin embargo, en muchos libros de autoayuda y seminarios de crianza hemos sobreestimado el poder de la crianza positiva y hemos fracasado en considerar la libertad de elección del adolescente. El hecho es que los jóvenes pueden tomar decisiones, y lo harán, tanto en el hogar como fuera de él. Estas decisiones siempre tienen consecuencias. Las malas elecciones producen resultados adversos, mientras que las sabias traen frutos positivos.

Los padres no pueden estar en la presencia física de sus jóvenes las veinticuatro horas del día y controlar su comportamiento. Tú lo hiciste cuando tu hija tenía tres años de edad, pero no lo puedes hacer cuando tenga trece años. Tan espantoso como quizá parezca, a tu adolescente hay que darle la libertad de tomar decisiones.

Las elecciones aumentan durante los años de la adolescencia. Este es un proceso necesario y casi siempre saludable, pero incrementa el riesgo de un fracaso del adolescente. Los padres que se culpan a sí mismos están haciéndoles un mal servicio a sus jóvenes. El enfoque principal es que el adolescente tomó una mala decisión y ahora sufre los resultados. Si el padre se echa la culpa, le quita la culpabilidad al adolescente. Este será más que feliz de encontrar a alguien que se haga cargo de la culpa de sus presentes aflicciones. Cuando es capaz de traspasar su culpabilidad sobre tus espaldas, será menos probable que aprenda de su fracaso y más probable que lo repita en el futuro.

Los padres que son más propensos a echarse la culpa de los fracasos morales de sus hijos son los que se han dado cuenta que criaron mal a sus hijos en los años anteriores. Leyeron libros, asistieron a seminarios y ahora comprenden que violaron algunos de los conceptos básicos de una buena crianza. No deseo dar a entender la idea de que los padres no tienen la responsabilidad de ser buenos padres. A lo que me refiero es que tú tienes la responsabilidad de tu propio fracaso, no de los fracasos de tus jóvenes. Si reconoces fracasos específicos en tus patrones de crianza pasados, confiésaselos a Dios y a tu adolescente. Busca el perdón de ambos, pero no aceptes la responsabilidad de las malas elecciones de tu adolescente.

2. No «prediques»

Por lo general, el adolescente ya se siente culpable. Los jóvenes saben cuándo su comportamiento les causa dolor a sus padres. Son conscientes cuando violan los códigos morales que les han enseñado. No hace falta predicarles. A Daniel, el lloroso padre que conocimos al comienzo de este capítulo, le dije: «Cuando tu hijo vuelva mañana a casa de la universidad, que tus primeras palabras no sean de condena. No le digas: "¿Por qué has hecho esto? Tú sabes que esto viola todo lo que te hemos enseñado a través de los años. ¿Cómo nos pudiste hacer esto? ¿No sabes que estás desgarrando nuestros corazones? Lo has arruinado todo. No puedo creer que hayas sido tan tonto".

»Comprendo que tengas todos estos pensamientos y sentimientos» continué, «pero tu hijo no necesita escuchar semejante condena. Él ya tuvo estos pensamientos y se ha hecho las mismas preguntas. Si le haces esas declaraciones y formulas esas preguntas, él se pondrá a la defensiva y dejará de luchar con el asunto en sí».

Un joven que se ha equivocado necesita luchar con su propia culpa, pero no necesita más condenación.

3. No trates de arreglarlo

La respuesta natural de muchos padres es tratar de minimizar lo sucedido. Saltar dentro de un «control de daños» y tratar de proteger al adolescente es, en mi opinión, una acción demasiado imprudente. Si tratas de eliminar las consecuencias naturales de la equivocación del adolescente, vas en contra de su madurez. Los jóvenes aprenden algunas de las más profundas lecciones de la vida a través de sufrir en carne propia las consecuencias de su equivocación. Cuando los padres eliminan las consecuencias, el adolescente recibe otro mensaje. El mensaje es uno que promueve la irresponsabilidad. «Puedo equivocarme y algún otro se hará cargo de las consecuencias». Llegar a esta conclusión le dificultará el aprendizaje de ser responsable.

Sé que es difícil observar cómo nuestros hijos jóvenes sufren las consecuencias de sus decisiones, pero evitarles las mismas es eliminar uno de los más importantes maestros de la vida. Recuerdo al padre que me dijo: «La cosa más difícil que jamás haya hecho en mi vida fue salir de la cárcel y dejar a mi hijo detrás de las rejas. Sabía que lo habría podido sacar de la cárcel, pero también sabía que si lo hacía, iba a volver a vender drogas esa misma noche. Por su propio bien, opté por dejarlo sufrir las consecuencias de su propio error. Al volver la vista atrás, fue una de las mejores decisiones que he tomado a su favor».

Hasta aquí, nos hemos enfocado en lo negativo: No te culpes, no prediques, no trates de arreglarlo. Ahora iremos al lado positivo.

4. Dale amor incondicional a tu adolescente

En primer lugar, demuéstrale a tu adolescente tu amor incondicional. Esto no contradice lo que acabamos de expresar. El permitir que el adolescente experimente las consecuencias de su propio fracaso es en sí un acto de amor. Al hacerlo de esa manera, procuras el bienestar del adolescente, lo cual es la esencia del amor. No obstante, a lo que me refiero en esta sección es a satisfacer la necesidad emocional de amor del adolescente. Aquí es donde los cinco lenguajes del amor son de suma importancia. Si conoces el lenguaje del amor de tu adolescente, este es el momento de hablar a viva voz ese lenguaje primario, mientras que hablas los otros cuatro con tanta frecuencia como te sea posible.

Los fracasos morales del adolescente crean sentimientos de culpa. Estas emociones alejan al adolescente de ti. Al igual que Adán y Eva trataron de esconderse en el jardín de la presencia de Dios, así tu adolescente tratará de esconderse de ti. El joven temerá tu condenación. La respuesta de Dios es un buen ejemplo para los padres. Por supuesto, dejó que sufrieran las consecuencias de su mala acción, pero al mismo tiempo les dio un regalo. Ellos trataban de ocultarse con hojas. Él les dio vestimenta de pieles. El padre sabio le dará su amor al adolescente sin importar cuál sea su error.

Daniel y Miriam me contaron después que cuando llegó su hijo a casa de la universidad, lo recibieron en la puerta con los brazos extendidos. Cada uno le dio un largo y lloroso abrazo y le dijeron: «Te amamos». Luego se sentaron y escucharon mientras su hijo confesó su mal paso y les pidió su perdón. El amor incondicional crea un clima apto para el diálogo abierto. El joven necesita saber que a pesar de lo que haya hecho, hay alguien que sigue creyendo en él, que sigue creyendo que es valioso y que está dispuesto a perdonarlo. Cuando el joven percibe el amor de sus padres, hay mayor probabilidad que enfrente su error, acepte las consecuencias como merecidas y trate de aprender algo positivo de la experiencia.

5. Escucha al adolescente con empatía

Dijimos antes que este no es el momento de los sermones. Es un tiempo para escuchar con empatía. La empatía significa entrar en los sentimientos del otro. Los padres necesitan ponerse en los zapatos del joven y tratar de comprender tanto lo que lo llevó a cometer ese error como lo que siente él en este momento. Si el joven percibe que sus padres tratan de comprenderlo y de sentir sus propios sentimientos, se sentirá alentado a continuar hablando. Por otra parte, si el joven percibe que los padres lo escuchan en actitud de jueces, listos para condenar sus actos, la conversación será de corta vida y el joven se marchará sintiéndose rechazado y sin amor.

La acción de escuchar con empatía se mejora al formular preguntas reflexivas tales como: «¿Dices que esto es lo que sientes en este momento? ¿Dices que sientes que no te comprendemos? ¿Es eso lo que dices?». Preguntas así les dan una oportunidad a los jóvenes de aclarar sus ideas y emociones, y a los padres de comprender. Escuchar con empatía lleva a la comprensión, que crea la base para ser en verdad capaz de ayudar al joven.

6. Apoya al adolescente

Una vez que escuchaste y comprendiste los pensamientos y sentimientos del joven, estarás en posición de darle apoyo emocional. Dile que aunque no estés de acuerdo con lo que hizo y que no puedes eliminar todas las consecuencias, deseas que él sepa que estás con él y estarás de su lado mientras transite por el proceso de tratar con las consecuencias de su error.

Después que Daniel y Miriam escucharon la historia de su hijo y derramaron sus lágrimas de pesar, Daniel dijo a su hijo: «Quiero que sepas que mamá y yo estamos contigo. Es obvio que no estamos felices por lo que pasó. No conocemos todos los resultados que habrá que enfrentar. Sin embargo, transitaremos contigo a través del proceso. Esperamos que enfrentes tu responsabilidad con la joven y con el bebé, y nosotros haremos todo lo posible para apoyarte. Esto no significa que nos encargaremos de los gastos. Eso es algo que creemos que es tu responsabilidad. Aun así, te animaremos, oraremos por ti y haremos todo lo posible por ayudarte a ser una persona más fuerte cuando hayas terminado con esto».

Estas son declaraciones de apoyo emocional. El joven necesita saber que aunque falló, no está solo en la vida. A alguien le importa lo suficiente como para acompañarlo en su dolor y su dificultad.

7. Guía al adolescente

Guía a tu hijo adolescente. Por guiar, no me refiero a manipular. Los padres que tienen la tendencia de tener personalidades controladoras, a menudo quieren controlar el comportamiento del joven después de una falla moral. Cuando el padre decide lo que debe hacerse y trata de convencer al adolescente a que lo haga, eso es manipulación, no es dirección. Guiar es ayudar al joven a pensar en la situación y a tomar sabias decisiones al responder a las consecuencias de su falla moral.

Los padres deben tomar en serio los sentimientos, pensamientos y deseos del joven. No deben pasarse por alto como si fueran insignificantes. Aunque el joven haya tenido una falla moral, esto no significa que los padres tomen ahora las decisiones en su lugar. No se convertirá en un adulto responsable si no tiene la libertad de esforzarse en solucionar su situación y tomar las decisiones acerca de cómo continuar a partir de ahora.

Una manera en la que los padres podrán guiar a sus jóvenes es ayudándolos a seguir sus propios pensamientos hasta su conclusión lógica. Por ejemplo, el hijo de Daniel y Miriam dijo:

—Una de las ideas que tuve fue irme del estado, mudarme a California y tratar de empezar mi vida de nuevo.

Miriam fue tan sabia como para no seguir su deseo de decirle: «Esa es una idea tonta. Esto no resuelve nada». En su lugar le dijo:

—Si consiguieras reunir el suficiente dinero como para ir a California, ¿qué clase de trabajo buscarías?

Después que su hijo le contó sus ideas al respecto, ella le dijo:

—¿Enviarías dinero para la manutención del niño?

—Por supuesto —le respondió su hijo—, voy a afrontar mi responsabilidad.

—Quizá puedas buscar en la Internet los precios de los seguros en California —sugirió entonces Miriam—. También sería una bueba idea averiguar lo que podría costarte el alquiler de un apartamento.

Con esto y varias preguntas más, Miriam ayudaba a su hijo a pensar en las implicaciones de su idea de mudarse a California.

Los padres que aprenden a dar este tipo de dirección seguirán influyendo en las decisiones de sus jóvenes de una manera positiva. Sin embargo, los padres que hacen juicios rápidos y declaraciones dogmáticas sobre las ideas de sus jóvenes detendrán el flujo de la comunicación e impulsará al adolescente hacia otra persona en busca de dirección. El joven quizá hasta tome una decisión tonta como una reacción defensiva ante la actitud de «sabelotodo» de sus padres.

A algunos de los padres les resulta difícil dar este tipo de dirección. Es más fácil decirles a nuestros jóvenes lo que pensamos y efectuar dogmáticas afirmaciones acerca de la validez o lo absurdo de sus ideas. Esto no ayuda a que el joven desarrolle sus propias aptitudes en la toma de decisiones. El joven no necesita órdenes, necesita una guía.

Otra forma de dar una guía es expresar sus ideas como si fueran posibilidades. «Un posible método sería...» es mucho más útil que: «Lo que yo creo que deberías hacer es...». Recuerda, a pesar de su falla moral, el joven sigue deseando desarrollar su independencia e identidad propia. Los padres no deben olvidar este importante motivo de los años de la adolescencia y tratar de ayudar que se aprenda de los errores. Tú bien puedes ver posibilidades que tu adolescente no ve. Tu hijo adolescente podría aprovechar tus conocimientos profundos si se los expresas como posibilidades, no como «deberes».

Si, después de todo tu diálogo, ves a un adolescente a punto de hacer lo que piensas que es una decisión perjudicial, una que solo hace que empeore la situación en lugar de que mejore, puedes continuar dando orientación si es que lo haces a manera de consejo en lugar de hacerlo como órdenes. El asunto es reconocer la autonomía del adolescente como una persona y que, a fin de cuentas, tomará sus propias decisiones.

En una situación así, un padre debe decir: «Alexis, en verdad deseo que esto sea tu propia decisión porque tú eres el que tiene que vivir con las consecuencias. Aun así, deseo comentarte mis temores si tomas esa decisión». Le expresas esos temores y, luego, dices: «Estas son las cosas que me dicen que sería mejor si eligieras otro método». A continuación, le das tus propias ideas. No has quitado la responsabilidad de la decisión de las espaldas de tu hijo, ni has ordenado a viva voz que tu adolescente haga lo que tú quieres, pero le has dado el beneficio de sus ideas y sentimientos, formulados de una manera que hace que sea más probable que las reciba.

Si, al final, el adolescente toma la decisión que consideras imprudente, permítele entonces sufrir los resultados naturales de esa decisión. Si los mismos se convierten en algo negativo y el adolescente comete otro error, repite el proceso antes señalado, recordando que tú no puedes controlar la vida de tu hijo. Ser un padre responsable es ayudar a tu adolescente a aprender de sus errores.

Errores del adolescente debido a las drogas y al alcohol

Debido a que el abuso de las drogas y el alcohol son un problema importante en nuestra sociedad, me siento impulsado a decirles unas palabras a los padres acerca de ayudar a los jóvenes que caen en este problema. Sin embargo, primero quiero darles unas palabras acerca de la prevención. La mejor cosa que pueden hacer los padres es estar activos durante los primeros años de la adolescencia en cuanto al tabaco, el alcohol y las drogas, aplicando los principios que analizamos en este capítulo y en el capítulo 12 respecto a permitir que el adolescente experimente las consecuencias de sus decisiones.

En un foro familiar, Juan y Sara le explican a su hijo de trece años de edad que debido a que ahora es un adolescente, saben que sus amigos quizá ejerzan presión en él a fin de que fume, beba y consuma drogas. «Puesto que ahora eres un adolescente, creemos que eres lo bastante mayor como para ser un ciudadano informado acerca de estos asuntos. Por consiguiente, una de las cosas que haremos como familia es asistir a las clases de información en el hospital local sobre los efectos nocivos de fumar cigarrillos». Juan agregó: «Mamá y yo queremos que tú conozcas los hechos antes que tus amigos te presionen para que fumes».

La mayoría de los jóvenes responderá de manera positiva a semejante oportunidad y, después de ver las fotografías de pulmones enfermos, decidirán no fumar. Como padre sabio, puedes usar un método similar para el alcohol y las drogas, ya sea asistiendo a una clase en tu comunidad o leyendo y discutiendo los nocivos efectos del alcohol y las drogas mediante libros o folletos que recibas a través de tu iglesia o del departamento de salud mental de tu gobierno local o de libros que busques en la biblioteca. Dándole a tu adolescente información acerca de los efectos nocivos del alcohol y las drogas, esta puede conducirlo a tomar sabias decisiones antes de que sus pares lo presionen a beber o a consumir drogas.

Después que le das tal información básica a tu hijo adolescente, deberás recortar de vez en cuando los artículos del periódico que traten sobre los jóvenes que mueren debido a conductores ebrios. Podrás llevarlo a una visita a la misión de salvamento local y permitir que se siente y comparta una comida y un servicio con hombres y mujeres con vidas arruinadas por el alcohol y las drogas. Al hacer esto, le das a tu adolescente más joven un cuadro de la otra cara del uso de las drogas y el alcohol que nunca verá en la televisión.

También podrás hablar con tu hijo adolescente acerca de la forma en que los anunciantes procuran explotar a las personas cuando solo les muestran uno de los lados de la bebida y el abuso de las drogas. Si tu adolescente comienza a ver que los anunciantes tratan de explotarlo a él y a otros jóvenes, es más probable que responda de forma negativa a la seducción de los anuncios televisivos y a la presión de sus pares. En mi opinión, este método es una de las mejores cosas que pueden hacer los padres por sus jóvenes.

No obstante, si no has tenido ese foro familiar cuando tu adolescente tenía trece años de edad y descubres ahora que tu adolescente de quince años de edad ya está fumando cigarrillos, en lugar de pasarlo por alto esperando a que se le pase o buscando en sus cajones y botando los cigarrillos con la esperanza de que no regresen, es mucho mejor enfrentar al adolescente con lo que has descubierto y decirle: «Creo que sabes que mi más sincero deseo es que no fumes. La razón es que el fumar es demasiado nocivo para la salud. Sin embargo, yo no puedo tomar esta decisión por ti. Puedo evitar que fumes en casa, pero no puedo controlar tu comportamiento cuando estás fuera. Si vas a fumar, deseo que sea una decisión informada. Por lo tanto, te pido que asistas a las clases que da el hospital local sobre lo que sucede cuando las personas fuman. Sé que no puedo obligarte a que asistas a esas clases, pero como me importas mucho es que te ruego encarecidamente que vayas a esas clases». Si el adolescente asiste, podrá tomar una decisión informada. La mayoría de los jóvenes opta por no fumar cuando conocen los hechos.

No obstante, si el adolescente se niega a asistir a las clases, los padres pueden hacer dos cosas. En primer lugar, pueden asegurarse que no fume en casa, siéntete libre de mencionar los peligros para los otros miembros de la familia por ser fumadores indirectos dentro de la casa. En segundo lugar,

hasta que el adolescente no asista a esas clases, el padre podrá retener las asignaciones y los privilegios como una influencia para impulsarlo a cumplir. Repito, tú no obligas al
joven a que haga algo; solo le demuestras que los privilegios
y la responsabilidad siempre van de la mano. No tendrá más
el privilegio de recibir una asignación hasta que no asista a
las clases.

Quizá la sustancia no sea el tabaco, sino el alcohol o las
drogas. El abuso de las drogas y el alcohol no solo perjudi-
can y al final destruyen la vida del consumidor, sino que
dañarán la vida de todos los que le rodean. Si tu adolescente
es un adicto, necesitará ayuda profesional. Te recomiendo
con todo énfasis dos pasos. Primero, buscar y comenzar a
asistir a las reuniones de un grupo de Alcohólicos Anónimos
de la localidad. Alcohólicos Anónimos es un grupo desig-
nado para ayudar a los padres que tienen jóvenes (u otros
miembros de su familia) que estén sujetos al alcohol o las
drogas[2]. Segundo, busca un consejero personal. Busca uno
que sea experto en ayudar a los padres a tomar sabias decisiones acerca de cómo actuar con un adolescente adicto.
Los padres no pueden lidiar con esto solos. Necesitan los conocimientos de quienes poseen experiencia en trabajar con
jóvenes adictos. Existen programas que pueden ayudar. Son
dignos de ser estudiados, pero tú necesitas los conocimientos de un profesional que te ayude a tomar sabias decisiones
en este proceso. Si los padres de un adicto no buscan ayuda,
es probable que no sean capaces de ayudar a su adolescente.

El poder del amor

Muchos padres pueden unirse a Daniel y a Miriam en decir:
«La noche más oscura de nuestra vida fue el comienzo de
una relación más profunda e importante con nuestro adolescente». El amor es la clave para transformar la tragedia
en triunfo. Los padres que aman lo suficiente para no cul-
parse a sí mismos, no predicar, no tratar de arreglarlo, que
escuchan con empatía, dan su apoyo y su guía, todo dentro

de un espíritu de amor incondicional, es probable que vean a su adolescente dar gigantescos pasos hacia la madurez, mientras transita a través de las consecuencias de un error de jóvenes.

Lo que he tratado de decir en este capítulo es que el joven que comete un error no necesita que sus padres anden detrás de él, lo golpeen, ni lo condenen por su fracaso personal. Tampoco necesita a padres que anden delante de él, tirando de él, tratando que se adapte a los deseos de sus padres. Lo que necesita son padres que anden a su lado, hablen su lenguaje del amor con el sincero deseo de aprender juntos a cómo adoptar pasos responsables después del fracaso. Los padres que hagan esto serán en verdad padres de éxito.

Capítulo 14

La familia de padres solteros, los jóvenes y los lenguajes del amor

El mundo de Amanda no es fácil. Hace mucho tiempo que no es fácil. Es una madre soltera con dos hijos adolescentes: Marcos, de quince años de edad, y Julia, de trece. Los crió desde que su esposo la abandonó cuando Marcos tenía diez años.

Sintió el trauma de un divorcio difícil y trabajó en su propio sentimiento de rechazo. Pronto se hizo cargo de su vida. Con la ayuda de sus padres, Amanda terminó su preparación como enfermera y desde entonces ha estado trabajando en el hospital local. Sin trabajar a tiempo completo, no habría podido salir a flote, debido a que los pagos por manutención de su esposo eran insuficientes y a menudo esporádicos.

A pesar de todo lo que ha logrado, Amanda vive con un subyacente sentimiento de culpa. Debido a su trabajo, no era capaz de pasar el tiempo suficiente con sus hijos como hubiera deseado. No le era posible asistir a sus actividades extraescolares. Julia solo tenía ocho años de edad cuando se fue su padre, ahora era una adolescente en pleno desarrollo, y Amanda sigue sin poder pasar con ella y con su hermano el tiempo que quisiera. Siente que Julia y Marcos están madurando, deslizándoseles entre sus dedos, y se pregunta si ellos están preparados para lo que les espera más adelante. Un día se dice: *Hice todo lo que pude.* Al día siguiente se dice: *No estoy segura de que hiciera lo suficiente.* En los últimos tiempos, Marcos ha estado rezongando y a menudo critica a su mamá. Julia quiere comenzar a tener citas y Amanda cree que aún es demasiado joven.

En mi oficina, Amanda me dice: «No estoy segura de estar a la altura de esto. Creo que hasta ahora lo he hecho bastante bien, pero no sé si podré soportar los años de la adolescencia».

Estaba escuchando de Amanda lo que había escuchado de centenares de madres solteras a través de los años. «Por favor, ¿alguien me puede ayudar? No estoy segura de poder hacerlo sola».

Por fortuna, existe una ayuda para padres como Amanda. La mayoría de las comunidades proveen grupos de apoyo para madres solteras, patrocinados por las iglesias y otros grupos cívicos. La mayoría de las bibliotecas tienen numerosos volúmenes dirigidos a madres solteras. Algunas organizaciones nacionales tienen sitios Web ofreciendo ayuda útil a través de la Internet. No voy a tratar de duplicar la información que se obtiene a través de otras fuentes. El enfoque de este capítulo es ayudar a la madre soltera a satisfacer con eficiencia la necesidad de amor emocional de su adolescente.

Los retos comunes

Cuando se recibe amor de un solo padre

Por supuesto, cada hogar de un solo padre es único. Sin embargo, existen ciertos hilos comunes que pasan por las familias de un adulto soltero que a menudo hacen más difíciles las cosas que cuando ambos padres están presentes. Lo más obvio es la realidad de que un solo padre es el custodio.

Aunque la custodia compartida en la que el niño teóricamente pasa un tiempo igual con cada padre a veces resulta en la niñez temprana, raras veces da resultados con los jóvenes. Con mucho, el arreglo más común es que la madre tenga la custodia, mientras que el padre ve al joven con regularidad o de manera esporádica, y en algunos casos, nunca. Por lo tanto, en la experiencia diaria de la vida donde el joven necesita sentirse amado, hay un solo amor de padre disponible. Idealmente, el joven necesita una madre y un padre que le expresen su amor cada día. En una familia de un solo padre esto es imposible. Casi nunca el padre que no tiene la custodia tiene un contacto diario con el joven. Esta es una realidad que debe aceptar el padre custodio. Esa es una razón del porqué el contenido de este libro es tan importante para los padres solteros.

Si tú eres el único padre que le da su amor con regularidad, es de suma importancia que descubras y hables el lenguaje del amor primario de tu adolescente. De otra forma, es probable que estés amando a tu adolescente con actos de servicio cuando él anhela las palabras de afirmación. Como dijo una madre soltera: «No puedo creer el cambio de mi hija. Asistí a un seminario donde se discutieron los cinco lenguajes del amor y cómo descubrir el lenguaje primario del adolescente. Llegó a ser obvio para mí que el lenguaje del amor primario de mi hija era tiempo de calidad. Yo le había estado dando palabras de afirmación y me preguntaba por qué me respondía de forma tan negativa. Cuando comencé a darle tiempos de calidad, la mayoría de los cuales eran llevarla conmigo mientras hacía las compras, pero concentrándome en ella, es asombroso cómo cambió su actitud. En dos semanas era otra persona y todo el clima de la casa mejoró muchísimo».

Emociones en erupción

Otro factor común en los hogares de un solo padre es que los sentimientos encerrados durante la niñez, surgen a menudo en los años de la adolescencia. Las emociones del dolor, la ira y el rechazo, que raras veces se expresan en la niñez, quizá den lugar a una baja autoestima, sentimientos de incompetencia y de depresión, o palabras de crítica y comportamiento abusivo. Lo que es interesante observar es que estas emociones y el comportamiento resultante raras veces se expresan en presencia del padre que no tiene la custodia. Esto tal vez se deba a que el joven cree que el padre no lo entendería o que quizá no le importaría, o a lo mejor porque el joven no quiere turbar los aspectos positivos de su relación con el padre que no tiene la custodia. El padre custodio es el que recibe la acometida de las emociones antes dormidas del joven.

Esto es muy duro para la mayoría de estos padres. Con frecuencia sienten que no los aprecian y experimentan enojo hacia el joven. El padre que ha trabajado de manera esforzada para cuidar del niño se siente maltratado por el joven.

Por favor, toma nota que no te encuentras solo con tales sentimientos. Son comunes para los padres solteros cuando sus hijos se convierten en jóvenes. Recuerda que las fuertes emociones de tu adolescente son permanecer en su creciente deseo de independencia e identidad propia. Como un adulto en ciernes, y cuyos valores intelectuales, espirituales y morales se están formando, tu adolescente está obligado a esforzarse por resolver lo que parecen ser las injusticias de la vida. Este proceso puede ser positivo. Si el joven debe entrar a la adultez con algún nivel de madurez, estas heridas del pasado deben extraerse y procesarse. Sin embargo, esto quizá llegue a ser doloroso tanto para el joven como para el padre.

Las respuestas apropiadas

Concéntrate en las emociones del adolescente

El punto importante para el padre que tiene la custodia es concentrarse en las emociones del joven, no en su comportamiento. Esto es justo lo contrario de lo que casi siempre hacemos. Escucha a Roberta mientras describe su frustración con Samuel, su hijo de quince años de edad. «Parece muy abatido. No importa cuánto lo elogie, él expresa sentimientos de incompetencia. La mayor parte del tiempo parece deprimido. Yo trato de estar feliz y optimista. Trato de enfocar las cosas positivas de nuestra vida, pero él continúa paseándose abatido por toda la casa. Nada de lo que hago parece importarle».

Roberta está tratando de cambiar el comportamiento de Samuel y pasa por alto sus sentimientos subyacentes. En su lugar, debe darse cuenta que detrás del comportamiento de su adolescente, que está basado en su depresión y su baja autoestima, existen sentimientos de dolor, ira y rechazo más profundos. Estas son las emociones que deben discutirse. Si continúa enfocando su atención en tratar de llevar al joven hacia una mayor autoestima y más acciones positivas, diciéndole a Samuel lo inteligente y capaz que es, sus esfuerzos producirán mínimos resultados. No obstante, si es capaz de crear una atmósfera en la que Samuel hable de su niñez y en particular de las emociones centradas alrededor del divorcio, muerte o abandono del padre, comenzará a observar un cambio en su actitud hacia sí mismo.

No digo que este sea un proceso fácil. No es algo que ocurre en una conversación. El joven debe expresar una y otra vez estas dolorosas emociones del pasado y los pensamientos y recuerdos que lo rodean, mientras que el padre custodio escucha de manera comprensiva. Es necesario que salgan a la superficie esas heridas y se expresen, si el joven está en busca de la sanidad emocional.

Maira se queja de un problema distinto. «Mi hija de dieciséis años de edad se ha vuelto agresiva», me dijo. «A decir verdad, la otra noche me maldijo. No daba crédito a mis oídos. Varias veces ha arrojado cosas, a veces a mí, pero casi siempre contra la pared. Este comportamiento es del todo inusitado». Cuando hablé después con la hija de Maira, descubrí que hacía poco había comenzado a salir con un joven. La perspectiva de tener una relación romántica con un hombre ha sacado a la superficie todas las emociones dormidas que sentía hacía su padre. Desde que su padre la abandonó, temía el abandono de su novio. La ira que mantenía atada había entrado en erupción. Estaba enojada con su madre, a la que seguía de alguna manera culpando por el divorcio. Sentía ira hacia el padre por irse y aun mayor ira por haber demostrado tan poco interés en ella desde que se fue. Este iracundo comportamiento era en realidad un indicador positivo de que ahora comenzaba a enfrentar los dolores del pasado.

Cuando Maira comprendió esto, fue capaz de enfocarse en ayudar a su hija para hablar respecto a esas emociones ocultas en lugar de condenar su comportamiento negativo. Es probable que este comportamiento disminuya poco a poco a la larga, si el dolor interno se procesa mediante conversaciones y atenta comprensión.

Escucha y dile la verdad a tu adolescente

Al procesar los dolores del corazón del joven, el padre custodio no solo tendrá la difícil tarea de escuchar, sino que tendrá que decirle también la verdad al joven. Cuando se fue el padre del joven, le diste unas simples explicaciones que parecieron dejar satisfecho al niño en ese momento. Pensaste que había concluido el problema. Ahora el joven vuelve a traer todo a la superficie y va a hacer preguntas mucho más específicas. Quiere saber lo que pasó antes del divorcio, cómo era el matrimonio en los primeros años. Preguntará: «Si mi papá era tan malo, ¿por qué entonces te casaste con él?». Si la madre es la que murió, el joven hará de nuevo preguntas sobre la naturaleza de la enfermedad o del accidente. «Dime otra vez, ¿cómo era mamá? ¿Qué decía de mí?». Estas son las típicas preguntas del joven, preguntas duras, dolorosas, que indagan, pero preguntas que merecen respuestas.

Sea lo que sea, no disculpes tu propia conducta ni la de tu ex cónyuge. *Dile la verdad*. Si tus hijos adolescentes descubren después que les mentiste en cuanto a los detalles, te perderán el respeto. Quizá pensaras que no habrían soportado la verdad cuando eran niños. Sin embargo, ahora son jóvenes y su sanidad emocional exige que se sepa la verdad.

Maribel, la madre de una hija de catorce años de edad, dijo: «La cosa más difícil que jamás he hecho fue responder las preguntas de mi hija adolescente. Sé que se lo tenía que haber dicho antes, pero nunca parecía ser el momento apropiado. Ahora estaba haciendo preguntas duras y tuve que elegir entre mentirle o decirle la verdad. Fue la noche más dolorosa de mi vida cuando le dije que nunca había estado casada con su padre, que lo conocí en una fiesta en la playa, tuve relaciones sexuales con él y nunca lo volví a ver. Antes de esto, siempre le había dicho que él se había ido cuando ella era pequeña. Al principio, mi hija se enojó. Me dijo que le debía haber contado eso antes, pero lo que más me dolió fue cuando me dijo: "Entonces, no me querían en realidad. Fue un accidente".

»Yo escuché sus enojadas palabras y le dije que comprendía cómo se sentía, pero que esperaba que mis actos a partir de esa noche le hubieran demostrado que la amaba desde el mismo comienzo. Tuvimos muchas conversaciones en las semanas siguientes a esa noche. Hemos llorado, reído y nos hemos abrazado la una a la otra. Nunca me sentí tan cerca de mi hija como en la actualidad y creo que ella me ama ahora de una forma más madura como nunca antes. Siempre supe que iba a llegar el día en el que tendría que contarle la verdad. Esperé a tener el valor necesario. Estoy feliz de haberlo hecho». El viejo adagio es cierto: la verdad es dolorosa. Aun así, también es cierto que la verdad sana.

Conocer y hablar el lenguaje del amor primario de tu hijo adolescente quizá sea una parte muy útil en esta experiencia de decir la verdad. Un toque, una palabra de afirmación, un regalo, un acto de servicio o un tiempo de calidad ayudarán a crear el clima en el que puede tener lugar el doloroso proceso de sanar el pasado. La hija de Maribel me dijo después: «Fueron los abrazos de mamá los que me ayudaron a pasarlo. Nunca en mi vida me había sentido tan herida como cuando mamá me contó la verdad. Quería correr, gritar, me quería matar. A pesar de todo, cuando mamá me abrazó, lo sentí como un manto de amor». Su lenguaje primario era el toque físico y hablaba de manera profunda al corazón herido. Maribel habló también los otros lenguajes del amor. Le dio muchos tiempos de calidad y prolongados debates. La apoyó de palabras con su amor en numerosas ocasiones. Hubo regalos especiales y actos de servicio, todo esto representó un papel importante en la sanidad de su hija. Sin embargo, el toque físico fue el manto de amor.

Respeta los deseos irreales de los jóvenes

Se debería mencionar también otro reto para el padre solo, junto a la respuesta apropiada. El joven dentro de una familia de un solo padre experimentará muchos deseos irreales. Quizá escuche decir: «Desearía que papá viniera para mis encuentros deportivos». Sin embargo, tú sabes que la realidad es que su papá vive a miles de kilómetros de distancia, tiene una nueva esposa y dos hijos. No vendrá a los encuentros de su hijo. Es probable que tu hija de dieciséis años de edad diga: «Papá me va a comprar un automóvil», pero tú sabes que su padre está muy endeudado y no podría comprarle un automóvil aunque quisiera. Estos sueños imposibles son una parte de la imaginación del joven. Es un intento del subconsciente para tener la clase de familia que desea.

La respuesta natural de muchos padres custodios es la de hacer volar en pedazos estos sueños con las granadas de la realidad. En mi opinión, esto es un serio error. Mucho mejor es apoyar los deseos del joven y dejar que la realidad aparezca poco a poco. «Deseas que tu padre te compre un automóvil nuevo. Es una buena idea. Yo lo deseo también». «Tú deseas que tu padre venga para tus encuentros deportivos. Yo lo deseo también. Sería en verdad muy lindo». Si tienes esta clase de respuestas positivas para los deseos irreales de tu hijo adolescente, lo estás apoyando como persona. Si sientes el impulso de hacer volar en pedazos sus ideas y decir algo negativo sobre tu ex cónyuge, estas alentando a tu adolescente a que mantenga sus deseos para sí. Aceptando y apoyando esos deseos, alentarás el flujo de la comunicación. A menudo el joven ya sabe que son sueños imposibles, pero soñar es parte de su manera de sobrellevar las realidades que se encuentran lejos de la realidad.

Si tienes contacto con tu ex cónyuge, puedes comentarle algunos de sus sueños. Esto nunca debe hacerse como una demanda, sino solo como una forma de dar una información. «Creo que deberías saber que varias veces Sergio dijo: "Desearía que papá viniera para mis encuentros deportivos". Sé que quizá esto sea imposible, pero si alguna vez podría hacerse, esto significaría mucho para él. Si no, tal vez puedas preguntarle por esos juegos cuando hables con él por teléfono». Esta es una buena información para el padre no custodio. «Estefanía ha dicho varias veces que tú le ibas a comprar un automóvil cuando ella tuviera dieciséis años. No te estoy pidiendo que lo hagas, pero sí imagino que te gustaría saber lo que ella está diciendo». Por otra parte, expresarle los deseos del joven al padre no custodio es a veces mejor que lo haga el propio joven, sobre todo si los padres están en una posición de antagonismo. Decirle al joven: «Quizá deberías decírselo a tu padre», podría ser el estímulo que necesite el joven.

Para algunos de los padres que son pesimistas por naturaleza, será en extremo difícil hacer lo que acabo de sugerir. Por naturaleza, ven el vaso medio vacío y vierten sobre su adolescente ese pesimismo. Si esto es una parte de tu personalidad, te insto a que vayas a un consejero personal y procures cambiar tu propio espíritu hacia una dirección más optimista. Los sueños, hasta los imposibles, son una parte de lo que hace la vida más llevadera en los días oscuros, y por otra parte, ¿quién sabe lo que es imposible? Hasta las Escrituras dicen: «Donde no hay visión, el pueblo se extravía»[1].

Si los deseos del joven son irreales, esto se volverá obvio al final. Aun así, cuando el joven expresa sus deseos, da información que el padre de otro modo no conocería. Con frecuencia esos deseos están relacionados con su lenguaje del amor primario. Está la posibilidad de que el joven que desea la presencia de su padre en sus juegos tenga el lenguaje del amor primario de los tiempos de calidad, mientras que el que está pidiendo un automóvil podría estar mostrando el lenguaje de los regalos. Sin duda, el joven puede tener deseos que caigan fuera de su lenguaje del amor primario, pero si tú catalogas esos deseos, descubrirás que la mayoría cae dentro de los parámetros del lenguaje del amor primario del joven.

Para los padres que no tienen la custodia

Ahora, quiero hablarles a los padres que no tienen la custodia. Espero que no hayas sentido que he sido injusto contigo en la parte anterior del capítulo. El hecho es que puedes representar un papel importante en la vida de tu adolescente. *Tu hijo adolescente te necesita*. Muchos padres que no tienen la custodia de sus hijos reconocen que les hace falta ayuda para saber cómo educarlos. Algunos padres no custodios ven al joven con regularidad uno que otro fin de semana o un fin de semana al mes. Otros viven a cientos de kilómetros de sus jóvenes y sus visitas son esporádicas, comunicados con llamadas telefónicas y correos electrónicos. ¿Cómo aprovechas al máximo lo que posees? Permíteme lidiar con un par de trampas y, luego, te doy algunas ideas positivas.

Evita las trampas

Una trampa común es lo que a veces se le llama el síndrome del «Papi de Disneylandia». Este es cuando el tiempo con tu adolescente lo ocupas en llevarlo a encuentros deportivos, tiendas de vídeo, cines y otros centros de diversión. Tu atención está centralizada en las actividades en lugar del joven en sí. Debido a la limitada cantidad de tiempo que tienen esos padres para sus jóvenes, tienden a planificar cada encuentro con anticipación y tratan de divertirse con su hijo. Ambos llegan exhaustos al final de la visita. No me malinterpretes. No hay nada de malo en divertirse con tu adolescente y a casi todos les encantan esas actividades. Aun así, seamos sinceros, la vida no siempre es diversiones y encuentros deportivos. Tu adolescente necesita verte en circunstancias más normales. Dado que estás excluido de las rutinas diarias de tu adolescente durante la semana, tendrás una escasa idea de lo que ocurre dentro de la mente y el corazón del joven. Esto requiere un diálogo abierto en una atmósfera relajada y a veces no tan relajada. El padre no puede satisfacer las necesidades emocionales del joven hasta que no descubra antes esas necesidades.

No es raro ver que los padres y los jóvenes posean diferentes puntos de vista en cuanto a las relaciones de visitas. Las investigaciones han demostrado que el padre a menudo piensa que ha cumplido con su obligación mientras que el joven siente que falta algo. El padre cree que ha sido amoroso, pero el joven se siente rechazado. Un estudio indica que mientras la mayoría de los padres cree haber cumplido con sus obligaciones, tres de cada cuatro jóvenes tuvieron la impresión que ellos no significaban mucho para sus padres. «Pensaban que sus padres estuvieron presentes en lo físico, pero no en lo emocional»[2]. Tal parece que el síndrome de Papi de Disneylandia no es el método más positivo para educar a tu adolescente.

Otra trampa es aprovecharte del tiempo de tu hijo adolescente y su disposición para ayudar. Una chica de quince años de edad cuenta que al llegar a la casa de su padre para el fin de semana, este le dijo que tenía que marcharse debido a un compromiso y le pidió que cuidara a dos pequeños hermanastros hasta que él y su esposa regresaran. Él y su esposa regresaron la noche siguiente muy cerca de la medianoche. Es obvio que esta joven no encontró muy satisfactoria su visita. Cuando se acercó su próxima visita regular programada, se negó a visitar a su padre.

No digo que el joven no pueda trabajar durante la visita. En realidad, la participación de tu adolescente en el flujo normal de tu vida puede ser una experiencia muy positiva. Cosas tan simples como ir juntos a la tienda de víveres o al banco pueden llegar a ser importantes para tu adolescente.

Sin embargo, el joven se da cuenta cuando se están aprovechando de él, cuando sus intereses se centran más en ti que en él y, entonces, de inmediato se resentirá ante semejante comportamiento.

La tercera trampa es creer que tu adolescente tiene estabilidad emocional si no habla de los problemas. A menudo, los jóvenes son reacios a comentar sus luchas emocionales con el padre que no tiene la custodia. Existen varias razones para esto. Un poco de temor de que si son sinceros en cuanto a sus sentimientos, sus padres los rechazarán después y cesarán las visitas. Algunos que recuerdan los violentos estallidos del padre de años anteriores le temen a su ira si le hablan con sinceridad sobre sus pensamientos y sentimientos. Otros se abstienen de hacerlo porque no quieren «ser una influencia desestabilizadora». Mejor es tener una relación calmada que entrar en una discusión y empeorar las cosas, piensan. El punto es que el silencio no significa un estado saludable.

La mayoría de los jóvenes cuyos padres viven separados tienen la clase de sentimientos y pensamientos de los que hablamos antes en este capítulo. Necesitan mucho contártelo. El padre con sabiduría creará una atmósfera en la que se haga esto sin temor a represalias. En la mayoría de los casos, el padre tendrá que tomar la iniciativa diciendo algo así: «Sé que el hecho de que yo no viva con tu madre le ha causado un montón de dolor y problemas a tu vida. Si deseas hablar de esto, quiero que sepas que estoy a tu disposición para escucharte. Si continúo haciendo cosas o no las hago y esto te molesta o te hiere, espero que me lo digas. Deseo ser un mejor padre y estoy dispuesto a escuchar tus sugerencias». Es probable que tu adolescente no responda de inmediato a esta invitación, pero si se convence de que eres sincero, tarde o temprano te enterarás de sus problemas.

Lidia con tus asuntos personales

Si eres un padre que no tiene la custodia y tienes poco contacto con tu adolescente debido a tus propios problemas personales, luchas emocionales, dificultades financieras, drogadicción, etc., permíteme alentarte a que adoptes algunas medidas para ocuparte de tus problemas. Después de más de treinta años de consejería matrimonial y familiar, puedo prever que vendrá el día en el que te lamentarás por no haber participado en la vida de tu adolescente. Tú puedes evitar ese pesar adoptando ahora una acción positiva a fin de enfrentar tus problemas y conseguir la ayuda que necesitas.

Busca un consejero, un ministro o un amigo de confianza y sé sincero en cuanto a tus propias necesidades. Permite que alguien te guíe en buscar la ayuda necesaria a fin de cambiar el rumbo de tu vida en una dirección más positiva. Cuando comiences a dar estos pasos, tu adolescente empezará a respetarte y tú estarás un paso más cerca de una relación importante con él.

Involúcrate y habla el lenguaje del amor de tu hijo adolescente

Por otra parte, si estás teniendo un contacto regular con tu adolescente, te animo a que aproveches al máximo tus visitas, llamadas telefónicas y correos electrónicos. Cuéntale lo que está pasando en tu vida, tanto tus éxitos como tus fracasos. Sé sincero y auténtico con el joven. Él está buscando autenticidad. Tómate el tiempo para hacer preguntas que indaguen sobre sus pensamientos, sentimientos y deseos. No te hace falta tener todas las respuestas. A decir verdad, es mejor que no tengas todas las respuestas. El joven necesita aprender a pensar por sí mismo. Trata de entrar en contacto con sus emociones. No te limites a una conversación superficial. Pídele a tu ex cónyuge que te dé ideas que puedan mejorar tus contactos con tu adolescente.

Aparte de esto, no critiques al padre custodio cuando estés con tu adolescente. Si la crítica es del joven, escucha lo que tenga que decir. Luego, pídele su consejo en cuanto a cómo podrías ayudarle. Da muestras de comprensión a las críticas del joven, pero no te pongas a su altura agregando las tuyas.

Sobre todo, aprende a hablar los cinco lenguajes del amor. Descubre el lenguaje del amor primario de tu adolescente y háblalo con frecuencia. Tu mayor contribución al bienestar del joven es decirle que a ti te importa su bienestar y que lo amas. No des por sentado que el adolescente siente tu amor. Muchos padres hablan su propio lenguaje del amor y creen que el joven se siente amado. Miles de jóvenes no lo sienten. No hay sustituto en cuanto a hablar el lenguaje del amor primario de tu adolescente.

Sea cual haya sido tu relación con tu adolescente a través de los años, nunca es demasiado tarde para mejorarla. Una sincera confesión de tus errores del pasado y una petición de perdón al joven podría ser el primer paso en un largo camino hacia una renovada, agradable y afectuosa relación entre tú y tu adolescente. El camino quizá sea doloroso para ustedes dos, pero puedo asegurarte que es un viaje que vale la pena realizar.

Pautas importantes

Al concluir este capítulo, me gustaría ofrecerles varias pautas importantes a los padres que tienen la custodia y a los que no la tienen a fin de expresarles amor a sus hijos adolescentes.

1. *Escucha a tu adolescente*. Tú no puedes criar a los jóvenes sin escuchar lo que tienen que decir. Los padres que obvian las opiniones de sus jóvenes casi siempre van a fallar en satisfacer sus necesidades emocionales y no serán capaces de guiarlos en una dirección positiva. La guía comienza donde él se encuentra. Sin escucharlo, el padre será incapaz de dar el primer paso. Al escucharlo, estarás hablando el lenguaje del tiempo de calidad, le estás dando tu total atención. Le expresa que él es una persona que vale la pena conocer y que tú le estás dando una parte de tu vida.

2. *Enséñale a tu adolescente a controlar la ira de una manera positiva*. Esto puede significar que tengas que trabajar en tus propios patrones de control de tu ira. La mayoría de los

padres solos poseen su propia manera de expresar su ira. Algunos han aprendido a manejarla de manera constructiva; otros la mantienen en su interior, mientras que otros explotan con palabras y comportamientos iracundos. Es probable que tu adolescente no esté dispuesto a que le ayudes hasta que no te vea que adoptes medidas para controlar tu propia ira. Si tú o él necesitan mejorar este elemento clave de una relación personal, les invito a que lean de nuevo los capítulos 9 y 10 sobre el amor y la ira.

3. *Mantén los límites en su lugar con bondad, pero también con firmeza.* El joven necesita tener la seguridad de saber que los padres lo cuidan tanto como para decirle «no» a las cosas que consideren nocivas para él. Si ambos pueden hablar sobre los límites y tienen la misma lista de reglas y consecuencias, tanto mejor. Esto le comunica al joven que a ambos padres les importa por igual su bienestar.

4. *Sobre todo lo demás, dale amor incondicional a tu adolescente.* Bueno o malo, adecuado o inadecuado, el joven necesita percibir que alguien se preocupa, que alguien lo ama de verdad. Las personas que más quisiera que lo amen son sus padres. Si es posible, ambos deben unirse en la meta común de mantener lleno el tanque de amor de su adolescente.

5. *Considera la posibilidad de unirte a un grupo de estudio para padres solteros.* Estos se encuentran en la mayoría de las comunidades, patrocinadas a menudo por grupos cívicos, iglesias y universidades. Por lo general, estos grupos forman un camino de doble vía. Alguien habrá transitado ya por tu camino y tendrá ideas prácticas para ti. Otros acaban de entrar en el mundo de la crianza de los hijos sin pareja y tú podrás animarles. Tales grupos pueden ser muy útiles en la difícil tarea de ser padre solo con éxito.

6. *Pídele ayuda a la familia extendida, tus amigos y las iglesias.* Si alguno de tu familia extendida vive cerca y piensas que

podría ser una influencia positiva para tu adolescente, no vaciles en pedirle su ayuda. Un abuelo, tío o primo mayor puede a menudo suplir bastante lo que deja de hacer un padre ausente. Las abuelas han sido salvavidas para muchos jóvenes en problemas. Si tus familiares no viven cerca o si crees que serían una influencia negativa, busca amigos que te puedan ayudar.

Junto con los grupos cívicos y las universidades, he considerado mencionar a las iglesias como un recurso para los padres que crían solos. Las iglesias no solo pueden ser una fuente de aliento espiritual, sino también un lugar en el cual crear sanas amistades. Muchas iglesias ofrecen clases semanales para adultos que se encuentran solos mientras que, al mismo tiempo, brindan emocionantes actividades para los jóvenes. Conviértanlo en un asunto de familia, y cuando regresen a casa, hablen sobre lo que aprendieron. En el contexto de la iglesia y la familia, muchos padres que crían solos han encontrado personas que representaron papeles positivos en el desarrollo de sus jóvenes. Tú no necesitas caminar solo; hay personas en tu comunidad que se interesan por ti. Continúa buscando hasta que las encuentres. Tarde o temprano tu adolescente se volverá un adulto. Será inmensamente bendecido si puede decir con sinceridad: «Sé que mi madre me ama. Sé que mi padre me ama». Es mi sincera esperanza que este capítulo te ayude hacia el día en que escuches esta bendición.

La familia mixta, los jóvenes y los lenguajes del amor

En una semana de julio hace algunos años, serví de consejero en un campamento de jóvenes en las hermosas montañas Blue Ridge de Carolina del Norte. Miguel me había pedido una cita y yo lo invité a pasear a la torre de observación mientras hablábamos. (He descubierto que los jóvenes hablan con más libertad mientras caminan). Habíamos estado caminando alrededor de quince minutos, charlando de cosas intrascendentes, cuando le pregunté por su familia. «Este es el tema del cual deseaba hablar con usted. No me gusta tener un padrastro.

»Antes que mamá se casara con Rodrigo, las cosas marchaban bien». Luego, Miguel continuó: «Mamá y yo nos llevábamos bien. Yo sentía que me respetaba. Ahora me parece que soy un niño de nuevo. Ella y Rodrigo vinieron con todas esas tontas reglas. Sé que fue idea de Rodrigo porque mamá no es muy estricta en ese sentido. Sin embargo, ahora mamá está del lado de Rodrigo y ambos me están amargando la vida. Desearía poder irme a vivir con mi papá».

Lo que me dijo Miguel ese día se ha escuchado numerosas veces en las oficinas de los consejeros de todo el país. La mayoría de los jóvenes encuentra demasiado difícil la vida en una familia mixta. En el caso de Miguel, él se había adaptado a una circunstancia años atrás y ahora estaba molesto con todos esos nuevos arreglos familiares. Había aprendido a sobrellevar el hecho de vivir con su madre y su hermana menor después que su padre se marchó seis años atrás. Había estado enfrentando el trauma del rechazo de su padre. Él y su mamá habían tenido largas conversaciones en los meses posteriores al abandono de su padre. Miguel sabía del sacrificio de su madre y de su papel; había trabajado duro a fin de satisfacer las necesidades de la familia. «Mamá me necesitaba para que cuidara a mi hermana en la tarde después de la escuela hasta que ella regresaba», me dijo con orgullo y en secreto. «También ayudé a lavar la ropa y ella contaba conmigo para limpiarle el automóvil. Mamá me trataba como a un adulto».

No obstante, todo cambió cuando Rodrigo entró en la familia. Rodrigo quería lavar el automóvil con Miguel y le decía al joven cosas acerca de lavar un auto que ya él sabía. «¿Se creerá que soy un tonto?», se preguntaba Miguel.

Mientras escuchaba a Miguel, estaba casi seguro que su padrastro era sincero y trataba de establecer un vínculo con él al hacer juntos las cosas. Sin embargo, también estaba seguro que el padrastro de Miguel no había despertado a la realidad de que Miguel era un joven cuya independencia estaba bajo amenaza... y que, a la larga, descubriría el rechazo de Miguel. También sabía que puesto que ahora la madre de Miguel estaba del lado de su nuevo esposo, era solo cuestión de tiempo para que su inquietud por Miguel causase un conflicto entre ella y Rodrigo. Estudios efectuados han demostrado que la causa número uno de los divorcios en los segundos matrimonios se debe a conflictos por la crianza de los hijos[1], y que el por ciento de los divorcios en segundas nupcias es mayor de manera considerable que en las primeras.

La familia mixta se establece de una forma muy diferente de la familia biológica original. En la original, la pareja tiene un período en el que están juntos hasta que llega el hijo. Este entra al mundo como un infante y la pareja aprende los secretos de la crianza con el tiempo. Por otra parte, la familia mixta raras veces le otorga a la pareja un extenso período para estar a solas. Los hijos son de inmediato una parte de la familia. Muchas veces, los hijos son ahora jóvenes que desarrollan su independencia e identidad propia. Todas las luchas normales de este proceso se intensifican para el joven que se despierta para encontrarse que forma parte de una familia mixta.

Las percepciones del joven y los temores de los padres

Con frecuencia, el joven percibe que están frustrando su propio proceso de desarrollo debido a la felicidad de sus padres. Si este resentimiento no se procesa, pronto se tornará en amargura y esta conducirá a la rebelión. Mientras tanto, los padres a menudo entran al segundo matrimonio con tres abrumadores temores: el temor de perder el amor del joven, el temor de la rebelión y el temor de arruinar la vida de sus jóvenes. Una madre me dijo: «He arruinado la vida de mi hija, primero por divorciarme y después por volverme a casar. ¿Cómo fui tan tonta?». Estos temores llevan con frecuencia al padre biológico a olvidarse de los conceptos básicos de la disciplina y del manejo de la ira que hemos visto antes en este libro. El padre aplaca al joven y termina marginando al nuevo cónyuge.

La familia mixta puede enfrentar otros desafíos numerosos: peleas entre hermanastros, abusos sexuales entre los jóvenes de ambas familias o entre el joven y el nuevo cónyuge, conflictos entre el padre biológico y el padrastro acerca de las pautas familiares apropiadas, conflictos entre la familia mixta y la otra familia acerca de lo que es mejor para el joven. La lista de los potenciales desafíos es interminable.

No es mi propósito pintarles un cuadro sombrío. Mi propósito es ser realista y ofrecer esperanzas. Creo que la comprensión de los cinco lenguajes del amor y su aplicación en la familia mixta hará mucho para crear un clima donde dichas familias logren tener éxito. Dado que la necesidad emocional básica de todos nosotros es la de sentirse amado y puesto que el amor es el aceite que lubrica las ruedas de las relaciones familiares, si podemos aprender a expresar amor con eficiencia, seremos capaces de crear un sano entorno para la familia mixta. Los conflictos pueden resolverse en una atmósfera afectuosa, el joven puede continuar con un saludable proceso hacia su independencia y los padres pueden disfrutar de una relación matrimonial en crecimiento. Sin embargo, cuando no se satisface la necesidad emocional del amor, a menudo la familia cambia hacia un ambiente de antagonismo.

Les animo a que tomen con seriedad los conceptos vertidos en los capítulos anteriores de este libro. Practiquen entre sí para hablar los lenguajes del amor, conversen acerca de los dialectos que deberían usar para expresarle amor al joven, determinen su lenguaje del amor primario (así como el de ustedes). Lean un libro que trate acerca de las dinámicas en las relaciones de las familias mixtas. Comprendan que los jóvenes no siempre estarán dispuestos a sus expresiones de amor. No lo tomen en forma personal. Prueben un método diferente al día siguiente. Aprendan de sus errores.

Ahora, veamos algunos de los desafíos comunes de amar a los jóvenes en una familia mixta.

Sentimientos de rechazo y de celos

A menudo, el joven será lento en responder al amor de su padrastro. Existen muchas razones para esto. En primer lugar, el joven quizá tema el rechazo del padrastro. Como tal, tú tendrás dificultades en comprender por qué el joven se aleja. Al fin y al cabo, tomaste la decisión de amarlo; hiciste tus más sinceros esfuerzos en acercarte a él y expresarle tu amor. Lo que debes comprender es que el joven ya ha sufrido el trauma del rechazo paternal mientras observaba a sus padres pasar por el divorcio. Quizá esto ocurrió cuando era un niño, pero ese trauma es un doloroso recuerdo para el joven, uno que no desea que se repita de nuevo. No desea pasar por nuevos dolores.

En segundo lugar, el joven tal vez esté también celoso por la relación del padrastro o de la madrastra con su padre biológico o madre. Quizá lo vea como una amenaza a su relación con ese padre. Desde que apareció, es probable que haya recibido menos atención por parte del padre biológico. A lo mejor el joven también está celoso del afecto que tú demuestras hacia tus hijos biológicos. Otra lucha común para los jóvenes en familias mixtas es la sensación de ser desleal a su madre si responde al amor de su madrastra o desleal a su padre si responde al amor de su padrastro.

Una razón adicional por la que los jóvenes quizá no respondan con facilidad al amor de un padrastro o una madrastra es que los ve como una amenaza para su independencia. Esto era algo que Miguel, al cual conocimos al comienzo de este capítulo, sentía hacia su padrastro Rodrigo.

Lidia con los sentimientos del joven

¿Qué puede hacer un padrastro o una madrastra para superar algunas de estas barreras? *El primer paso es darle al joven la libertad de ser como es*. Las emociones y los temores que acabamos de discutir son reales para el joven, aun cuando no los exprese. No trates de sacar al joven de sus ideas y sentimientos. Si decide hablar, escucha con atención y apoya sus emociones. «Esto tiene muchísimo sentido. Comprendo por qué te sientes así». Estas son declaraciones de afirmación.

En cambio, las declaraciones elevadas le parecerán vacías al adolescente. «No tienes que temer por mí. Nunca me iré. Y, sin duda, no te voy a quitar a tu madre de tu lado».

El joven responderá mucho mejor a sus actos que a sus promesas.

Igual que todo adolescente, el jovencito que crece en una familia mixta expresará su rebelión en su búsqueda de identidad propia e independencia. Comprende siempre que también en una familia mixta el dolor, el pesar y la depresión son las bases para el comportamiento rebelde del adolescente. Si juzgas su comportamiento sin reflexionar en sus emociones, te juzgará mal. Recuerda esto y demostrarás compasión y misericordia.

El segundo paso es no tratar de ocupar el lugar del padre biológico del mismo sexo que el tuyo. Estimula al joven para que ame y se relacione todo lo posible con su padre biológico. No desapruebes de palabras al padre biológico delante del joven.

Lidia con tus propios pensamientos y sentimientos

Reconoce tus diferentes sentimientos y temores

A continuación, sé sincero contigo mismo en cuanto a tus propios pensamientos y sentimientos. Si tu matrimonio no es sólido, es probable que también te alejes del joven por temor a un nuevo divorcio. No deseas acercártele porque no quieres herirlo otra vez. También te podrás sentir culpable porque no tienes una buena relación con tus propios hijos biológicos. Quizá te parezca injusto crear una relación cercana con hijastros cuando hay tanta distancia entre tú y tus propios hijos. Y también existe la posibilidad de que te alejes del joven porque sientas celos por el tiempo y la atención que recibe de tu esposa. En cada uno de nosotros hay un poco de egoísmo. Es difícil salir de tus propios requerimientos, anhelos y deseos. Sin embargo, el egoísmo destruirá a la larga toda relación.

¿Cómo te haces cargo de esos pensamientos y esas emociones que quizá sean barreras en la construcción de una relación de amor con tu hijastro adolescente? Te sugiero que comiences a hablar contigo mismo. Admite los pensamientos y las emociones. Estos no desaparecerán al tratar de pasarlos por alto. Además, asegúrate de decirte a ti mismo la verdad. El egoísmo lleva al aislamiento y a la soledad. Las personas más felices del mundo son las que dan, no las que arrebatan.

Ama a tus hijos y a tus hijastros

Tú puedes amar a tu esposa, a tus hijos biológicos y a tus hijastros y te sobrará amor para otros. Tu cónyuge puede amar a sus hijos biológicos y a ti, y aún tener amor sobrante para tus hijos biológicos.

La realidad es que no puedes amar a tu cónyuge y no amar a los hijos de tu cónyuge. La relación de padres no permitirá que ambas cosas estén separadas. Recuerda que siempre cosechas lo que siembras. Ama y, al final, te amarán. Da y te darán. El éxito de una familia mixta no se encuentra en «hacerse cargo de los hijos». Se encuentra en amar a esos hijos mientras estos van rumbo a la madurez.

La paciencia es una necesidad para los padrastros que están comprometidos a amar a sus hijastros. Los jóvenes, al contrario de los niños, no solo se sientan y absorben el amor que tú les ofreces. Los adolescentes tienen pensamientos, experiencias pasadas y patrones de conducta. Las investigaciones demuestran que típicamente la formación de una relación afectuosa entre el joven y su padrastro requiere de dieciocho meses a dos años[2].

¿Cómo sabes cuándo el joven comienza a vincularse a ti? Las señales incluyen lo siguiente: El joven empezará a demostrar afecto y disposición espontáneos para recibir tu amor, iniciará conversaciones y actividades contigo, y expresará su conocimiento acerca de tus necesidades y te pedirá tu opinión. Cuando esto suceda, estarás cosechando el dulce fruto del amor incondicional. La formación de una relación fuerte y afectuosa con tu hijastro adolescente es una de las mejores cosas que harás para tu matrimonio. Todos los padres aman a sus hijos biológicos. Cuando ven que el cónyuge está haciendo grandes esfuerzos para relacionarse de manera positiva con sus hijos, aumentará su amor por él.

La disciplina en la familia mixta

Por lo general, la disciplina se convierte en un campo de luchas importantes dentro de una familia mixta. Casi ningún padre biológico está de acuerdo en todos los detalles que rodean la disciplina de los hijos. En una familia mixta, las diferencias son mayores porque uno de ustedes es el padre biológico y el otro el padrastro o la madrastra, y debido a que cada uno de ustedes tuvo su historia en otra familia antes de ser parte de una familia mixta.

El propósito de la disciplina es ayudar a nuestros jóvenes a que crezcan y se conviertan en adultos responsables y maduros. El proceso quizá sea más difícil en la familia mixta que en la original, pero no es imposible. Les recomiendo a los dos que lean de nuevo el contenido del capítulo 12 sobre el amor y la responsabilidad. Esto les ayudará a tener claro en su mente los conceptos básicos de la disciplina.

Acerca de los cambios en las reglas de la familia y en la disciplina

El joven sabe que las cosas serán diferentes ahora que llegó el padrastro. Cambiarán algunas cosas. Por ejemplo, si el padrastro trae también jóvenes al matrimonio, es probable que existan nuevas reglamentaciones sobre cómo se va a vestir o desvestir el joven en la casa. No trates de ser el llanero solitario en determinar cuáles van a ser esas reglamentaciones. Como padres, tienen la última palabra, pero los jóvenes necesitan ser parte del proceso de decidir las reglas y las consecuencias cuando se violan esas reglas. Es muy posible que tú y tu cónyuge tengan importantes desacuerdos respecto a cómo deberían ser esas reglas y sus consecuencias. Mi criterio general es que el primer año de la familia mixta, el padrastro debe respetar los deseos del padre biológico. Al aumentar las relaciones emocionales, estas se pueden revisar en el futuro si el padrastro siente que las reglamentaciones no son adecuadas.

En las primeras etapas de la familia mixta, haz cambios mínimos, a fin de que tengas máxima aceptación. Si desde el principio dejas establecido el foro familiar con el acuerdo que cualquier miembro de la familia puede llamar a una reunión en cualquier momento si siente que debe cambiarse algo respecto a la vida familiar, tú establecerás un medio para procesar emociones e ideas. Si en esos foros tomas con seriedad las ideas y los sentimientos de los jóvenes, así como los de los niños menores mientras te reservas el derecho de la última palabra, crearás una atmósfera en la que se pueden resolver los conflictos familiares. Es obvio que si los miembros de la familia se sienten amados entre sí, será mucho más fácil crear un clima de esa manera. Por lo tanto, sigue siendo vital para unas sanas relaciones entre los miembros de la familia que cada uno hable el lenguaje del amor primario del otro.

Acerca de la implementación y la coherencia

Cuando se deben hacer cumplir las consecuencias durante el primer año de la familia mixta, es mejor que sea el padre biológico el que las implemente. Más adelante, cuando existan mayores vínculos entre el padrastro o madrastra y el joven, cada padre podrá hacer cumplir las consecuencias, sobre todo si las mismas se establecieron con antelación y todos las comprendieron con claridad. Hablando el lenguaje del amor del joven antes y después de implementar las consecuencias aumenta la probabilidad de que este acepte esas consecuencias como justas.

Es de suma importancia ser coherentes a la hora de implementar las consecuencias, sobre todo en una familia mixta. En la familia mixta de Samuel e Ivonne, la regla era que las bicicletas debían guardarse en el garaje antes de las ocho de la noche. La consecuencia del incumplimiento era perder el privilegio de montar en bicicleta al día siguiente. Todos estuvieron de acuerdo en que era una regla justa y que en el verano, cuando los días fueran más largos, el tiempo del plazo se extendería hasta las nueve de la noche. La regla se aprobó tres semanas después, cuando la hija de trece años de edad de Ivonne, Erica, dejó su bicicleta en el patio del vecino. A las nueve y diez de la noche el hijo del vecino golpeó la puerta trayendo la bicicleta de Erica.

Ivonne le dio las gracias al hijo del vecino, puso la bicicleta en el garaje y con calma le informó a Erica lo que había pasado, recordándole que al otro día ella no podía montar en su bicicleta.

A la tarde siguiente, Erica se acercó a su madre, mostrando su más agradable sonrisa y le dijo:

—Te tengo que pedir un favor. Sé que dejé mi bicicleta afuera la noche pasada, pero esta tarde todas las chicas del vecindario están paseando en bicicleta en el parque. Mamá, si me dejas ir, no montaré mi bicicleta por los próximos dos días. Dos días por uno. ¿Es justo, no, mamá?

Ivonne deseaba decir que sí. Sería mucho más fácil y la oferta de Erica parecía justa, pero Ivonne sabía que si la aceptaba, le iba a dar a Erica un mensaje erróneo. Por lo tanto le dijo:

—Lo siento, Erica. Tú conoces la regla y sabes las consecuencias. No montas en tu bicicleta al día siguiente de haberla dejado afuera.

Viendo que su encantadora sonrisa y agradable acercamiento no surtieron efecto, Erica cambió por un lloriqueo.

—Ah, mamá. Por favor, mamá. Es justo, es justo. Dos días por uno. Es justo, mamá.

—Lo lamento —dijo Ivonne—, pero tú conoces la regla.

Entonces Erica aumentó la presión.

—¿Cómo me puedes hacer esto? Todas las chicas van a montar bicicleta. No me gustan esas nuevas reglas. No era así antes de que viniera Samuel. Tú eras comprensiva y bondadosa. Ahora estás con eso de hacer cumplir las reglas. No es justo. No me gusta vivir en esta casa.

Ivonne deseaba contestarle y decirle a Erica que dejara a Samuel fuera de esto, que no tenía nada que ver con él, pero con sabiduría mantuvo esos pensamientos para sí y le dijo:

—Querida, yo sé que deseas ir a pasear en bicicleta con las chicas. Me gustaría poder decirte que sí, pero simplemente la vida no es de esa manera. Cuando nos equivocamos, debemos sufrir las consecuencias. A veces, esas consecuencias son muy dolorosas. Comprendo lo molesta que debes estar. Y comprendo que a veces desearías que Samuel no estuviera aquí, que quizá pienses que yo cedería si Samuel no viviera con nosotros. Espero que esto no sea cierto. Te amé antes de Samuel y te amo ahora. Hago cumplir la regla porque sé que es lo mejor para ti.

—No me digas eso de que *es lo mejor para ti* —murmuró Erica al salir de la habitación.

Ivonne dejó escapar un suspiro de alivio y en secreto se preguntó: *¿Estoy haciendo bien las cosas?* En su mente, sabía que tenía razón, pero en su corazón tenía interrogantes. Erica estaba resentida y permaneció en su habitación el resto de la tarde y toda la noche, y a la mañana siguiente se fue en silencio a la escuela. Sin embargo, por la tarde regresó con su alegre manera de ser de siempre y nunca habló más del asunto. (Esta historia sucedió hace varios años, e Ivonne informó que Erica nunca más volvió a dejar su bicicleta fuera del garaje). Los jóvenes aprenden a ser responsables cuando se hacen cumplir las consecuencias.

Unas cinco semanas después, el hijo de quince años de edad de Samuel, Sergio, también dejó su bicicleta afuera pasada la hora reglamentaria. Samuel lo descubrió cuando regresó esa noche a casa de una reunión. Puso la bicicleta en el garaje y le informó a Sergio que no podía montar mañana en ella.

—Está bien —dijo Sergio—. Comprendo. Simplemente me olvidé.

Imagínate la consternación de Ivonne cuando oyó a la tarde siguiente que Samuel le decía a Sergio:

—¿Qué te parece si tomas tu bicicleta y vas hasta la tienda a comprar un poco de pan? Tengo que cortar el césped.

—Samuel, yo pensé que Sergio no podía montar su bicicleta hoy —dijo Ivonne con suavidad.

—Necesitamos pan y yo debo cortar el césped —respondió Samuel con ligereza—. Él me está ayudando. Está bien.

Sergio fue con la bicicleta a la tienda, pero Ivonne entró a la casa sintiéndose traicionada. *No puedo creer que haya hecho esto*, se decía. *Cuando Erica se entere, nunca me dejará tranquila.*

Samuel violó uno de los principios cardinales de la buena disciplina paterna: la coherencia. Salvo que le confiese su error a Ivonne y Erica, la barrera emocional que erigió con su acción impedirá sus esfuerzos de crear una relación afectuosa con su esposa y su hijastra. Sergio también es un perdedor debido a la incoherencia de su padre. Pocas cosas son más importantes en una familia mixta que el compromiso de los padres de ser coherentes y hacer cumplir las consecuencias.

Otras esferas de conflicto

Las actitudes y el comportamiento del otro padre

Otro campo de reto común en una familia mixta está relacionado con la otra familia del joven, es decir, con el otro padre biológico, ya sea casado de nuevo o solo. A menudo los padres tienen sentimientos sin resolver del matrimonio anterior. Uno o ambos padres quizá alberguen ira, amargura u odio por el otro ex cónyuge. Algunos todavía albergan sentimientos de amor por el cónyuge anterior, lo cual puede ser molesto para la nueva pareja.

Además, pueden persistir patrones de conducta que llevaron al divorcio y que son molestos. Por ejemplo, el esposo adicto al trabajo que nunca llega a casa cuando lo promete, puede hoy haberse atrasado para ir a buscar al joven para la visita del fin de semana. Esto tal vez irrite a la madre del joven de la misma manera en que la irritaba cando estaba casada con su padre. Esa madre «detallista al extremo» puede seguir irritando al ex esposo mientras él trata de elaborar la logística de pasar un tiempo con su adolescente. Muchos de estos conflictos se centran en torno a «la visita» porque ese es el escenario en el que los ex cónyuges tienen el mayor contacto.

Asimismo, los padres biológicos se culparán entre sí por cualquier problema emocional o de comportamiento que muestre el joven. A veces el otro padre biológico quizá le haga comentarios negativos al joven acerca de ti y tu cónyuge. El joven te repetirá estos comentarios a ti, en especial si está enojado. Kevin, de dieciséis años de edad le soltó a su madre esto: «Papá dijo que no me podía comprar un automóvil porque tenía que gastar todo su dinero en pagar todos nuestros gastos aquí». Lisa, de diecisiete años de edad, en una riña con su madrastra le dijo: «Mamá me dijo que tú eres una cualquiera porque sacaste a mi padre de nuestro lado. Nunca te perdonaré eso».

Diferentes escalas de valores

A veces los valores del otro hogar son muy diferentes al propio. Este tal vez sea uno de los factores que te llevó al divorcio. El mayor conflicto entre familias se encuentra a menudo en el campo de los valores morales. Es probable que en la casa ya no existan lecturas pornográficas, no se digan palabrotas, ni se tome alcohol o drogas, pero permanecen cuando el joven visita a su padre que no tiene la custodia. El tipo de películas, vídeos o programas de televisión que el joven puede ver durante estas visitas quizá difiera de los tuyos. De modo que quizá hasta difieran las creencias religiosas. Todo esto puede volverse una fuente de conflictos. No obstante, salvo que esas actividades sean legales, el padre custodio no puede regular lo que sucede cuando el joven está con el otro padre.

Allí es donde tu propio programa positivo de amor y disciplina es tan importante. Si el joven aprende de ti que cada elección que haga tiene consecuencias, si le estás dando elecciones y asegurándole que él sufrirá las consecuencias si hace malas elecciones, es más probable que lleve consigo esta verdad cuando visite la otra familia. Tal vez esté expuesto a pensamientos y comportamientos que tú hubieras preferido que no vea ni oiga, pero es más probable que haga sabias elecciones debido al sólido amor y la disciplina que experimentó contigo.

Si mantienes lleno el tanque de amor del joven, impides también que el joven cometa errores. Por naturaleza, el joven se siente atraído hacia el padre del que recibe un amor verdadero. Si el joven sabe que tú tienes en mente sus mejores intereses y siente que lo amas intensamente, es menos probable que se vea impulsado por parte del otro padre hacia comportamientos negativos. Por un lado, no desea lastimarte a ti y por el otro sabe que el otro padre no está velando por su bienestar, de lo contrario no lo expondría a estas prácticas nocivas.

En respuesta a estos conflictos con la otra familia, nunca combatas el fuego con el fuego. No trates de combatir el comportamiento negativo de un ex cónyuge «dándole un poco de su propia medicina». Con bondad, pero con firmeza, responde a su comportamiento en lo que parezca ser una manera apropiada. No permitas que su comportamiento te intimide y no trates de intimidarlo a él. El objetivo no es derrotar a tu ex cónyuge (o el otro padre biológico al que no puedes sustituir en realidad). El objetivo es mantener tu matrimonio en crecimiento y trabajar hacia una ayuda para que el joven se convierta en un joven adulto. Una franca comunicación entre tú y tu cónyuge y el joven acerca de las dificultades que está experimentando con la otra familia y la discusión de posibles formas de manejar el conflicto, pueden ser una experiencia educativa para el joven.

La receta para una familia mixta saludable

En resumen, deseo enfatizar en cuatro ingredientes básicos que conducen a una familia mixta saludable. Tú puedes mejorar el poder de estos cuatro ingredientes enseñándole a la familia a hablar el lenguaje del amor primario de cada uno.

En primer lugar está el amor incondicional. Los padres deben tomar la iniciativa de amarse de manera incondicional el uno al otro y también a todos los hijos de la familia. El mensaje que tus jóvenes y tus hijos pequeños necesitan escuchar es: «Los amamos sin importar lo que suceda». No digas ni sugieras esto con tus acciones: «Los amamos si son buenos los unos con los otros; los amamos si hacen lo que les decimos; los amamos si ustedes nos aman». Cualquier cosa menor que el amor incondicional de ningún modo es verdadero amor. El amor es una decisión. Es la decisión de velar por los intereses del otro. Es tratar de satisfacer sus necesidades. Todo joven necesita saber que hay alguien que se preocupa de manera profunda por él y que cree que él es importante.

Darle al joven regalos, toques afectuosos apropiados, actos de servicio, tiempos de calidad y palabras de afirmación es expresarle tu amor incondicional de cinco maneras fundamentales. Tu adolescente necesita escucharte hablar los cinco lenguajes, pero le hace falta grandes dosis de su lenguaje del amor primario.

En segundo lugar está la equidad. Por favor, recuerda que la equidad no es lo mismo que la igualdad. Cada uno de tus hijos es distinto, aun si son tus hijos biológicos. A veces en sus esfuerzos por ser justos, los padres tratan igual a cada hijo. En realidad, esto es muy injusto. Debido a que los hijos son distintos, lo que hace sentirse amado a uno no necesariamente hace sentirse amado al otro. Si el lenguaje del amor de un joven es los regalos y el del otro son los tiempos de calidad y tú le das a cada uno un regalo del mismo valor, uno recibirá mucho más en lo emocional que el otro. Equidad significa tratar con igualdad para satisfacer las singulares necesidades de cada niño o joven.

En tercer lugar está la atención. Expresa tu interés por el mundo de tu adolescente, yendo a las actividades donde se permitan adultos, demostrando interés en su escuela y su vida social, escuchando sus ideas, deseos y sentimientos. En pocas palabras, entrar en su mundo y permanecer allí. Investigaciones han demostrado que la mayoría de los jóvenes desean estar más tiempo con sus padres y no menos[3].

En cuarto lugar está la disciplina. Los jóvenes necesitan muchísimo los límites. Los padres que adoptan la actitud de

«Tú eres un joven. Haz lo que quieras», están preparando al joven para un fracaso. La vida sin límites se vuelve enseguida una vida sin sentido. Los padres que aman fijarán límites para proteger al joven de los peligros y guiarlo hacia un dominio propio responsable.

Cuando los padres de familias mixtas se comprometen con estos fundamentos, pueden vencer los obstáculos y crear relaciones familiares saludables.

Epílogo

Dos vientos están soplando a través del horizonte de la cultura contemporánea del adolescente. Uno lleva las sinceras voces de miles de jóvenes que suspiran por una comunidad, una estructura, unas pautas y un propósito. El segundo es el turbulento viento de confusión que amenaza al primer viento.

Para muchos jóvenes, el mundo no tiene sentido y la vida apenas merece el esfuerzo. Esos jóvenes, atrapados en ese turbulento y confuso viento pasan a menudo gran parte de la vida en depresión, y a veces todo termina en actos de autodestrucción, arrastrando con frecuencia a otros con ellos.

Creo desde lo más profundo que la influencia más importante en el estado anímico y las elecciones del adolescente es el amor de los padres. Sin el sentimiento del amor paternal, los adolescentes son más propensos a dejarse arrastrar por el viento de la confusión. En cambio, los jóvenes que sienten que sus padres los aman de verdad, tienen una probabilidad mucho mayor de responder a los profundos anhelos de una comunidad, de recibir con agrado una estructura, de responder de forma positiva a las pautas y de encontrarle a la vida un propósito y un significado. Nada posee un potencial de cambio mayor en nuestra cultura occidental que el amor de los padres.

Al escribir este libro, mi propósito fue el de brindar una ayuda práctica a los padres sinceros que en verdad desean que sus adolescentes se sientan amados. Mis observaciones después de treinta años de consejería matrimonial y familiar son que la mayoría de los padres aman a sus adolescentes.

Sin embargo, también he podido observar que miles de esos jóvenes no se sienten amados por sus padres. *La sinceridad no es suficiente*. Si queremos expresar con eficiencia nuestro amor al joven, debemos aprender a conocer su lenguaje del amor primario y hablarlo con regularidad. También debemos aprender los dialectos que se encuentran dentro del mismo, los que hablan a lo más profundo de su alma. Cuando hagamos esto con eficacia, podemos salpicar también los otros cuatro lenguajes del amor y esto acentuará nuestros esfuerzos.

No obstante, si no hablamos el lenguaje del amor primario del adolescente, nuestros esfuerzos por hablar los otros cuatro no llenarán su tanque de amor.

He tratado de ser sincero en la comunicación de que amar con eficacia a un adolescente no es tan fácil como parece y, sin duda, no es tan fácil como cuando era un niño. De muchas maneras, nuestros jóvenes son «blancos móviles». No solo participan de manera activa en perseguir muchos intereses, sino que también experimentan cambios radicales de estados de ánimo. Ambas cosas les dificultan a los padres saber qué lenguaje o dialecto hablar en un día determinado. Además, el proceso total de amar a los jóvenes está compuesto por su incipiente independencia y su identidad propia en desarrollo. Como padres, no podemos minimizar esos factores si deseamos expresar con eficiencia nuestro amor hacia los adolescentes.

Aunque escribí en primer lugar para los padres, mi deseo es que los abuelos, los maestros de escuelas, los líderes de jóvenes de las iglesias u otros adultos que se ocupan de los adolescentes, se conviertan en personas que expresen con más eficiencia su amor a los jóvenes mediante la lectura de este libro y la práctica de sus principios. Los jóvenes no solo necesitan sentir el amor de sus padres, sino también el de otros adultos importantes en su vida. Todo encuentro con un adulto deja al adolescente sintiéndose amado o no. Cuando el joven se siente amado por un adulto, está dispuesto a la enseñanza e influencia de ese adulto. Cuando un joven no se siente amado, las palabras de los adultos entran a oídos sordos. El adolescente necesita con desesperación la sabiduría de adultos mayores y más maduros. No obstante, sin amor, la transferencia de sabiduría será ineficaz.

Los principios plasmados en este libro se deben practicar a diario, de modo que el alma del adolescente anhele el amor. Tan cierto como que el cuerpo de un joven necesita alimento diario, también su alma anhela amor. Desearía poder poner este libro en las manos de todos los padres de jóvenes y decirles: «Escribí esto para ustedes. Sé que aman a sus jóvenes. Aun así, no estoy seguro de que su adolescente sienta que ustedes lo aman. No lo den por sentado. Aprendan el lenguaje del amor primario de su adolescente y háblenlo con regularidad. Esto no es fácil. Lo sé. Ya he pasado por eso. Sin embargo, vale la pena esforzarse. Su adolescente será el beneficiado y ustedes también».

Nada es más importante para las futuras generaciones que amar con eficacia a los jóvenes de esta generación.

Para una guía de estudio gratuita en inglés, otros recursos útiles y materiales de lectura adicionales, visita:

www.5lovelanguages.com

La guía de estudio toma los conceptos del libro *Los cinco lenguajes del amor de los jóvenes* y te enseña la manera de aplicarlos a tu vida de una manera práctica. Es ideal para grupos de estudio y de discusión.

Apéndice I

Cómo los adolescentes adquirieron ese nombre

Antes que hubieran adolescentes, había adolescentes... pero no se conocían por ese nombre. No fue hasta principios de los años de 1940 donde los adolescentes se conocieron más que por niños en crecimiento; pero los cambios sociales e industriales, impulsados por una guerra mundial, cambiarían todo esto. Aparecería el «adolescente», una cultura singular en un grupo de edad definida, no más chicos y chicas, aunque tampoco hombres y mujeres. Estaban en una transición, yendo hacia su estado de adulto, probando y cambiando en su búsqueda de identidad e independencia. He aquí cómo los adolescentes adquirieron ese nombre.

Una década antes de la Segunda Guerra Mundial, la mayoría de los niños entre trece y diecinueve años trabajaban en fincas, fábricas o en su casa, de acuerdo a lo que sus familias requerían de ellos. Ayudaban a sus padres a proveer para los niños menores de la familia. Tenían pocas elecciones al respecto y continuaban en este modo de trabajo hasta que se casaban[1]. Eran solo una parte de su familia de origen y hacían lo que se esperaba de ellos hasta que tuvieran la edad suficiente para casarse. No existía una cultura de adolescentes separada, mediante la cual pasaban de la niñez al estado adulto. No había películas, ni música, ni moda para adolescentes porque no había adolescentes.

La Gran Depresión de 1930 cambió todo esto. Con el colapso de la economía, los puestos de trabajo de-saparecieron. Los pocos trabajos disponibles eran para los padres, y estos trabajadores adolescentes se quedaron desocupados. Sintiendo que eran una carga para la familia, miles de ellos se pusieron en camino a fin de buscar trabajo. Usaron trenes de carga para ir hasta las ciudades distantes o caminaron hasta los pueblos vecinos, pero la mayoría de ellos estaba frustrado. Durmiendo en los parques públicos o en los callejones, a menudo mendigando alimentos, planteaban un importante problema social. Como escribiera la socióloga Grace Palladino: «Los adolescentes fugitivos o la juventud vagabunda, como se les llama, obligan a la sociedad adulta a enfocar los problemas de los adolescentes»[2].

Este dilema social condujo a formar la *National Youth Administration* (NYA) del presidente Franklin Roosevelt, designada a proveer capacitación y oportunidades laborales para la desilusionada juventud de Estados Unidos. Esto, a su vez, llevó a un énfasis nacional del instituto público. Hasta ese momento, asistir a un instituto no era una opción para la mayoría de la juventud estadounidense. Por ejemplo, en 1900 solo seis por ciento de los jóvenes de diecisiete años de la nación recibían un diploma de un instituto. En cambio, en 1939, cerca de setenta y cinco por ciento de los jóvenes entre catorce y diecisiete años eran estudiantes del instituto[3]. La idea era que esta escuela ofreciera una capacitación vocacional en un entorno saludable y disciplinado. En ese lugar, la juventud descubriría sus talentos, desarrollaría sus metas, establecería buenas costumbres de trabajo y, después de su graduación, se convertirían en ciudadanos productivos.

Este movimiento de un vasto número de gente joven de la mano laboral (o las líneas de desempleo) a la escuela pública secundaria creó el escenario para el desarrollo de una «cultura adolescente» separada. Como destaca Palladino: «Al mismo tiempo que los educadores y los consejeros del NYA se concentraban en el futuro de los adolescentes, los mismos adolescentes descubrían un mundo mucho más inmediato y emocionante, el mundo de la música, de la radio, del baile y de la diversión. Al comenzar a recuperarse la economía a finales de la década de 1930 (en gran parte debido al estallido de la guerra en Europa), los estudiantes de segunda enseñanza superior desarrollaban una identidad pública que no tenía nada que ver con la vida en familia ni con las responsabilidades de los adultos»[4].

Los anunciantes del mercado minorista comenzaron a ver el potencial en esos despreocupados estudiantes cuyo mayor interés en la vida era pasarla bien y bailar. El término «adolescente» se aplicó en 1941 a los jóvenes entre los trece y los diecinueve años[5]. A los adolescentes los identificaban con el mundo de los estudiantes de segunda enseñanza superior que tenían citas, conducían automóviles, bailaban, escuchaban música y se divertían. La revista *Life* ofreció esta descripción de los adolescentes: «Viven en un alegre mundo de pandillas, juegos [...] películas [...] y música [...]. Hablan una curiosa jerga [...] adoran los batidos de leche con chocolate [...] usan mocasines en todas partes [...] y conducen como locos»[6].

Apéndice II

Un foro de la familia en acción

Mantener un foro familiar a fin de establecer reglas es una gran estrategia para fijar límites y enseñar un comportamiento responsable a tu hijo. El capítulo 12 ofrece pautas para establecer reglas. Sin embargo, ¿cómo diriges un foro familiar y qué debes decir?

Un poco antes que el joven cumpla los trece años de edad, convoca a un foro familiar donde solo participen los padres y él. Busca una noche en la que nadie tenga restricciones de tiempo ni esté bajo la presión de un estrés excesivo. Esta es la manera en que un padre inició un foro de familia.

«Mamá y yo hemos convocado este foro de familia porque somos conscientes que la próxima semana tendremos a un joven entre nosotros. Nunca hemos tenido uno antes, pero lo estamos esperando con gran expectativa». Entonces, se volvió a su hijo y le dijo: «Tony, mamá y yo hemos estado hablando. Durante los pasados doce años hemos tratado de ser buenos padres. Sé que no fuimos perfectos y a veces hemos cometido errores. Cuando los hicimos, tratamos de reconocerlos. Hemos disfrutado estos doce años contigo. Has traído mucho gozo a nuestras vidas. Somos felices con tus numerosos logros.

»Sabemos que durante los próximos ocho años, tú experimentarás muchos cambios», continuó papá. «Tu mundo está a punto de ampliarse. Habrá muchos cambios: en tu cuerpo, en tu mente y en el mundo que te rodea. Harás nuevos amigos y explorarás nuevos intereses. Estamos preocupados por esto. Queremos seguir siendo buenos padres.

»Dos cosas son de suma importancia para nosotros. En primer lugar, sabemos que en los próximos años te volverás más independiente. Desearás tener tus propias ideas y tomar tus propias decisiones. Nos alegramos de esto porque cuando seas adulto, necesitarás tomar todas tus decisiones. Queremos enseñarte cómo tomar buenas decisiones mientras eres joven. En segundo lugar, sabemos que no solo deseas más independencia, sino también mayor responsabilidad. Cuando seas adulto, asumirás la responsabilidad de tu propia familia y tus hijos. Creemos que puedes aprender mucho sobre la responsabilidad mientras eres joven. Deseamos alentar tu independencia y tu responsabilidad. Por lo tanto, mamá y yo creímos oportuno convocar a una conferencia familiar en la que examinemos juntos nuestras reglas familiares y decidamos cuáles debemos mantener y cuáles necesitan cambios».

Mamá, quien estuvo asintiendo con la cabeza durante esta conversación, se sintió impulsada a decir: «Eso no significa que vamos a eliminar nuestras reglas y comenzar de nuevo. Lo que queremos hacer es examinarlas y ver qué cambios deben efectuarse en las mismas. Deseamos oír tus opiniones porque sabemos que se trata de tu vida y queremos tener en cuenta lo que piensas y lo que sientes. Somos tus padres, por supuesto, y tendremos la palabra final. Sin embargo, pensamos que podemos hacer una mejor tarea como padres si conocemos tus pensamientos y tus sentimientos».

Te aseguro que los padres de Tony tienen su total atención. Él estaba listo para esta conversación, quizá un poco asustado ante la perspectiva de convertirse en un joven adolescente. Aunque de seguro que estaba ansioso por empezar su viaje.

Tal vez tu discurso de apertura del foro familiar sea, por supuesto, algo distinto. A lo mejor es más corto, pero podrás mencionar ciertas cosas que has observado y que dan la pauta de que tu hijo está listo para participar de ella, demostrando signos de tomas de decisiones sabias, pero también la tendencia de tomarlas sin tener en cuenta a la familia. Anima a tu hijo diciéndole que es su oportunidad de que lo escuchen, y que las reglas lo beneficiarán sobre todo a él y, en segundo lugar, a la familia. Una vez que haces esto, llegó el momento de entrar a un diálogo y, con tu hijo, fijar algunas reglas. Vuelve al capítulo 12 a fin de aprender la manera de establecer esas reglas.

Apéndice III

Para la lectura adicional

La expresión de amor hacia tu hijo adolescente y tu cónyuge

Ross Campbell, *Si amas a tu adolescente*, Caribe-Betania, Nashville, TN, 1986.

Gary Chapman, *Los 5 lenguajes del amor*, Editorial Unilit, Miami, FL, (1996- 2011).

Chap Clark, *Sufrimiento: Dentro del mundo de los adolescentes de hoy*, Casa Creación, Lake Mary, FL, 2005.

Foster W. Cline y Jim Fay, *Ser padres con amor y lógica*, Love and Logic Press, Golden, Colorado, 1998.

James Dobson, *Preparémonos para la adolescencia: Como sobrevivir los años venideros de cambio*, Grupo Nelson, Nashville, TN, 2005.

Dennis Rainey y Bárbara Rainey con Bruce Nygren, *Parenting Today's Adolescent*, Nashville, Thomas Nelson, TN, 2002.

Walter Wangerin, hijo, *Yo y mi casa*, Editorial Vida, Deerfield, FL, 1987.

La expresión de amor en la familia de padres solteros

Sandra P. Adlrich, *De una madre sola a otra: Consejos alentadores y prácticos que animan*, Casa Creación, Lake Mary, FL, 2007.

William L. Coleman, *What Children Need to Know When Parents Get Divorced: A Book to Read with Children Going Through the Trauma of Divorce*, Bethany House, Minneapolis, 1998.

Archibald D. Hart, *Helping Children Survive Divorce: What to Expect; How to Help*, W Publishing, Nashville, 1997.

Lynda Hunter, *A Comprehensive Guide to Parenting On Your Own*, Zondervan, Grand Rapids, 1997.

Gary Richmond, *Successful Single Parenting: Bringing Out the Best in Your Kids*, Harvest House, Eugene, OR, 1998.

La expresión de amor en una familia mixta

Ron L. Deal. *The Smart Step-Family: Seven Step to a Healthy Family*. Grand Rapids: Bethany, 2006.

Dick Dunn, *New Faces in the Frame: A Guide to Marriage and Parenting in the Blended Family*, LifeWay, Nashville, 1994.

James D. Eckler, *Step-By-Step Parenting: A Guide to Successful Living with a Blended Family*, Betterway Books, Cincinnati, 1993.

Tom y Adrienne Frydenger, *The Blended Family*, Revell, Grand Rapids, 1985.

Maxine Marsolini, *Blended Families*, Moody, Chicago, 2000.

*Una versión interactiva en inglés de este
test para jóvenes está disponible también en
www.5lovelanguages.com*

Test de los cinco lenguajes del amor para los Jóvenes

Instrucciones:

Tus padres leyeron *Los cinco lenguajes del amor de los jóvenes* y se preguntan si están hablando tu lenguaje del amor. Si todavía no te lo han explicado, tu «lenguaje del amor» primario es, en esencia, uno de los siguientes: palabras, toque, tiempo de calidad, regalos o servicio. Sabes que tus padres te aman porque te expresan su amor a menudo a través de uno de esos «lenguajes del amor».

Vas a ver treinta pares de las cosas que tus padres pueden hacer o decir para expresarte amor. Todo lo que tienes que hacer es escoger una de cada par que te guste más. En algunos casos, quizá te gusten las dos opciones, pero solo escoge una. Cuando termines de seleccionar una de los treinta pares de aspectos, podrás contar con tu puntuación. Eso les dirá a ti y a tus padres cuál es tu lenguaje del amor primario.

Es posible que estés pensando: «Fantástico, mis padres están tratando de "conocerme mejor". Han estado leyendo otra vez». Sin embargo, ¡dales una tregua! Solo quieren asegurarse de que tú sabes que te aman. Es bastante malo cuando uno de los padres piensa que te muestra amor y, luego, un día dices algo así: «Nunca supe si mi mamá o papá me amaban». Así que, ¡haz este test! Aprenderás algo nuevo acerca de ti mismo, ¡y a tus padres les ayudará a amarte mejor!

(Nota: A continuación, incluimos dos ejemplares del mismo test, en caso de que hayan diversos adolescentes en tu familia).

Test de los cinco lenguajes del amor para los jóvenes

Recuerda, vas a ver treinta pares de cosas que los padres hacen o dicen para mostrarles amor a sus hijos. Quizá sean cosas que tus padres hacen o dicen o que tú deseas que tus padres hagan o digan. En cada caja, escoge solo UNA que te guste más, y circula la letra que va bien con ese asunto. Cuando termines de analizar los treinta pares, cuenta las veces que circulaste la letra y pasa el resultado al espacio apropiado al final del test.

Test

1 Me pregunta lo que pienso   A
Me pone el brazo alrededor de mis hombros   E

2 Va a mis juegos de pelota, recitales, etc.   B
Lava mi ropa   D

3 Me compra ropa   C
Ve la televisión o las películas conmigo   B

4 Me ayuda con los proyectos de la escuela   D
Me abraza   E

5 Me besa en la mejilla   E
Me da dinero para las cosas que necesito   C

6 Toma un tiempo libre en el trabajo para
hacer cosas conmigo   B
Frota mis hombros o espalda   E

7 Me regala cosas geniales por mi cumpleaños   C
Me consuela cuando fallo o arruino las cosas   A

8 Me saluda con un «choca esos cinco»   E
Respeta mis opiniones   A

9 Sale a comer o de compras conmigo   B
Me deja usar sus cosas   C

10 Me dice que soy el mejor hijo del mundo   A
Me lleva en el auto a los lugares que necesito ir   D

11 Come al menos una comida conmigo
casi todos los días   B
Me escucha y me ayuda a resolver los problemas   A

12 No invade mi privacidad   D
Me toma de la mano o me da un apretón
de manos   E

13 Me deja notas alentadoras   A
Conoce cuál es mi tienda favorita   C

14 Pasa tiempo conmigo algunas veces   B
Se sienta a mi lado en el sofá   E

15 Me dice que está orgulloso de mí   A
Cocina para mí   D

16 Me endereza el cuello, el collar, etc.   E
Muestra interés en las cosas que me
interesan a mí   B

17 Permite que mis amigos frecuenten
nuestra casa   D

Paga para que yo vaya a los viajes
de la escuela o la iglesia   C

18 Me dice que luzco bien   A
Me escucha sin juzgarme   B

19 Toca o frota mi cabeza   E
Algunas veces me deja escoger a dónde
ir en los viajes de la familia   D

20 Me lleva al médico, al dentista, etc.   D
Confía en mí para estar solo en casa   C

21 Me lleva de viaje con él   B
Nos lleva a mis amigos y a mí al cine,
los juegos de pelota, etc.   D

22 Me regala cosas que me gustan de verdad   C
Nota cuando hago algo bueno   A

23 Me da dinero extra para gastos   C
Me pregunta si necesito ayuda   D

24 No me interrumpe cuando estoy hablando   B
Le gustan los regalos que le compro   C

25 Permite que me acueste tarde algunas veces   D
Parece que disfruta de verdad pasar
tiempo conmigo   B

26 Me da palmaditas en la espalda   E
Me compra cosas y me sorprende con ellas   C

27 Me dice que cree en mí   A
Puede viajar en auto conmigo sin
sermonearme   B

28 Ve a buscar cosas que necesito
de varias tiendas   C
Algunas veces sostiene o toca mi cara   E

29 Me da algún espacio cuando me siento
molesto o enojado   D
Me dice que soy inteligente o especial   A

30 Me abraza o me besa al menos una vez al día   E
Dice que está agradecido porque soy su hijo   A

Tu puntuación:

A = Palabras de afirmación
B = Tiempo de calidad
C = Regalos
D = Actos de servicio
E = Toque físico

Test

1
Me pregunta lo que pienso   A
Me pone el brazo alrededor de mis hombros   E

2
Va a mis juegos de pelota, recitales, etc.   B
Lava mi ropa   D

3
Me compra ropa   C
Ve la televisión o las películas conmigo   B

4
Me ayuda con los proyectos de la escuela   D
Me abraza   E

5
Me besa en la mejilla   E
Me da dinero para las cosas que necesito   C

6
Toma un tiempo libre en el trabajo para
hacer cosas conmigo   B
Frota mis hombros o espalda   E

7
Me regala cosas geniales por mi cumpleaños   C
Me consuela cuando fallo o arruino las cosas   A

8
Me saluda con un «choca esos cinco»   E
Respeta mis opiniones   A

9 Sale a comer o de compras conmigo   B
Me deja usar sus cosas   C

10 Me dice que soy el mejor hijo del mundo   A
Me lleva en el auto a los lugares que necesito ir   D

11 Come al menos una comida conmigo
casi todos los días   B
Me escucha y me ayuda a resolver los problemas   A

12 No invade mi privacidad   D
Me toma de la mano o me da un apretón
de manos   E

13 Me deja notas alentadoras   A
Conoce cuál es mi tienda favorita   C

14 Pasa tiempo conmigo algunas veces   B
Se sienta a mi lado en el sofá   E

15 Me dice que está orgulloso de mí   A
Cocina para mí   D

16 Me endereza el cuello, el collar, etc.   E
Muestra interés en las cosas que me
interesan a mí   B

17 Permite que mis amigos frecuenten
nuestra casa   D

Paga para que yo vaya a los viajes
de la escuela o la iglesia   C

18 Me dice que luzco bien   A
Me escucha sin juzgarme   B

19 Toca o frota mi cabeza   E
Algunas veces me deja escoger a dónde
ir en los viajes de la familia   D

20 Me lleva al médico, al dentista, etc.   D
Confía en mí para estar solo en casa   C

21 Me lleva de viaje con él   B
Nos lleva a mis amigos y a mí al cine,
los juegos de pelota, etc.   D

22 Me regala cosas que me gustan de verdad   C
Nota cuando hago algo bueno   A

23 Me da dinero extra para gastos   C
Me pregunta si necesito ayuda   D

24 No me interrumpe cuando estoy hablando   B
Le gustan los regalos que le compro   C

25 Permite que me acueste tarde algunas veces   D
Parece que disfruta de verdad pasar
tiempo conmigo   B

26 Me da palmaditas en la espalda — E
Me compra cosas y me sorprende con ellas — C

27 Me dice que cree en mí — A
Puede viajar en auto conmigo sin
sermonearme — B

28 Ve a buscar cosas que necesito
de varias tiendas — C
Algunas veces sostiene o toca mi cara — E

29 Me da algún espacio cuando me siento
molesto o enojado — D
Me dice que soy inteligente o especial — A

30 Me abraza o me besa al menos una vez al día — E
Dice que está agradecido porque soy su hijo — A

Tu puntuación:

A = Palabras de afirmación
B = Tiempo de calidad
C = Regalos
D = Actos de servicio
E = Toque físico

La letra o lenguaje del amor que recibe más puntos es tu lenguaje del amor primario. Si tienes la misma puntuación es dos lenguajes del amor, eres bilingüe. Si anotas una puntuación alta en un lenguaje del amor y tienes una segunda cercana, ¡esa segunda puntuación alta es tu lenguaje del amor secundario!

Notas

Capítulo 1: Comprende a los jóvenes de hoy

1. *YOUTHviews* 6, n.º 8, publicado por el George H. Gallup International Institute, Princenton, NJ, abril de 1997.
2. 1 Samuel 3:10.
3. *YOUTHviews* 6, n.º 7, marzo de 1999, p. 3.
4. James Garbarino, *Lost Boys: Why Our Sons Turn Violent and How We Can Save Them*, Free Press, Nueva York, 1999, pp. 6-7.
5. *YOUTHviews* 5, n.º 9, mayo de 1998, p. 2.
6. Jerrold K. Footlick, «What Happened to the American Family?», *Newsweek*, edición especial, invierno/primavera, 1990, p. 15.
7. Eric Miller con Mary Porter, *In the Shadow of the Baby Boom*, EPM Communications, Brooklyn, NY, 1994, p. 5.
8. Richard Louv, *Childhood's Future*, Anchor, Nueva York, 1990, p. 6.
9. Christian Smith and Melinda Lundquist Denton, *Soul Searching: The Religious and Spiritual Lives of American Teenagers*, Oxford University Press, Nueva York, 2005, p. 40.
10. *Ibíd.*, pp. 31, 40, 45.
11. *Ibíd.*, p. 37.
12. *YOUTHviews* 5, n.º 1, septiembre de 1997, p. 1.

Capítulo 2: La clave: El amor de los padres

1. *YOUTHviews* 5, n.º 8, abril de 1998, p. 1; publicado por The George H. Gallup International Institute, Princeton, NJ.
2. *YOUTHviews* 5, n.º 9, mayo de 1998, p. 2.
3. *YOUTHviews* 6, n.º 8, abril de 1999, p. 3.
4. *YOUTHviews* 5, n.º 7, marzo de 1998, p. 2.
5. *YOUTHviews* 5, n.º 6, febrero de 1998, p. 5.
6. Lawrence Steinberg y Ann Levine, *You and Your Adolescent*, Harper, Nueva York, 1997, p. 2.
7. *YOUTHviews* 5, n.º 2, octubre de 1997, pp. 1, 4.

8. James Garbarino, *Lost Boys: Why Our Sons Turn Violent and How We Can Save Them*, Free Press, Nueva York, 1999, p. 50.
9. *Ibíd.*, p. 51.
10. Efesios 1:6, RV-1960.
11. Ken Canfield, *The Heart of a Father*, Northfield, Chicago, 1996, p. 225
12. Garbarino., *Lost Boys*, p. 158.
13. Los que luchan con la ira sin resolver quizá se beneficien con la lectura del libro de Gary Chapman, *El enojo: Cómo manejar una emoción poderosa de una manera saludable*, Editorial Portavoz, Grand Rapids, MI, 2008.
14. Garbarino, *Lost Boys*, 138
15. Daniel Goleman, *Emotional Intelligence*, Bantam, Nueva York, 2006, pp. 20-30.
16. David Popenoe, *Life Without Father*, Free Press, Nueva York, 1996, p. 191; Henry Cloud y John Townsend, *Límites para nuestros hijos*, Editorial Vida, Miami, FL, 1998, p. 55; y Garbarino, *Lost Boys*, p. 154.
17. Mateo 22:35-40, RV-1960.
18. Garbarino, *Lost Boys*, p. 168.
19. *Ibídem*, p. 132.

Capítulo 3: Primer lenguaje del amor: Palabras de afirmación

1. Proverbios 18:21, LBLA.
2. Anne Cassidy, «Fifteen Ways to Say "I Love You"», *Women's Day*, 18 de febrero de 1997, p. 24.

Capítulo 4: Segundo lenguaje del amor: Toque físico

1. Eclesiastés 3:1, 5, RV-1960.
2. Para una ayuda práctica del control de la ira, véase el libro de Gary Chapman, *El enojo: Cómo manejar una emoción poderosa de una manera saludable*, Editorial Portavoz, Grand Rapids, MI, 2008.
3. *YOUTHviews* 6, n.° 8, abril de 1999, p. 1; publicado por The George H. Gallup International Institute, Princeton, NJ.

Capítulo 5: Tercer lenguaje del amor: Tiempo de calidad

1. Ross Campbell, *Si amas a tu adolescente*, Editorial Betania, Miami, FL, 1992, p. 33 (del original en inglés).

2. Gary Smalley y Greg Smalley, *Vínculo de honor*, Editorial Unilit, Miami, FL, 1998, p. 98 (del original en inglés).
3. Eastwood Atwater, *Adolescence*, Prentice Hall, Englewood Cliffs, NJ, 1996, p. 198.
4. *Ibídem*, pp. 201-202.
5. Smalley y Smalley, *Vínculo de honor*, p. 107 (del original en inglés).
6. Lawrence Steinberg y Ann Levine, *You and Your Adolescent*, Harper & Row, Nueva York, 1997, p. 13.

Capítulo 6: Cuarto lenguaje del amor: Actos de servicio
1. Mateo 20:28.
2. Mateo 20:26.

Capítulo 9: El amor y la ira. PRIMERA PARTE: La destrucción de patrones destructivos
1. Contar hasta cien, quinientos o hasta mil quizá sea un medio eficaz para restringir una inmediata y descontrolada respuesta iracunda. Para sugerencias acerca de cómo actúa esto, véase el libro de Gary Chapman, *El enojo: Cómo manejar una emoción poderosa de una manera saludable*, Editorial Portavoz, Grand Rapids, MI, 2008, p. 36 (del original en inglés).

Capítulo 11: El amor y el deseo de independencia
1. Lawrence Steinberg y Ann Levine, *You and Your Adolescent*, Harper & Row, Nueva York, 1997, p. 150
2. George Sweeting, *Who Said That?*, Moody, Chicago, 1995, p. 302.
3. *Ibídem*, p. 370.
4. Lawrence Kutner, *Making Sense of Your Teenager*, William Morrow, Nueva York, 1997, p. 44.

Capítulo 12: El amor y la necesidad de responsabilidad
1. Lawrence Steinberg y Ann Levine, *You and Your Adolescent*, Harper & Row, Nueva York, 1997, p. 16.
2. *Ibídem*.
3. *Ibídem*, p. 16-17.
4. *Ibídem*, p. 16.
5. Véase Éxodo 20.

6. Los dos mandamientos que Jesús dijo eran los mayores: amar a Dios con todo el corazón y amar al prójimo como a uno mismo; véase Marcos 12:30-31.
7. Lawrence Kutner, *Making Sense of Your Teenager*, William Morrow, Nueva York, 1997, p. 141.
8. Steinberg y Levine, *You and Your Adolescent*, p. 187.

Capítulo 13: Ama cuando tu joven falla
1. John Rosemond, *Teen-Proofing: A Revolutionary Approach to Fostering Responsible Decisión Making in Your Teenager*, Andrews McNeal Publishing, Kansas City, 1998, p. 170.
2. Si deseas encontrar un grupo local de Alcohólicos Anónimos, visita su página Web en: www.al-anon.org/spanish.

Capítulo 14: La familia de padres solteros, los jóvenes y los lenguajes del amor
1. Proverbios 29:18.
2. Samuel Shulman e Inge Seiffge-Krenke, *Fathers and Adolescents*, Routledge, Nueva York, 1997, p. 97.

Capítulo 15. La familia mixta, los jóvenes y los lenguajes del amor
1. Tom y Adrienne Frydenger. *The Blended Family*, Revell, Old Tappan, NJ, 1984, p. 19.
2. Shmuel Shulman e Inge Seiffge-Krenke, *Fathers and Adolescents*, Routledge, Nueva York, 1997, p. 123; Frydenger, *The Blended Family*, p. 120.
3. Lawrence Steinberg y Ann Levine, *You and Your Adolescent*, Harper & Row, Nueva York, 1997. p. 13.

Apéndice I: Cómo los adolescentes adquirieron ese nombre
1. Joseph F. Kett, *Rites of Pasage: Adolescence in America, 1790 to the Present*, Basic Books, Nueva York, 1977, p. 169.
2. Grace Palladino, *Teen-agers: An American History*, Basic Books, Nueva York, 1997, p. 37.
3. Buró del Censo de Estados Unidos, *Historical Statistics of the United States, Colonial Times to 1970, Bi-Centennial Edition, Part I*, Government Printing Office, Washington, D.C., 1975, pp. 380, 379.
4. Palladino, *Teenagers*, pp. 45-46.

5. El Diccionario Oxford de la lengua inglesa le acredita a *Popular Science* (abril de 1941) el primer uso del término "Teenager"{«adolescente»}.

6. «Subdebutantes: Viven en un alegre mundo de pandillas, juegos, vagancia, películas, batidos y música», *Life*, 27 de enero de 1941, p. 75.

El secreto del amor que perdura

Los 5 lenguajes del amor

Las parejas que comprenden el lenguaje del amor de cada uno poseen una invaluable ventaja en la búsqueda del amor que perdura toda la vida: conocen cómo hacer de manera eficiente y coherente que ambos se sientan muy amados de verdad. Ese regalo nunca desaparece.

Disponible en tu librería cristiana favorita.